Ernst Probst · Raymund Windolf

Dinosaurier in Deutschland

Ernst Probst · Raymund Windolf

Dinosaurier
in Deutschland

C. Bertelsmann

1. Auflage
© C. Bertelsmann Verlag GmbH, München 1993
Farbige Tafeln: Mario Kessler
Umschlaggestaltung: Evelyn Schick unter Verwendung
von Illustrationen von Mario Kessler
Satz: DTP br
Reproduktionen: Lorenz & Zeller, Inning a. A.
Druck: Himmer, Augsburg
Bindung: Großbuchbinderei Monheim
Printed in Germany
ISBN 3-570-02314-1

Unseren Ehefrauen
Regina Cossmann und Doris Probst gewidmet
zum Dank für ihre Aufmunterung und Geduld
bei der Entstehung dieses Buches.

Zusätzlicher Dank gebührt Regina Cossmann, Visselhövede,
Walter Windolf, München, und Dr. Rupert Wild, Stuttgart,
für ihre wertvolle Hilfe.

Inhalt

Die Voraussetzungen

Nur die Fachwissenschaftler verfügen über das Wissen

Gut erhaltene Überreste fossiler Reptilien haben manche deutschen Fundorte weit über die Grenzen unseres Landes hinaus berühmt gemacht: Im hellen Stein des Solnhofener Oberjura wurden die zarten Konturen der Flughäute von Flugsauriern konserviert, und in den dunklen Holzmadener Schiefern zeichnen sich die Flossensäume von Ichthyosauriern ab. Aber auch Meereskrokodile, Schwanenhalsechsen, die urtümlichsten Schildkröten und sieben Exemplare des reptilienhaften Urvogels *Archaeopteryx* zählen zu den Glanzlichtern urzeitlicher Funde in Deutschland.

Um so erstaunlicher ist es, daß die Dinosaurierfunde aus Deutschland nur vergleichsweise wenig beachtet wurden. Über das Wissen um die deutschen Dinosaurierfunde verfügen weitgehend nur die wissenschaftlichen Spezialisten. In den USA weiß jedes Schulkind über *Tyrannosaurus rex* und *Stegosaurus* im Detail Bescheid, aber bei uns muß ein Kandidat in einer populären Fernseh-Quizsendung bei der Frage nach dem »Schwäbischen Lindwurm« passen, obwohl er die Dinosaurier als Spezialgebiet angegeben hat. Vielleicht liegt einer der Gründe für die mangelnde Popularität der deutschen Dinosaurier darin, daß man bei den einzelnen Arten dieser Tiergruppe grundsätzlich eine enorme Größe voraussetzt. Die Dinosaurierfunde aus Deutschland beweisen aber, daß diese Erwartung nur die halbe Wahrheit widerspiegelt: Zwar erreichten auch bei uns manche der »Schreckensechsen« 10 Meter Körperlänge, und fossile Fährten legen sogar die Existenz von Riesen nahe, deren Schwanzspitze erst nach 20 oder 30 Metern endete, aber viele Dinosaurierformen wurden nicht größer als 2 bis 4 Meter.

Bekannt sind Funde von Dinosauriern in Deutschland bereits seit mehr als 150 Jahren. Die erste Entdeckung gelang 1834, nur wenige Jahre nachdem in England die ersten Dinosaurierfunde Namen bekommen hatten. Als 1880 erste fossile Dinosaurierfährten zum Vorschein kamen, erschienen sie den Wissenschaftlern der damaligen Zeit noch als »vogelähnliche Thierfährten« (Ornithoidichnites), doch das Wissen über die vorzeitlichen Riesen vergrößerte sich bei den Fachgelehrten sehr rasch. Auf zwei Wissenschaftler ist besonders hinzuweisen: In der zweiten Hälfte des 19. Jahrhunderts war dies Hermann von Meyer und in der ersten Hälfte des 20. Jahrhunderts Friedrich von Huene, die zusammen mit weiteren Wissenschaftlern und Freizeit-Paläontologen unser Wissen über die Dinosaurier vermehrt haben, die einst in Deutschland lebten.

In den letzten 20 Jahren gesellte sich zu den deutschen Wissenschaftlern eine Gruppe englischsprachiger Paläontologen, die im Zuge der »Dinosaurier-Renaissance« – einer verstärkten weltweiten Beschäftigung mit den Dinosauriern – Interesse an den Funden aus Deutschland bekundeten. Leider sind die interessanten Erkenntnisse, die Michael J. Benton, Peter M. Galton, David B. Norman, John H. Ostrom, David B. Weishampel und andere gewonnen haben, meist in englischer Sprache veröffentlicht worden. Zudem sind die in schwerverständlicher wissenschaftlicher Fachsprache geschriebenen Artikel in für Laien kaum zugänglichen Fachzeitschriften erschienen. Letzteres gilt auch für die Forschungsberichte, die aus deutschen Museen und Universitätsinstituten von Frankfurt bis Berlin und von Greifswald bis Tübingen publiziert worden sind. Von daher lag es nahe, einmal alles, was über Dinosaurierfunde aus Deutschland bekannt ist, in einem für Laien lesbaren Buch darzustellen und den heutigen Wissensstand auch den Hobby-Paläontologen zugänglich zu machen.

Was weiß man von Dinosauriern, deren Überreste in Deutschland gefunden wurden?

Daß auch bei uns einst Dinosaurier lebten, wissen wir vor allem durch Knochenfunde oder durch die Entdeckung fossiler Fährten.

Bei Knochen- und Skelettfunden gibt es, wie bei den Fährten, Fundstätten mit nur einem Fund oder solche mit bis zu 100 Funden beziehungsweise Fährten. So kennt man den Pflanzenfresser *Plateosaurus* von ca. 100 Skeletten, Skelettpartien und Einzelknochen, *Sellosaurus* von 20 Individuen und *Iguanodon* in 15 bis 20 Exemplaren mit rund 1400 einzelnen Knochen. Dagegen kommen Dinosaurier wie *Compsognathus*, *Emausaurus* oder *Ohmdenosaurus* bis jetzt nur in Einzelexemplaren vor. Von den Fleischfressern ist *Liliensternus* mit zwei teilweise erhaltenen Skeletten und Einzelzähnen noch am besten repräsentiert.

Insgesamt kennt man in Deutschland rund 160 Einzelfunde von Dinosauriern, die vom Einzelzahn bis hin zum vollständigen Skelett reichen.

Ganz ähnlich ist die Situation bei den fossilen Dinosaurierfährten: Münchehagen in Niedersachsen mit 257 Einzelfährten steht einsam an der Spitze, aber auch in Landschaften wie den Bückebergen und den Rehburger Bergen wurden über viele Jahrzehnte hinweg Hunderte von Fährten entdeckt, vor allem von Vogelfußdinosauriern wie *Iguanodon*, dessen Fußabdrücke mit Abstand die häufigsten sind, die je ein Dinosaurier in Deutschland hinterlassen hat. Von wenigstens zwei Orten kennt man die Fährten der großen pflanzenfressenden Riesendinosaurier, dort aber mit zum Teil mehr als 200 einzelnen Trittsiegeln. Wesentlich seltener als die Fährten von Pflanzenfressern kennt man die Spuren von Fleischfressern, insbesondere von großen Raubdinosauriern. Etwas besser ist die Situation bei den kleinen Fleischfressern, speziell aus der Zeit vor etwa 220 bis 200 Millionen Jahren. In Nordbayern und Württemberg sind einige Dutzend solcher Fährten nachgewiesen worden. Ganz vereinzelt kommen Fährten anderer Dinosaurier, wie die von Panzerdinosauriern, vor.

Vorsichtig geschätzt kann man die Dinosaurierfährten Deutschlands, jede Fährte einzeln gezählt, auf ca. 700 bis 800 summieren, die an ca. zwei Dutzend unterschiedlichen Orten entdeckt worden sind.

Ganz kostbare und seltene Einzelentdeckungen zeigen uns sogar etwas von der Hautstruktur der Dinosaurier.

Bis zu 10 Meter lang und 2 Tonnen schwer: *Plateosaurus* – Deutschlands berühmtester Dinosaurier.

Noch nie wurden bis jetzt bei uns Dinosauriernester oder -eier gefunden.

Was die geographische Verteilung der Dinosaurierfunde angeht, so sind die einzelnen Bundesländer ganz unterschiedlich vertreten: Baden-Württemberg, Bayern und Niedersachsen können mindestens ein oder gar mehrere Dutzend Dinosaurierfundorte vorweisen, auch Nordrhein-Westfalen und Thüringen besitzen mehrere Fundstätten. In Mecklenburg-Vorpommern, Schleswig-Holstein und Sachsen-Anhalt gibt es jeweils nur einen Ort, an dem Dinosaurierknochen gefunden worden sind, wovon der in Sachsen-Anhalt, was den Fundumfang angeht, sicherlich der wichtigste ist.

Bisher »dinosaurierfreie Zonen« blieben Rheinland-Pfalz, Hessen, das Saarland, Hamburg und Bremen sowie Sachsen, Berlin und Brandenburg – aber das kann sich durch neuere Funde natürlich ändern. Vergleicht man europaweit die Zahl der Funde, so wurden in Deutschland mehr als in Österreich, der Schweiz, in Polen oder Belgien gemacht, etwa gleich viel wie in Frankreich und Portugal, aber deutlich weniger als in England oder neuerdings in Spanien (dort vor allem Fährten).

Bis jetzt kennt man aus Deutschland ca. 14 verschiedene Dinosauriergattungen, von denen einige allerdings unsicher sind; dazu kommen 15 Fährtengattungen.

Manche der Dinosauriergattungen aus Deutschland sind weltweit einzigartig wie *Sellosaurus, Emausaurus, Stenopelix* oder *Ohmdenosaurus,* auch von *Compsognathus* gibt es erst seit 20 Jahren ein zweites Skelett aus Frankreich – andere dagegen wie *Iguanodon* oder *Plateosaurus* kennt man seit geraumer Zeit auch aus benachbarten Ländern (Belgien und England einerseits, die Schweiz und Frankreich andererseits).

Länder wie die Mongolei, Kanada, Nordamerika oder China können natürlich weit mehr Dinosaurierfunde vorweisen als Deutschland – von dort sind jeweils mehrere Dutzend Gattungen bekannt –, aber auch Staaten wie Argentinien, das noch vor einem Jahrzehnt ein »weißer Fleck« auf der Landkarte der Dinosaurierfunde war, haben durch intensive Expeditions- und Grabungsaktivitäten mittlerweile Deutschland übertroffen, was die Anzahl der Funde angeht.

Die Wichtigkeit der deutschen Dinosaurierfunde liegt auch nicht so sehr in ihrer Vielfalt, sondern mehr in ihrer historischen Bedeutung, ihrer hohen Individuenanzahl (bei *Plateosaurus*) und in ihrer Rolle, die sie in der Dinosaurierevolution einnehmen.

Wie unterscheiden sich die Dinosaurier von anderen Reptilien der Urzeit?

Mindestens einige Dinosauriergruppen entwickelten einen Stoffwechsel, der zwischen dem von »kaltblütigen« Reptilien und demjenigen »warmblütiger« Vögel und Säuger lag. Einige wenige Dinosaurier, vor allem kleine Raubdinosaurier, scheinen es sogar geschafft zu haben, ihre Körpertemperatur wie wir Menschen ständig auf hohem Niveau zu halten, ohne daß sie sich wie Eidechsen in die Sonne legen mußten und bei niedrigen Temperaturen starr und unbeweglich wurden.

Entscheidend für die Zugehörigkeit zu den Dinosauriern ist jedoch ihre gegenüber anderen fossilen Landreptilien verbesserte Extremitätenstellung. Sie glich nicht der von Krokodilen oder Waranen, von denen nur erstere kurzfristig mit gestreckten Beinen laufen können, sonst aber spreizbeinig gehen, sondern eher den säulenartig gerade unter den Körper gestellten Beinen von großen Säugetieren, wie etwa Elefanten, oder auch Vögeln.

Zusammen mit den Flugsauriern (Pterosauria), Wurzelzahnsauriern (Thecodontia), Krokodilen (Crocodylia) und Vögeln (Aves) werden die Dinosaurier in die Gruppe der Archosauria, der »Herrscher-Echsen«, gestellt. Diese Reptilien sind untereinander näher verwandt als etwa mit Eidechsen, Schlangen, Schildkröten, Brückenechsen oder Meeressauriern. Daß bei den Archosauriern die Vögel miterwähnt sind, mag erstaunen, aber die meisten Wissenschaftler halten die Vögel für sehr eng verwandt mit bestimmten Dinosauriern, und tatsächlich zeigen sie eine ganze Reihe von gemeinsamen Merkmalen.

Dinosaurier sind also Reptilien (Kriechtiere) und gehören somit unter den Oberbegriff »Saurier«, mit dem alle Reptilien und Amphibien bezeichnet werden. Aber keineswegs werden alle Reptilien der Urzeit von der Wissenschaft den Dinosauriern zugerechnet. Die zeitgleich mit ihnen lebenden Fischsaurier (Ichthyosauria), Schwanenhals- oder Paddelechsen (Plesiosauria), Maasechsen (Mosasauria) und die Flugsaurier (Pterosauria) gelten nicht als Dinosaurier, obwohl viele Laien dies voraussetzen. Die Wissenschaftler können die Verwandtschaftsbeziehungen ausgestorbener genauso wie heute noch lebender Reptilien nach gewissen Merkmalen an ihren Skeletten einstufen. Ein Beispiel dafür sind Öffnungen in den Schädelknochen. Sie sind so charakteristisch, daß danach ganze Reptilgruppen zusammengefaßt werden können. Während etwa Schildkröten keine Schädelöffnungen hinter den Augen und über den Schläfen besitzen, haben Dinosaurier und manch andere Reptilien zwei davon, weshalb diese Gruppe als »Diapsida« (di = zwei) bezeichnet wird. So sind Dinosaurier mit Flugsauriern beispielsweise näher verwandt als mit Schildkröten.

Wie lassen sich die Dinosaurier von anderen ausgestorbenen Reptilien unterscheiden? Zunächst einmal waren alle Dinosaurier, soweit wir heute wissen, ausschließlich Landtiere. Die Eroberung des Meeres und der Luft überließen sie anderen Reptilgruppen, die darin mindestens so erfolgreich waren wie die Dinosaurier auf dem Land. Ihre jahrmillionenlange Behauptung als vorherrschende Tiergruppe auf dem Land war eine Konsequenz der verbesserten Extremitätenstellung, die sie von allen anderen fossilen und heutigen Reptilien unterscheidet und gleichzeitig auszeichnet. Denn nur dadurch konnten sie Schnelligkeit, einen fortschrittlicheren Stoffwechsel und die Fähigkeit zu ungeheurem Größenwachstum entwickeln. Als »Kriechtieren« (= kriechende Reptilien), abhängig von der Sonnenwärme und meist langsam in den Bewegungen, wäre es ihnen nicht gelungen, mehr als 150 Millionen Jahre über die Säugetiere zu triumphieren, die zeitgleich mit ihnen auf der Bühne des Lebens erschienen!

Die Aufteilung der verschiedenen Dinosauriergruppen

Den Dinosaurier schlechthin gab es nicht; diese urzeitlichen Tiere waren vielmehr eine sehr unterschiedliche Gruppe, nicht nur, was Größe, Gewicht und Ernährungsweise anbelangt. Da sich die Dinosaurier viele Millionen Jahre Zeit für eine von anderen Tiergruppen ungefährdete Evolution nehmen konnten, haben sie die unterschiedlichsten Typen hervorgebracht. Auch bei uns in Deutschland gab es Dinosaurier von kaum einem Meter Länge und wenigen Kilogramm Gewicht bis hin zu mehr als 20 Meter langen, die 10 oder 20 Tonnen Gewicht mit sich herumschleppen mußten. Manche der »Schrekkensechsen« entwickelten lange Hälse, um besser an hohe Pflanzen zu gelangen, andere legten sich mörderische Zahnreihen und Klauen zu, auf die wiederum die bedrohten Pflanzenfresser mit Hörnern, Stacheln und Panzerplatten reagierten.

Die verwirrende Vielfalt der Dinosaurier wird von den Paläontologen genauso in größere und kleinere Gruppen eingeteilt, die gemeinsame Merkmale aufweisen, wie dies Zoologen bei heutigen Reptilien tun.

Die Dinosaurier lassen sich wenigstens in drei solcher Gruppen aufteilen, die alle einen gemeinsamen Vorfahren gehabt haben müssen. Wie man sich am ehesten diesen Dinosauriervorläufer vorstellen muß, zeigt ein Reptil aus der Mittleren Triaszeit Argentiniens, das *Lagosuchus* genannt wurde. Fossile Fährten von solch kleinen Dinosaurierahnen hat man auch in Deutschland gefunden (siehe Seite 42).

Irgendwann entstanden aus ihnen die ersten echten Dinosaurier, die allerdings noch einige primitive Merkmale im Vergleich zu den beiden anderen Hauptgruppen zeigten; seit einigen Jahren bezeichnet man diese frühen Dinosaurier als »Eodinosauria« (Urdinosaurier).

Deutlich fortgeschrittener im Gegensatz zu diesen waren die zwei Hauptgruppen, zu denen mehr als 95 % der uns bekannten Dinosauriergattungen gehörten: die Echsenbecken- und die Vogelbeckendinosaurier (Saurischia und Ornithischia). Die Anordnung der Beckenknochen, die einmal dem konventionellen Echsen- beziehungsweise Reptilienschema entspricht (Saurischia), das andere Mal dem von Vögeln, ist nur eines von mehreren Kriterien, die der Paläontologe am Skelett ablesen kann, wenn er diese zwei Gruppen unterscheiden will.

Während Vogelbeckendinosaurier nur Pflanzenfresser waren, entwickelten die Echsenbeckendinosaurier sowohl pflanzen- wie auch fleischfressende Arten. Die Pflanzenfresser, zusammengefaßt als »Sauropodomorpha« (»Echsenfüßerartige«) bezeichnet, kann man wieder in die früheren Formen (Prosauropoda) und die später auftretenden Formen (Sauropoda) einteilen. Während die Prosauropoden noch wechselweise auf zwei oder vier Beinen gingen, sind die langhalsigen und kleinköpfigen Sauropoden prinzipiell auf allen vier Gliedmaßen gegangen.

Kompliziert ist die Aufteilung der Fleischfresser, »Theropoda« (»Raubtierfüßer«) genannt. Grundsätzlich kann zwischen sehr kleinen Tieren mit leichten Knochen (Coelurosaurier) und Riesen mit einem schweren Körperbau (Carnosaurier) unterschieden werden. Dazwischen gibt es mannigfaltige Übergangsformen. Gemeinsam ist jedoch den Theropoden, daß sie sich nur auf den kräftigen Hinterbeinen fortbewegten, während ihre zu Greifwerkzeugen umgebildeten Vordergliedmaßen wesentlich kürzer waren.

Vielfältiger als die Echsenbeckendinosaurier, die sich nur in die Theropoda und Sauropodomorpha einteilen lassen, sind die fortschrittlicheren Vogelbeckendinosaurier.

Zu ihnen gehörten auch die Vogelfußdinosaurier (Ornithopoda), zwei- und zeitweise auch vierbeinig laufende Pflanzenfresser von der Größe eines Hundes bis zu mehr als Elefantengröße. Sie repräsentieren die meisten in Deutschland gefundenen Vogelbeckendinosaurier. Wesentlich seltener bei uns sind die auf allen vieren laufenden Plattendinosaurier (Stegosauria) und Panzerdinosaurier (Ankylosauria) erhalten geblieben, aber neuerdings kennt man eine Art Vorläufer von beiden Gruppen aus Deutschland.

Andernorts, wie in der Kreidezeit Nordamerikas, sind weitere Gruppen der Vogelbeckendinosaurier sehr häufig vertreten, die in Deutschland vollkommen fehlen; dazu gehörten die Horndinosau-

18

»Saurischia (Echsen-
beckendinosaurier)
und Ornithischia
(Vogelbeckendino-
saurier) am Beispiel
von *Diplodocus*
(oben) und *Iguano-
don* (unten) darge-
stellt. Bei den Sau-
rischiern zeigt der
Schambeinknochen
(Pubis) nach vorne-
unten, während bei
den Ornithischiern
der Hauptteil des
Schambeins (ein Teil
kann von ihm bei
manchen Ornithi-
schiern zusätzlich
nach vorne zeigen)
nach hinten-unten
weist und parallel
zum Sitzknochen
(Ischium) liegt.«

rier (Ceratopsia) und die Entenschnabeldinosaurier (Hadrosauria).
Auch von den in Asien sehr vielfältig auftretenden Kuppelkopf-
dinosauriern (Pachycephalosauria) fehlt bisher in Deutschland jede
fossile Spur. Aber wie bei den gepanzerten Dinosauriern kommt
auch aus unserem Land ein Dinosaurier, der nach Meinung der
meisten Experten zu den engeren Vorläufern sowohl der Horn- wie
auch der Kuppelkopfdinosaurier zählt.

Am Beispiel des bekanntesten deutschen Dinosauriers, *Plateosaurus,* soll kurz demonstriert werden, wie man einen Dinosaurier
in die wissenschaftliche Systematik einordnet:

Tabelle 1: **Systematik der in Deutschland nachgewiesenen Dinosaurier und ihrer Fährten**

DINOSAURIA

EODINOSAURIA (»Urdinosaurier«)
    Familie Herrerasauridae?
SAURISCHIA (Echsenbeckendinosaurier)
    THEROPODA (Raubdinosaurier)
        ? *Avipes dillstedtianus*
        CERATOSAURIA (ursprüngliche Raubdinosaurier)
            Liliensternus liliensterni
            (= *Pterospondylus trielbae* und *Dolichosuchus cristatus*)
            Procompsognathus triassicus
            Fährte: *Grallator* (evtl. von *Syntarsus*)
        COELUROSAURIA (Hohlknochendinosaurier)
            Compsognathidae: *Compsognathus longipes*
            Fährten: verschiedene *Coelurosaurichnus*-Arten
            (siehe Tabelle 3)
        CARNOSAURIA (Große Raubdinosaurier)
            Megalosauridae: »*Megalosaurus*«
                          »*Megalosaurus*« cloacinus
                          »*Megalosaurus*« ornatus
                          »*Altispinax*« dunkeri
            Fährten: *Megalosauropus teutonicus*
            Bückeburgichnus maximus
        Theropoden unsicherer Stellung:
            Halticosaurus longotarsus
            »*Halticosaurus orbitoangulatus*«
    SAUROPODOMORPHA (»Echsenfußartige Dinosaurier«)

PROSAUROPODA (»Vorechsenfüßer«)

    Plateosauridae: *Plateosaurus engelhardti*

        Sellosaurus gracilis

SAUROPODA (Echsen- oder Elefantenfußdinosaurier)

    Vulcanodontidae: *Ohmdenosaurus liasicus*

    Diplodocidae: »*Cetiosauriscus*«

    Fährten: *Elephantopoides barkhausensis*

        Rotundichnus muenchehagensis

ORNITHISCHIA (Vogelbeckendinosaurier)

    Fährte: ? *Atreipus metzneri*

    THYREOPHORA (»Schildträger«)

    Emausaurus ernsti

    STEGOSAURIA (Plattendinosaurier)

    ? *Lexovisaurus durobrivensis*

    ANKYLOSAURIA (Panzerdinosaurier)

    ? *Hylaeosaurus*

    Fährte: *Metatetrapous valdensis*

    ORNITHOPODA (Vogelfußdinosaurier)

    Hypsilophodontidae: ? *Hypsilophodon*

    Iguanodontidae: *Iguanodon bernissartensis*

        Iguanodon atherfieldensis

    Fährten: »*Wealdenichnites iguanodontides*«

        »*Struthopus schaumburgensis*«

        »*Ornithoidichnites*«

    (wahrscheinlich alle zu *Iguanodon* gehörig)

    MARGINOCEPHALIA (»Randschädler«)

    Stenopelix valdensis

Plateosaurus ist ohne Zweifel ein Wirbeltier wie Hase, Wal oder Krokodil, da er eine Wirbelsäule besitzt. Anders aber als Hase oder Wal brachte er keine lebenden Jungen zur Welt, sondern legte, wie ein Krokodil, Eier. Seine Skelettmerkmale weisen ihn als Reptil aus, allerdings als ein hochspezialisiertes, das sich nicht unbedingt mit heutigen Reptilien vergleichen läßt. Innerhalb der Reptilien läßt er sich in die Archosaurier eingliedern, von denen ein Zweig, den sie hervorbrachten, wiederum die Dinosaurier sind. Die Form seines Beckens weist *Plateosaurus* eindeutig als Echsenbeckendinosaurier aus, bei denen er wegen der Körperform und seiner Zähne zu den Sauropodomorpha (»Echsenfußartige«) zählt.

Als primitiver Pflanzenfresser gehört er zu den Prosauropoden und innerhalb derer in die Familie der Plateosauridae. Sein korrekter wissenschaftlicher Name lautet: *Plateosaurus engelhardti.* Dem großgeschriebenen Gattungsnamen wird der kleingeschriebene Artname beigefügt. Mit diesen aus dem Griechischen und dem Lateinischen gebildeten Doppelnamen werden von den Wissenschaftlern alle ausgestorbenen und heute lebenden Tiere und Pflanzen benannt. Nur so lassen sie sich zweifelsfrei voneinander unterscheiden, und anderssprachige Wissenschaftler wissen sofort, wenn sie den Namen lesen, um welches Lebewesen es sich handelt.

In der Tabelle 1 zur Systematik der in Deutschland gefundenen Dinosaurier findet man auch Dinosauriernamen, die nicht aufgrund von Knochenfunden aufgestellt worden sind, sondern nur auf fossilen Fährten gründen, den sogenannten »Ichnogenera«, »Ichnotaxa« oder Fährtengattungen. Manche Dinosauriernamen sind mit einem Fragezeichen versehen oder werden in Anführungszeichen geschrieben. Das bedeutet, daß sich die Wissenschaftler bei ihnen über die Identität nicht einig oder sicher sind. Neue Knochenfunde oder genauere Untersuchungen können dies aber ändern.

Die wechselvolle Welt des Dinosaurierzeitalters

Der Zeitraum vom Beginn der Triaszeit vor ca. 240 Millionen Jahren bis zum Ende der Kreidezeit vor ca. 65 Millionen Jahren wird von den Geologen als Erdmittelalter (Mesozoikum) bezeichnet. Mit Fug und Recht könnten sie ihn auch das »Zeitalter der Reptilien« nennen

und die größte Spanne davon als »Zeitalter der Dinosaurier« bezeichnen, denn in der Zeit von 230 Millionen Jahren bis zum Beginn der Erdneuzeit vor 65 Millionen Jahren waren Dinosaurier die vorherrschenden Landlebewesen.

Auch in Deutschland haben sie zweifellos über eine so lange Periode hinweg existiert, wenngleich man ihre fossilen Reste bis jetzt nur aus dem Zeitraum vor 220 Millionen Jahren (Unterer Stubensandstein) bis zu 110 Millionen Jahren in der Unterkreide (Apt) kennt. Das sind aber immerhin auch 110 Millionen Jahre, eine unvorstellbar lange Zeit!

Beim Blick auf Tabelle 2 sieht man sofort, daß es im Erdmittelalter Deutschlands Zeiträume gab, aus denen Dinosaurier häufig gefunden wurden, wie zum Beispiel in der Oberen Trias, während in großen Teilen des Unteren und Mittleren Jura nur spärliche Funde vertreten sind und die Obere Kreide ganz von ihnen frei bleibt.

Zwei *Plateosaurus*-Skelette im Trossinger Heimatmuseum.

Tabelle 2: **Zeitliche Einordnung der in Deutschland gefundenen Dinosaurier und ihrer Fährten**

KREIDE	*Knochenfunde*	*Fährtenfunde*
65		
73 Maastricht	—	—
83 Campan	—	—
87,5 Santon	—	—
88,5 Coniac	—	—
91 Turon	—	—
97,5 Cenoman	—	—
. . . .		
113 Alb	—	—
119 Apt	33, 34	—
125 Barrême	—	—
131 Hauterive	—	—
138 Valangin	32	—
144 Berrias	29, 30, 31	25, 26, 27, 28
JURA		
150 Tithon	—	—
156 Kimmeridge	24	23
163 Oxford	21, 22	—
. . . .		
169 Callov	20	—
175 Bathon	—	—
181 Bajoc	—	—
188 Aalen	—	—
. . . .		
194 Toarc	17, 18, 19	—
200 Pliensbach	—	—
206 Sinemur	—	14 c
213 Hettang	—	14 b
TRIAS		
219 Rhät	15, 16	14 a
Oberes Nor	12, 13	—
Mittleres Nor	7, 8, 9, 10, 11	6
225 Unteres Nor	—	5
Oberes Karn	—	3, 4
231 Unteres Karn	—	2
. . . .		
Ladin	? 1	?

In dieser Tabelle sind alle Funde von Dinosauriern in Deutschland getrennt nach Knochen- und Fährtenfunden aufgeführt. Jede Zahl von 1 bis 34 bedeutet dabei einen Knochen- oder Fährtenfund, die in der nachfolgenden Aufstellung abgelesen werden können. Die Zahlen sind dabei von der ältesten Entdeckung = 1 *(Avipes dill-stedtianus)* bis zur geologisch jüngsten Entdeckung = 33 und 34 (Nehdener Dinosaurier) in der geologischen Zeittabelle angeordnet, die auch einen groben Überblick zur zeitlichen Einstufung der Dinosaurierfunde gibt. Die Zahlen am Anfang eines geologischen Zeitabschnittes bedeuten seinen Anfang in Jahrmillionen.
Ein Beispiel:

194 Toarc   17 18 19   —

bedeutet: Im Zeitabschnitt Toarc (im ausgehenden Unteren Jura), der vor 194 Millionen Jahren begann, wurden Knochen der Dinosaurier Nr. 17, 18 und 19 (= »*Megalosaurus, Ohmdenosaurus* und *Emausaurus)* gefunden, aber keine Fährten (—). Dagegen kennt man aus dem Unteren Karn, das vor 231 Millionen Jahren begann, nur die Fährte Nr. 2 (= *Coelurosaurichnus schlehenbergensis),* aber keine Knochenfunde (= —).

Erläuterung der Schlüsselzahlen in Tabelle 2

Mittlere Trias
  1 = ? *Avipes dillstedtianus* – ein fraglicher Dinosaurier

Obere Trias
  2 = *Coelurosaurichnus schlehenbergensis* (Fährte)
  3 = *Coelurosaurichnus kronbergeri* (Fährte)
  4 = *Atreipus metzneri* (Fährte)
  5 = *Coelurosaurichnus schlauersbachensis* (Fährte)
  6 = *Coelurosaurichnus kehli, C. moeni, C. ziegelangerensis*
      (Fährten)
  7 = Herreradinosaurier (= Eodinosaurier)
  8 = *Sellosaurus gracilis*
  9 = *Procompsognathus triassicus*
10 = *Halticosaurus orbitoangulatus, H. longotarsus*
11 = *Plateosaurus engelhardti*

12 = *Plateosaurus engelhardti*
13 = *Liliensternus liliensterni*
14 = *Coelurosaurichnus sassendorfensis* (14 a) und andere
   Coelurosaurichnus-Fährten (14 b und c), die ohne Namen
   sind
15 = *Pterospondylus trielbae (= Liliensternus)*
16 = »*Megalosaurus*« *cloacinus* und *ornatus*

Unterer Jura
17 = »*Megalosaurus*« (ein Wirbel)
18 = *Ohmdenosaurus liasicus*
19 = *Emausaurus ernsti*

Mittlerer Jura
20 = Stegosaurier

Oberer Jura
21, 22 = »*Cetiosauriscus*«; ein Ornithischier
23 = *Elephantopoides barkhausensis* (Sauropodenfährte);
   Megalosauropus teutonicus (Theropodenfährte)
24 = *Compsognathus longipes*

Untere Kreide
25 = *Rotundichnus muenchehagensis* (Sauropodenfährte);
   Theropodenfährte Münchehagen
26 = *Metatetrapous valdensis* (mögliche Ankylosaurierfährte)
27 = *Bückeburgichnus maximus* (Fährte)
28 = *Iguanodon*-Fährten (darunter »*Struthopus schaumburgensis*«,
   »*Wealdenichnites iguanodontides*«)
29 = *Iguanodon sp.* (nicht näher bestimmbar)
30 = *Stenopelix valdensis*
31 = »*Altispinax*« *dunkeri*
32 = *Iguanodon sp.* (nicht näher bestimmbar)
33 = *Iguanodon bernissartensis, I. atherfieldensis*
34 = ? *Hypsilophodon*; ein Theropodenknochen

Obere Kreide
Bis jetzt weder Knochen- noch Fährtenfunde von Dinosauriern
in Deutschland

Fossile Fährten von Dinosauriern beweisen jedoch ihre Anwesenheit auch in Zeiten, aus denen Knochenfunde nur sehr selten sind oder ganz fehlen, wie etwa im unteren Bereich der Oberen Trias.

Das Erdmittelalter wird von den Geologen in drei Abschnitte unterteilt: Trias (245 bis 213 Millionen Jahre), Jura (213 bis 144 Millionen Jahre) und Kreide (144 bis 65 Millionen Jahre), die noch weiter in untere, mittlere und obere Zeitabschnitte sowie einzelne Zeitstufen gegliedert werden.

Während dieser gewaltigen Zeiträume hat sich unsere Erde ständig verändert. Gemeinhin stellt man sich die Zeit, in der die Dinosaurier lebten, als eine gleichbleibend tropisch-feuchte, urwaldähnliche Landschaft mit üppigem Pflanzenwuchs und feuerspeienden Vulkanen vor. Obwohl es zeitweise tatsächlich bei uns so ausgesehen hat, waren die Umwelt- und Lebensbedingungen der Dinosaurier in Deutschland doch wesentlich differenzierter. Zunächst gab es Deutschland als festumrissenes Land noch gar nicht.

Während der Triaszeit existierte zuerst noch der Urkontinent Pangäa. In seine riesige Festlandmasse schob sich von Osten nach Westen fortschreitend ein Meeresarm, die Tethys, die damit den nördlich gelegenen Kontinent Laurasia vom Südkontinent Gondwana abtrennte. Der Name der Triaszeit leitet sich von der Dreiteilung in Buntsandstein, Muschelkalk und Keuper ab. Frühestens im Muschelkalk begann in Deutschland die Evolution der Dinosaurier. Aber erst aus dem darauffolgenden Keuper stammen die ersten Zeugnisse ihrer Existenz. Die allerersten Dinosaurier lebten ab dem Mittleren Keuper in einem trocken-heißen Klima, in dem sich die Pflanzen meist auf feuchtere Biotope an Sümpfen und Flußufern beschränkten.

Im Jura befand sich das Gebiet des heutigen Deutschland auf etwa 30 Grad nördlicher Breite und hatte wegen seiner Äquatornähe ein feuchteres Klima als in der Oberen Trias. Der größte Teil Deutschlands war von einem warmen Meer überflutet. Jetzt, in der üppigen Pflanzenwelt des Jura, entwickelten sich die Dinosaurier, vor allem die pflanzenfressenden Sauropoden standen in ihrer Blüte. Ausgedehnte Wälder aus Schachtelhalmen, Farnen, Baumfarnen und Nadelbäumen boten ihnen reichlich Nahrung.

In der Kreidezeit fanden große Veränderungen statt, weil die Kontinente nach und nach ihre heutige Lage einnahmen und um die Mitte der Kreidezeit eine Klimaverschlechterung einsetzte, die in Wellen bis zu ihrem Ende anhielt. Auch die Pflanzenwelt und damit

Ein Oberschenkel-
knochen von *Plateo-
saurus,* so wie er am
7. September 1932
in Trossingen im
Gestein gefunden
wurde.

die Nahrungsgrundlagen der Dinosaurier veränderten sich: Be-
decktsamige Pflanzen (Angiospermen) lösten die bis dahin vorherrschenden Nacktsamer (Gymnospermen) ab, doch die Dinosaurier
bewältigten diese Veränderungen. Die Sauropoden wurden jetzt von
den Vogelfuß- und Entenschnabeldinosauriern als vorherrschende
Pflanzenfresser abgelöst. Erdbeben, Vulkanausbrüche, wechselnde Klimaeinflüsse und Unwetter, die Verschiebung der Kontinente, Kommen und Gehen des Meeres und veränderte Pflanzennahrung – dies alles haben die Dinosaurier in Deutschland 150 Millionen
Jahre lang unbeschadet überlebt, doch dann muß es am Ende des
Erdmittelalters ein Ereignis (wahrscheinlich aber mehrere) gegeben
haben, das sie mit ihren über Jahrmillionen erworbenen Fähigkeiten
nicht überleben konnten. Immerhin hatten sie vorher einen für uns
Menschen unvorstellbar langen Zeitraum als die beherrschenden
Landtiere überdauert.

Der Weg von der Entdeckung bis zur
Rekonstruktion

Wenn der Museumsbesucher bewundernd vor den vier Plateosaurierskeletten steht, die im Stuttgarter Museum in lebensechter Haltung montiert wurden, oder vor der Größe des *Iguanodon*-Modells
im Landesmuseum Hannover beeindruckt ist, bedenkt er nur selten,
wie lange es dauerte, bis eine derartige Aufstellung möglich war.

Die Funde

Anders als in Asien oder Nordamerika sind Dinosaurier in Deutschland nur selten ganz gezielt gesucht und ausgegraben worden, »Expeditionen« fanden bei uns nicht statt, wenngleich manche Plateosauriergrabungen schon sehr in deren Nähe kamen. Die überwiegende Anzahl der deutschen Dinosaurier wurde durch zufällige Funde entdeckt. Meist waren es Baumaßnahmen jeglicher Art: Hier fraß sich eine Eisenbahnstrecke in einen Hügel, dort wurde eine Schule gebaut, ein Brunnen ausgeschachtet. Am häufigsten haben jedoch Steinbrucharbeiten zum Erfolg geführt, so daß die Arbeiter in den Steinbrüchen am häufigsten Dinosaurierknochen entdeckten.

Die Meldung

Beteiligt sind oft Laien und Amateur-Paläontologen, die sich für Funde aus Steinbrüchen und Baustellen interessieren und häufig soviel Fachwissen mitbringen, daß sie die Bedeutung wichtiger Funde erkennen und melden können. In Deutschland waren dies vor allem Schulkinder, Jugendgruppen, Studenten, Ärzte, Rechtsanwälte, Lehrer und Richter. Die benachrichtigten Paläontologen der Museen und Institute überzeugen sich bei ersten Ortsbegehungen, ob das gefundene Fossil ein Einzelknochen war oder ob es Anlaß zur Hoffnung gibt, umfangreichere Entdeckungen machen zu können. Falls ja, wird sich eine Probegrabung anschließen, die über den Aufwand an Arbeitszeit und die Finanzierung Auskunft geben kann.

Arbeit vor Ort: Fährten und Knochen

Handelt es sich bei den Funden um fossile Fußabdrücke von Dinosauriern, läßt sich bei Einzelfährten oft schon vor Ort entscheiden, ob die Fährte gleich abtransportiert werden kann oder ob ein Abguß hergestellt werden sollte. Auf jeden Fall wird die Fährte zunächst fotografiert, gezeichnet und vermessen. Schwieriger wird es bei so umfangreichen Fährtenkomplexen, wie wir sie von Barkhausen oder Münchehagen in Niedersachsen kennen. Hier ist ein Abtransport

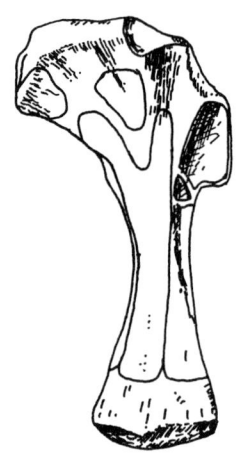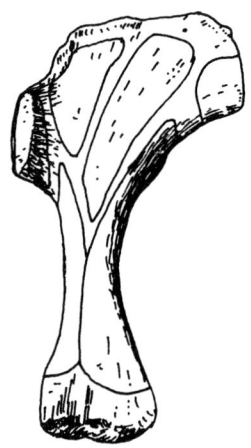

Jeder eingekreiste Bereich markiert einen bestimmten Muskel, der zu Lebzeiten des Plateosauriers an dieser Stelle am Knochen ansaß.

Gegenüberliegende Seite: Präparation eines *Plateosaurus*-Beckens. Die Risse sind mit Kunststoff geglättet worden und werden nun abgefräst; dabei entstehender Staub wird von der Absauganlage entfernt. Links vorne ein bereits restaurierter Dinosaurierrückenwirbel.

unmöglich, die Fährten müssen an Ort und Stelle konserviert und geschützt werden. Von besonders gut ausgebildeten Fährten können Abgüsse hergestellt und in Museen ausgestellt werden.

Anders geht man bei Knochenfunden vor. Grabungen werden nur angesetzt, wenn der zu erwartende Aufwand in einer vernünftigen Beziehung zum erhofften Ergebnis steht. Die drei größten Dinosauriergrabungen in Deutschland (Trossingen/Württemberg; Halberstadt/Sachsen-Anhalt zwischen 1910 und 1940 und Nehden-Brilon/Westfalen von 1979–1982) erfüllten die in sie gesetzten Hoffnungen.

Die Grabungen laufen alle nach einem ähnlichen Schema ab, bei dem es darum geht, die exakte Position eines jeden einzelnen Knochenfundes im Gestein festzuhalten. Das ist zum einen für eine eventuelle Skelettrekonstruktion wichtig, zum anderen verraten die Lage und Verteilung der Knochen dem Wissenschaftler viel über die Lebensumstände und die Todesursache der Dinosaurier. Jeder Knochen bekommt eine Registriernummer mit dem abgekürzten Namen des Museums oder Institutes, in dem er deponiert wird. So weiß jeder Fachwissenschaftler, daß sich etwa hinter der nüchternen Bezeichnung »SMNS 17928« das Skelett eines kleineren Prosauropoden-Dinosauriers verbirgt, der *Sellosaurus gracilis* genannt wird, im Stromberg in Nordwürttemberg entdeckt wurde und im Staatlichen Museum für Naturkunde in Stuttgart (= SMNS) aufbewahrt wird.

Nach der Registrierung der Knochen und ihrer Eintragung in den Fundplan folgt ihre Bergung, die sich ganz nach dem Erhaltungszu-

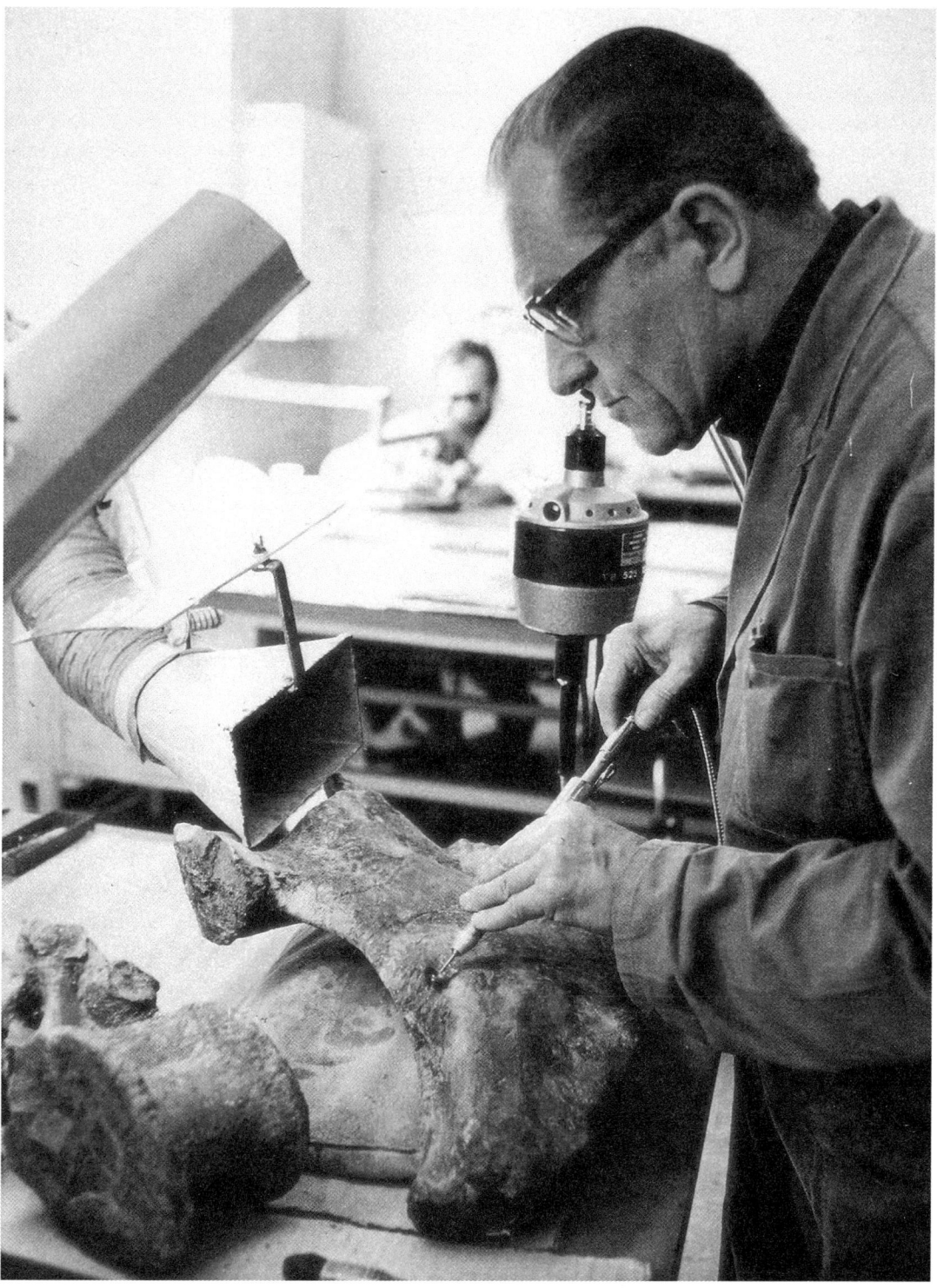

stand der Dinosaurierreste richtet. Die Knochen können sich nämlich in Mineralien umgewandelt haben, die härter oder weicher als das umgebende Gestein sind. In besonderen Fällen sind sogar die Knochen verschwunden und nur noch ihre Umrisse als Hohlformen im Gestein erhalten; auf diese Weise erhält man eine äußerlich perfekte Nachbildung der Knochen. Kompakte, aber schwere Knochen werden, ähnlich wie ein Gipsbein, durch eine Lage Gips geschützt. Wesentlich größere Probleme kommen auf Wissenschaftler und Präparatoren zu, wenn die Knochen, oder Teile von ihnen, aus Gestein bestehen, das sehr bröckelig ist und mit der Zeit zerfällt. Dann müssen wie im Fall der Nehdener LeguanzahndinosaurierKnochen sogar neue Methoden zu ihrer Fertigung und Behandlung entwickelt werden. Ziel ist es immer, die fossilen Knochen stabil und über viele Jahrzehnte hinweg haltbar zu machen. Meist werden von den Originalknochen leichtere Duplikate aus Kunststoffen hergestellt, die dann beim Montieren eines Skelettes viel leichter handhabbar sind.

Die Präparation

Sind die Knochen der Urzeitriesen noch in dem sie umgebenden Gestein eingebettet, müssen sie erst in den Museumswerkstätten von erfahrenen Präparatoren aus dem Gestein gelöst werden, wobei die Palette der verwendeten Methoden und Instrumente von groben Meißeln zu feinen Sticheln, Kratzern, Bohrern, aber auch Sandstrahlgebläsen und sanften Säurebädern reicht. Dieser Teil der Arbeit an einem Dinosaurierskelett ist oft der langwierigste – unter Umständen dauert er mehrere Jahre, ist aber für den Museumsbesucher meist nicht sichtbar, weil er in Neben- oder Kellerräumen stattfindet.

Die Arbeit des Paläontologen

*Gegenüberliegende
Seite:*
Montage eines
Plateosaurus-Hinterbeins an ein Skelett,
das für die Ausstellung vorbereitet wird.

Sind alle Knochen eines Fundes optimal gereinigt und von allen Seiten her zu begutachten, beginnt der Paläontologe mit der Analyse der Knochen. Je nach Umfang des Fundmaterials, ob es sich um einen Einzelknochen oder um ein ganzes Skelett handelt, dauert diese Arbeit zwischen wenigen Wochen bis zu mehr als 5 Jahren.

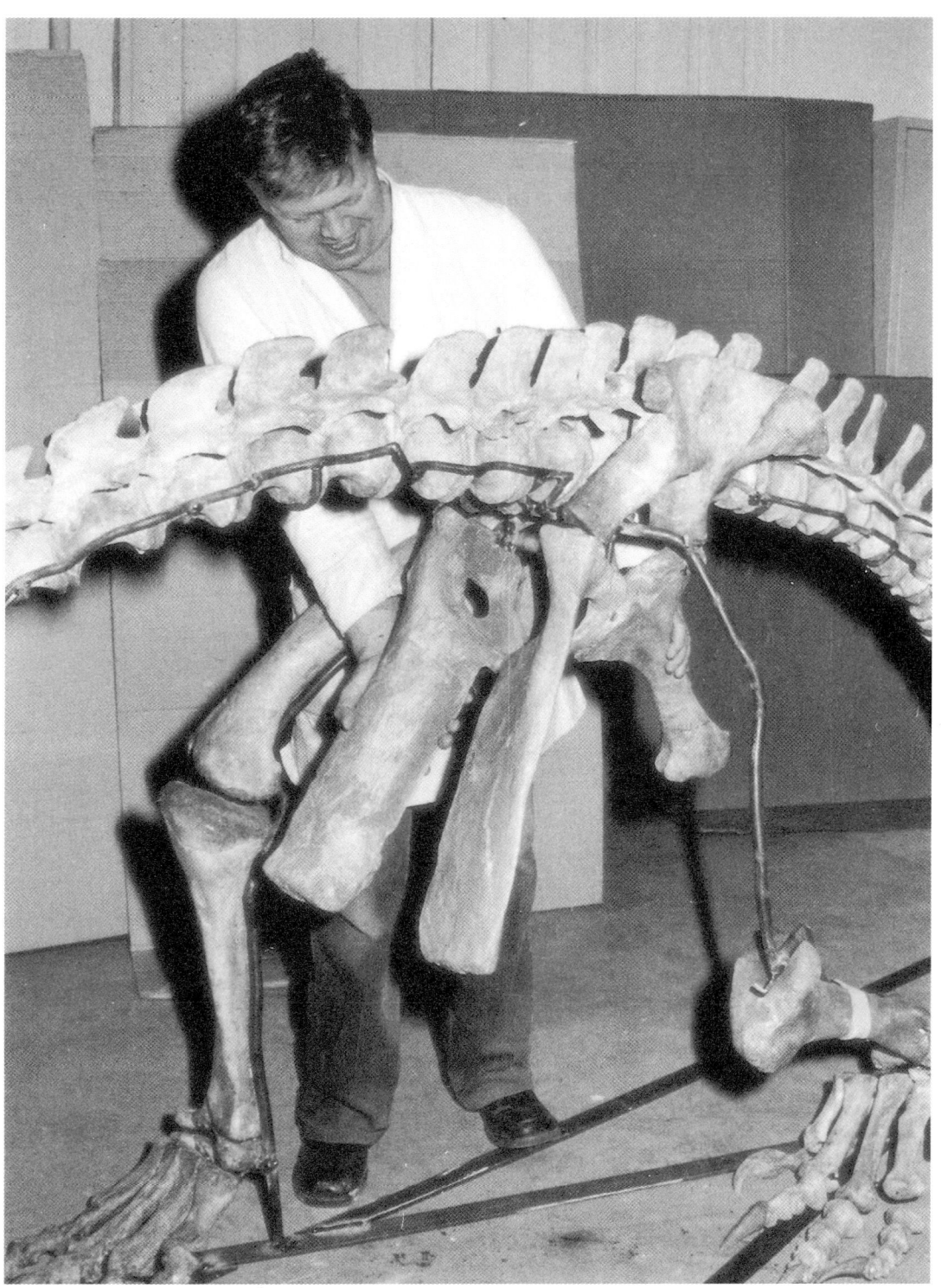

Seit 1985 sind vier Plateosaurier im Stuttgarter Naturkundemuseum ausgestellt. Das Tier links steht steil aufgerichtet, als wenn es an einem Baum etwas Freßbares sucht; zwei andere Tiere zeigen die bevorzugte vierfüßige Bewegungsweise.

Zunächst muß der Wissenschaftler feststellen, um welchen Knochen es sich bei dem vorliegenden Teil handelt. Ist es ein Oberschenkelknochen, sind es Bruchstücke einer Bauchrippe, verknöcherte Sehnenstränge, ein Schwanz- oder Rückenwirbel, oder ist es ein isoliertes Jochbein vom Schädel? Die Knochen werden von allen Seiten her in den Einzelheiten beschrieben und vermessen. Wenn es nötig ist, können auch Querschnitte und Dünnschliffe aus kleinen Scheiben angefertigt werden, die mehr über Identität und Alter des Tieres verraten.

Das Vorkommen bestimmter Rauhigkeiten und Vorsprünge, an denen beim lebenden Dinosaurier einst Muskeln und Sehnen ansetzten, deutet auf charakteristische Merkmale einer Dinosaurierfamilie oder -gattung hin, so daß der Paläontologe oft sogar ohne das Vorliegen eines Schädels oder von Zähnen sagen kann, ob er es mit einem pflanzen- oder mit einem fleischfressenden Dinosaurier zu tun hat.

34

Sind mehrere Knochen vorhanden, wird man vielleicht einen Rekonstruktionsversuch des Gesamtskelettes ins Auge fassen. Vor allem wenn sich Knochen der linken und der rechten Körperhälfte spiegelbildlich ergänzen lassen, bestehen große Chancen, ein ganzes Skelett rekonstruieren zu können.

Nach der Untersuchung aller Knochen versucht der Paläontologe, durch alle verfügbaren Quellen und Vergleiche herauszubekommen, um welchen Dinosaurier es sich handelt – ob es ein Vogel- oder ein Echsenbeckendinosaurier ist, der der Wissenschaft bereits bekannt ist, oder ob es sich um eine neue Gattung oder eine neue Art handelt. Zeigt das Tier Besonderheiten, die erwähnenswert sind oder vorher noch nicht bekannt waren? War es ein junges oder ein ausgewachsenes Tier?

Sollte der Fund ein bis dahin noch nicht bekannter Dinosaurier sein, überlegt sich der Paläontologe einen Namen für das Tier, der den Finder ehrt oder Bezug auf körperliche Eigenschaften des Tieres nimmt (zum Beispiel verweist *Compsognathus longipes* auf einen zarten Kiefer und lange Beinknochen).

Die Analyse des Paläontologen wird in einer Fachzeitschrift veröffentlicht, detailgenaue Zeichnungen und Fotos des Fundes begleiten die Publikation, damit Fachkollegen aus aller Welt ihn mit ihren eigenen Entdeckungen vergleichen können.

Über Montage und Modell zum rekonstruierten Dinosaurier

Liegt ein besonders spektakuläres, vollständiges oder einzigartiges Dinosaurierskelett vor, wird das Museum danach trachten, es zu montieren und der Öffentlichkeit zu präsentieren. Dazu werden aber meist nicht die schweren und zu kostbaren Originalknochen genommen, sondern, wie schon erwähnt, Kunststoffabgüsse.

Hat man ein montiertes Skelett vorliegen, kann man noch einen Schritt weitergehen, indem man eine Plastik des Dinosauriers herstellt. Bis vor wenigen Jahren war dies in Deutschland noch nicht üblich, aber inzwischen gibt es auch bei uns mehrere lebensgroße Mimoplastiken von in Deutschland gefundenen Dinosauriern (zum Beispiel *Iguanodon*, *Compsognathus* oder *Apatosaurus* mit seiner Fährte) zu sehen. Und wer behauptet, daß in einigen Jahren auch der nach amerikanischem Vorbild computergesteuerte, mit einer Stimme ausgestattete »Dinosaurier in Bewegung« vorgestellt wird, muß keine prophetischen Gaben besitzen. Derartige buntbemalte Modelle mit rollenden Augen drängen allerdings die viel wichtigere paläontologische Arbeit in den Hintergrund, die viel unauffälliger verläuft. Durch genaue Analyse der Todesumstände (Taphonomie) und der möglicherweise im Umkreis der Dinosaurierknochen entdeckten fossilen Flora und Fauna gelingt es den Wissenschaftlern, ein genaues Lebensbild des Dinosauriers und seiner Beziehung zu anderen Tieren, Pflanzen, Landschaft und Klima – kurz, seine Ökologie zu zeichnen. Auf diese Weise das ausgestorbene Tier in seiner ehemals angestammten Umwelt wieder »lebendig« werden zu lassen ist gewiß ein größerer Höhepunkt wissenschaftlichen Arbeitens als die auf Schaueffekte bedachten Ausstellungen der computergesteuerten Urzeitriesen!

Die Dinosaurier der Triaszeit

Der erste in Deutschland gefundene Dinosaurier

Das Jahr 1834: Zwischen den deutschen Einzelstaaten fallen Zoll-schranken, der Deutsche Zollverein wird gegründet. In Bayern re-giert König Ludwig. Und hier in Bayern, genauer in Franken, sollte die Erde erstmals ihre geheimnisvollen »Drachen des Erdmittelal-ters« entlassen. Ein Jahr später, 1835, wurde zwischen Nürnberg und Fürth die erste Eisenbahnstrecke Deutschlands in Betrieb genom-men, und unweit davon, in einer Tongrube zwischen bewaldeten Hügeln und Bächen östlich von Nürnberg, kamen 1834 die ersten Knochen zum Vorschein. Diesen ersten Dinosaurier auf deutschem Boden fand der Nürnberger Arzt Prof. Dr. Johann Friedrich En-gelhardt (1797–1857). Er präsentierte seinen Fund erstmals bei der 12. Versammlung Deutscher Naturforscher und naturforschender Ärzte, die vom 18. bis zum 24. September 1834 in Stuttgart abgehal-ten wurde.

Über den genauen Fundort sind sich die Chronisten heute aller-dings nicht einig. Der damals in Erlangen tätige Wissenschaftler Max Blanckenhorn hielt 1897 in seiner Monographie über die Saurierfun-de in Franken einen Steinbruch am Buchenbühl südlich des kleinen Städtchens Heroldsberg für den Fundort, und das nordöstlich von Nürnberg gelegene Heroldsberg ist als Fundort des ersten deutschen Dinosauriers auch in die paläontologische Fachliteratur eingegan-gen. Wegen der unterschiedlichen Farben des umgebenden Gesteins und der fossilen Knochen lokalisierte der damals in München arbei-tende Paläontologe Max Urlichs den Fund 1966 eher in der Gegend zwischen Heroldsberg und dem südöstlicheren Güntersbühl. Andere Chronisten sehen in einem der Steinbrüche um Güntersbühl und Nuschelberg den Originalfundort, während nach anderer Meinung wieder der weiter südöstlich gelegene Ort Altdorf dieses Prädikat für sich beanspruchen kann.

Die Entdeckung des ersten Dinosauriers auf deutschem Boden fiel noch in eine Zeit, in der man kaum etwas über diese Tiere der Urzeit wußte. Zwar waren schon etwa 10 Jahre zuvor im südlichen England seltsame fossile Zähne und Knochen gefunden worden, die von ausgestorbenen gigantischen Reptilien stammen sollten, aber die Existenz der Dinosaurier war 1834 noch nicht Allgemeingut, ja, nicht einmal der Begriff »Dinosauria« war damals in der Wissenschaft eingeführt. Er wurde erst 7 Jahre später, im August 1841, von dem englischen Zoologen und Anatom Richard Owen (1804–1892) geprägt. Immerhin entstand schon in den Jahren davor bei einigen Wissenschaftlern aufgrund der in England geborgenen Funde die Vorstellung von riesigen ausgestorbenen Tieren, die zum einen viel mit heutigen Reptilien gemeinsam hatten, gleichzeitig aber mit ihren säulenartigen Beinen an Elefanten und andere dickhäutige Säuger erinnerten. Auch ein deutscher Gelehrter teilte diese Vorstellungen: Hermann von Meyer, geboren am 3. September 1801 in Frankfurt am Main und gestorben am 2. April 1869, war ohne Zweifel einer der bedeutendsten Paläontologen des 19. Jahrhunderts, ohne es von Beruf her je gewesen zu sein. Zwar hatte er in München auch Vorlesungen über Mineralogie gehört, aber die Semester, in denen er in Heidelberg Volkswirtschaftslehre studierte, wurden für seinen beruflichen Werdegang sehr viel entscheidender. Als von Meyer 1837 den ersten deutschen Dinosaurier beschreiben sollte, war er Kontrolleur bei der deutschen Bundeskassenverwaltung in Frankfurt am Main. Trotz seiner Beamtenlaufbahn blieb von Meyer seinen wissenschaftlichen Interessen treu. Es gelang ihm, sich neben seinem Beruf auch weiterhin mit fossilen Wirbeltieren zu beschäftigen. Bald hatte er einen so guten Ruf, daß er von überall Funde zur Bearbeitung bekam. Deshalb schickte auch Dr. Engelhardt seinen fränkischen Fund an Hermann von Meyer zur Begutachtung.

Seine Erkenntnisse publizierte von Meyer am 4. April 1837 in Form eines Briefes im *Neuen Jahrbuch für Mineralogie, Geologie und Paläontologie*: »Herr Dr. Engelhardt in Nürnberg brachte zur Versammlung der Naturforscher in Stuttgart einige Knochen von einem Riesenthier aus einem Breccien-artigen Sandstein des oberen Keupers seiner Gegend. Derselbe hatte die Gefälligkeit, mir alle

Der berühmteste Paläontologe des 19. Jahrhunderts: Hermann von Meyer (1801–1869) nach einer Lithographie von C. J. Allemagne aus dem Jahre 1837. In diesem Jahr beschrieb von Meyer den ersten Dinosaurier aus Deutschland.

Die mächtigen Knochen des ersten deutschen Dinosaurierfundes von 1834. So wurden sie bis vor kurzem in einer Vitrine im Geologisch-Paläontologischen Institut der Universität Erlangen aufbewahrt.

Schienbein d. Keupersauriers
Plateosaurus engelhardti Meyer
Knollenmergel-Konglomerat

Heroldsberg

Lumbalwirbel d. Keupersauriers
Plateosaurus engelhardti
Meyer
Knollenmergel-Konglomerat

Heroldsberg

Rippenstück d. Keupersauriers
Plateosaurus engelhardti
Meyer ?
Knollenmergel-Konglomerat

Heroldsberg

Knochen, welche aus diesem Gebilde herrühren, mitzuteilen. Ich habe sie bereits untersucht und die besten davon, welche in fast vollständigen Gliedmaßenknochen und in Wirbeln bestehen, abgebildet. Dieser Fund ist von großem Interesse. Die Knochen rühren von einem der massigsten Saurier her, welcher infolge der Schwere und Hohlheit seiner Gliedmaßenknochen dem *Iguanodon* und *Megalosaurus* verwandt ist und in die zweite Abteilung meines Systems der Saurier gehören wird. Keiner seiner Verwandten war bisher so tief im Europäischen Kontinent und aus so einem alten Gebilde bekannt. Diese Reste gehören einem neuen Genus an, das ich *Plateosaurus* nenne; die Species ist *Pl. Engelhardti.* Das Ausführliche darüber werde ich später bekannt machen.«

Indem von Meyer den fränkischen Fund in enge Verwandtschaft zu den beiden englischen Entdeckungen stellte, die die Namen *Iguanodon* (»Leguanzahnechse«) und *Megalosaurus* (»Große Echse«) erhalten hatten, bewies er wissenschaftlichen Weitblick. Diese ersten Repräsentanten des neu zu benennenden mesozoischen Riesengeschlechtes waren eineinhalb Jahrzehnte zuvor in südenglischen Steinbrüchen aufgetaucht und stellten sozusagen die Prototypen dar, nach denen Richard Owen 1841 seine »Dinosauria« bezeichnen sollte. Doch Hermann von Meyer schwebte eine eigene Systematik für die »Schreckensechsen« des Erdmittelalters vor. Schon 1830 erfand er für sie den Namen »Pachypoda«, die »Schwerfüßer« – aufgrund ihrer mächtigen Gliedmaßenknochen und in Anlehnung an moderne Großsäuger. Diese Bezeichnung und das dazugehörige System, in das er die fossilen Saurier stellte, wurden von ihm auch 1840 und später noch benutzt und weitergeführt. Hätte er es wissenschaftlich begründet und scharf umrissen und nicht in unverbindlicher Tabellenform dargestellt, hätte ihm und nicht Richard Owen das »Copyright« für die Entdeckung der Dinosaurier als einer einheitlichen Gruppe zugestanden. Dies war jedenfalls schon damals die Meinung von Owens Gegner, des englischen Zoologen Thomas H. Huxley (1825–1895). Aber so ging Owens Vorschlag in die Annalen der Paläontologie ein und nicht von Meyers, andernfalls hätte es die »Dinosauria« nie gegeben, sondern die »Pachypoda«.

Dennoch hatte Hermann von Meyer mit seiner Benennung der fränkischen Knochen aus der Triaszeit eine glückliche Hand gehabt: Weltweit gesehen war es der siebte Dinosaurier, der einen Namen bekommen hatte (darunter befanden sich allerdings zwei Gattungen, die nur auf Zahnfunden begründet waren und heute nicht mehr gültig sind, so daß *Plateosaurus* eigentlich der fünfte vergebene Dinosauriername war).

Von Meyers Bezeichnung *»Plateosaurus engelhardti«* (»Engelhardts flache Echse«) blieb auch später erhalten, heute ist sie sogar für alle deutschen Plateosaurierfunde gültig. Gleichzeitig ist der zuerst gefundene Dinosaurier aus Deutschland bis heute der berühmteste geblieben.

Frühe Knochen- und Fährtenfunde aus Thüringen und Franken

Die mitteleuropäischen Dinosaurier entstanden nicht plötzlich, sondern waren das Resultat einer Millionen Jahre währenden Entwicklung. Ihr Beginn muß irgendwo im Dunkel der Mittleren Triaszeit liegen.

Viele Jahrzehnte lang galten die Pseudosuchier (»Scheinkrokodile«), eine Gruppe der Wurzelzahnsaurier (Thecodontier), als die wahrscheinlichsten Vorläufer, aus denen sich die Dinosaurier entwickelt haben sollten. In dieser zu den Archosauriern gehörenden Gruppe seien die anatomisch-physiologischen Bausteine für das moderne und in der Folge sehr erfolgreiche Dinosaurierkonzept zusammengefügt, erprobt und schließlich genetisch festgelegt worden.

Doch erst 1975 erlangten die Paläontologen genaueres Wissen über die möglichen Dinosauriervorfahren, weil ein Tier die Voraussetzungen dafür fast perfekt erfüllte. Neue Funde hatten ein schon länger bekanntes Trias-Reptil vertrauter werden lassen: *Lagosuchus,* das »Hasenkrokodil« aus Südamerika, kommt dem möglichen Dinosauriervorläufer am nächsten, obwohl man es diesem kaum 40 Zentimeter langen Saurier nicht ansieht. Der Name »Hasenkrokodil« leitet sich von den langen Hinterbeinen ab, die im Vergleich mit dem grazilen Körper ähnlich überproportional ausgebildet sind wie bei einem Hasen. *Lagosuchus talampayensis* wird von einer Minderheit unter den Paläontologen sogar als ursprünglichster Dinosaurier angesehen, die Mehrheit der Wissenschaftler deutet *Lagosuchus* allerdings als einen Seitenzweig der Entwicklung in Richtung Dinosaurier. Während eine andere Gruppe der triassischen

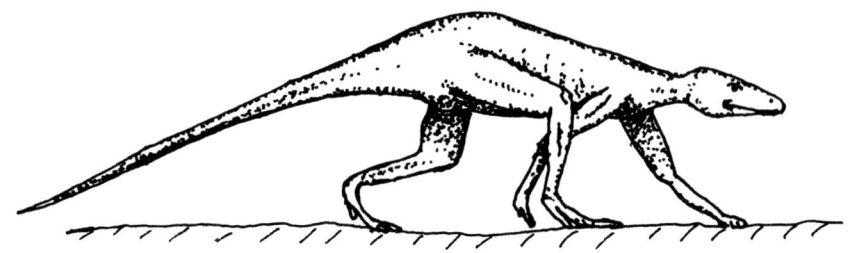

So zeichnete Hartmut Haubold bereits 1966 nur nach der fossilen Fährte das Phantombild des Tieres, das die als *Rotodactylus* bezeichneten Trittsiegel hinterlassen hatte. Es entsprach fast vollständig demjenigen von *Lagosuchus,* der erst viele Jahre später in Südamerika entdeckt wurde.

Archosaurier krokodilartige Fußgelenke entwickelte und sich abspaltete, zeigten *Lagosuchus* und verwandte Formen dinosaurierartige Fußgelenke, Becken- und Wirbelknochen.

Warum ist der südamerikanische *Lagosuchus* erwähnenswert, wenn es um die Dinosaurier aus Deutschland geht? In vielen Teilen der Welt ist eine ganz bestimmte fossile Fährtenform gefunden worden, der man den Namen *Rotodactylus* gegeben hat. Auch aus der Unteren Trias, dem Buntsandstein von Thüringen, sind diese Fährten bekannt. Solche *Rotodactylus*-Fährten stammen von ca. 50 Zentimeter langen Sauriern, die offensichtlich in ihrer Zeit sehr häufig vertreten waren. Was sie von ursprünglicheren Sauriern unterscheidet, ist die Tatsache, daß sie nicht wie diese noch mit der ganzen Fußsohle auftraten, sondern nur noch auf den Zehen liefen, eine sogenannte »digitigrade« Fortbewegungsweise, die von den Dinosauriern übernommen wurde. Andererseits zeigen *Rotodactylus*-Fährten noch eine fünfte, nach hinten abgespreizte Zehe, die diese Trittsiegel eindeutig von den dreizehigen *Coelurosaurichnus*-Fährten abgrenzt, die etwas später auftreten und von echten Dinosauriern stammen.

Der aus Halle an der Saale stammende Paläontologe Dr. Hartmut Haubold, eine der weltweit führenden Autoritäten auf dem Gebiet der fossilen Saurierfährten, hat bereits 1966 versucht, anhand bestimmter Maßstrecken und -verhältnisse die *Rotodactylus*-Fährten mit einem Tier zu verbinden. Was er vor einem Vierteljahrhundert zeichnerisch als Ergebnis seiner Forschungen veröffentlichte, entsprach fast genau der modernen Rekonstruktion von *Lagosuchus,* die erst vor einigen Jahren präsentiert wurde. Demnach scheint *Rotodactylus* eine *Lagosuchus*-verwandte Form gewesen zu sein, die sowohl vier- als auch zweibeinig laufen konnte, in jedem Falle aber schneller als die anderen zeitgleich lebenden Saurier war.

Wann aber lebte der erste echte Dinosaurier in unserem Land? Viele Hinweise darauf existieren nicht, vor allem fehlen die so wichtigen Knochenfunde – mit einer möglichen Ausnahme. 1932 beschrieb der Tübinger Paläontologe Friedrich von Huene (1875 bis 1969) Mittelfußknochen (Metatarsalia), die im thüringischen Dillstädt (nördlich von Coburg und südlich von Meiningen gelegen) im Unteren Mittelkeuper gefunden worden waren. Weil diese Knochen etwa 225 Millionen Jahre alt sind (Karn), könnten sie zu dem ältesten Dinosaurier gehören, der je in Deutschland entdeckt worden ist.

Avipes dillstedtianus (»Vogelfuß aus Dillstädt«) hinterließ unvollständige, etwa 3,5 Zentimeter lange Mittelfußknochen, die aus der sogenannten »Lettenkohle« Thüringens stammen. An ihrem oberen Ende sind die Mittelfußknochen vogelähnlich miteinander verwachsen; Friedrich von Huene schrieb sie deshalb »einem kleinen Coelurosaurier« zu. Aus der ganzen Welt seien, wie von Huene schrieb, bisher keine so vogelartig miteinander verwachsenen Mittelfußknochen bekannt. Heute kennt man allerdings mehrere Raubdinosaurier, deren Fußknochen sogar noch viel mehr dem Bauplan von Vogelfüßen entsprechen.

Leider kann nicht mit Sicherheit gesagt werden, von welchem Saurier die *Avipes*-Knochen stammen. Es scheint zumindest ein Archosaurier gewesen zu sein, der eine bereits verbesserte Bewegungsweise aufwies und auf den Zehen ging, also etwa ein Lagosuchier. Manche Paläontologen vermuteten sogar, daß hier lediglich drei Rippen eines meereslebenden Pflasterzahnsauriers (Placodontia) miteinander verbacken wären und eine andere Form vortäuschten. Andererseits kann die Möglichkeit, daß *Avipes dillstedtianus* doch ein sehr früher Dinosaurier war, nicht vollkommen ausgeschlossen werden.

Dinosaurierfährten aus der fränkischen Trias

Als im ausgehenden 19. Jahrhundert im Westen der USA die großen Dinosaurierexpeditionen mit ihren spektakulären Skelettfunden stattfanden, kam etwa um 1887 die erste Nachricht, daß in Nordbayern fossile Fährten von Dinosauriern gefunden worden seien. Bis heute ist vor allem aus Unter-, aber auch aus Mittelfranken eine Vielzahl solcher fossiler Fährten beschrieben worden, die von Dinosauriern verursacht wurden.

Fährten aus der nord-
bayerischen Trias.
Obere Reihe, links:
Coelurosaurichnus
ziegelangerensis,
rechts: *C. kehli*,
daneben zweimal
C. moeni.
Mitte, links: *»Dino-*
sauripus«, rechts:
C. sassendorfensis,
darunter: Ausschnitt
aus einer neunteiligen
Fährtenfolge mit
Hand- und Fußab-
drücken.
Untere Reihe, links:
Fährte mit borsten-
artiger Hautstruktur,
Mitte: *C. schlehen-*
bergensis, rechts:
C. kronbergeri;
Unterste Reihe,
links: *Rotodactylus*
kronachensis,
rechts: *C. arntzenuisi*.

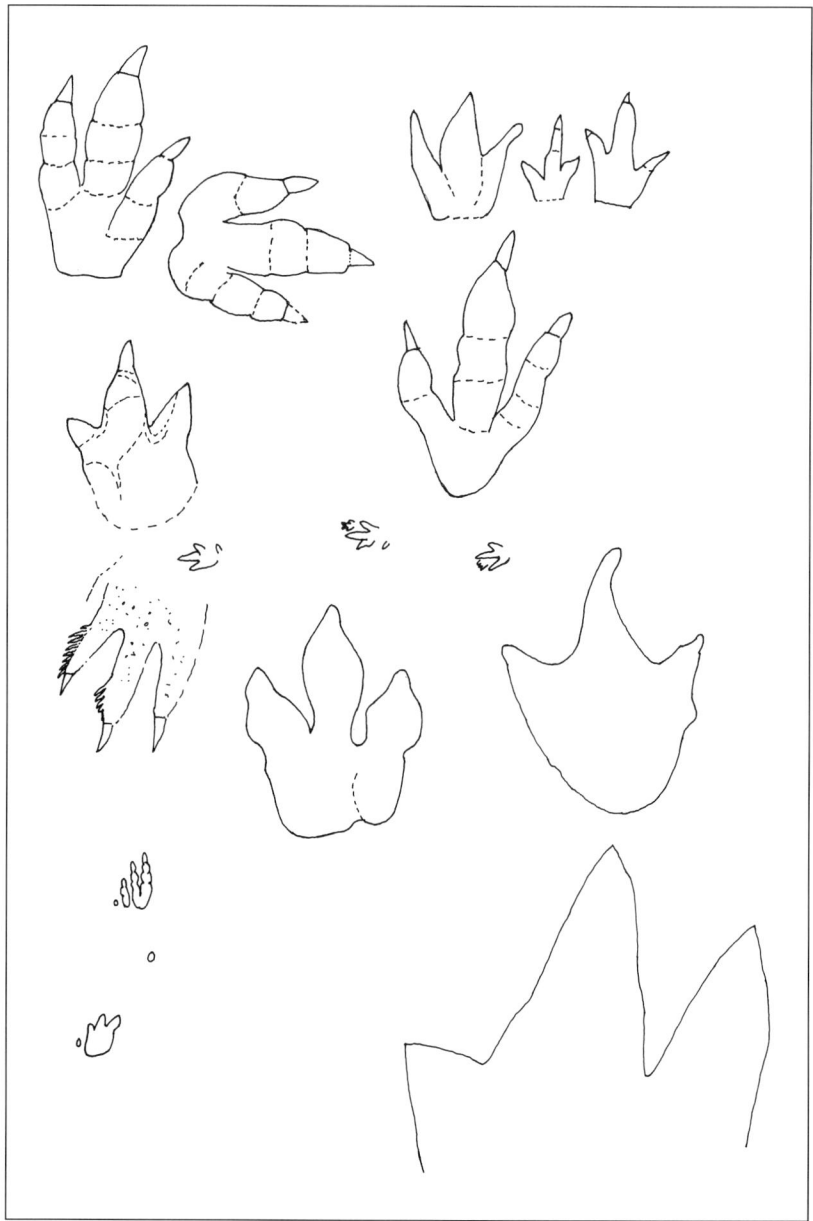

Seit 1930 haben sich Paläontologen mit den fränkischen Dinosaurierfährten beschäftigt. Von München aus tat dies Prof. Oskar
Kuhn, von Erlangen aus Prof. Florian Heller (1905–1978), um nur
einige zu nennen. Mit die meisten Beiträge zu diesem Thema kamen
von Kurt Rehnelt, der zwischen 1950 und 1982 allein drei Fährtengattungen benannte (*Coelurosaurichnus schlehenbergensis, C. kron-*

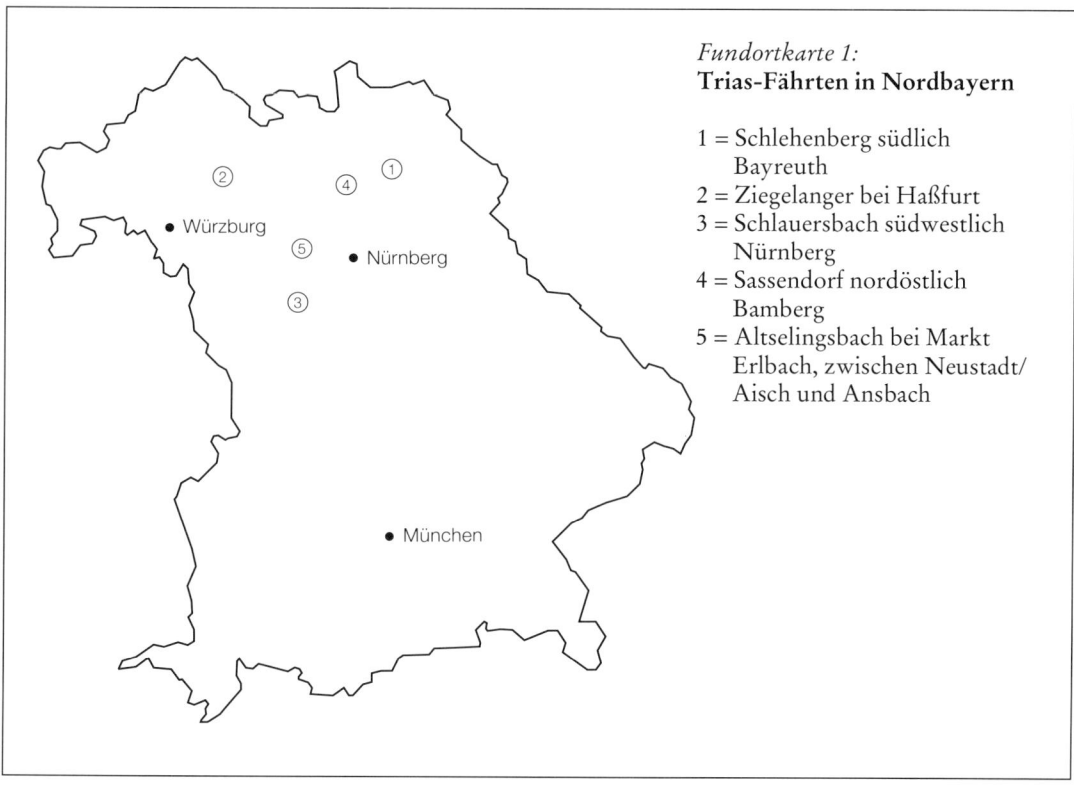

bergeri und *C. arntzeniusi)* und sich in mehreren Aufsätzen mit der triassischen Fährtenfauna um Bayreuth befaßte. Kurt Rehnelt wurde am 22. April 1923 im Sudetenland in Altstadt bei Tetschen-Bodenbach geboren, studierte in Prag und Aachen Chemie. Ab 1947 wohnte der Diplomingenieur in Bayreuth und entdeckte dort sein Interesse für die vorzeitlichen Fährten seiner neuen Heimat, das auch anhielt, als er seit 1950 in Düsseldorf tätig war. Er starb am 18. Dezember 1990.

Die überwiegende Anzahl der fränkischen Dinosaurierfährten stammt aus der Oberen Trias, dem Karn und dem Nor. Besonders fundreich sind der Benker-Sandstein um Bayreuth, das Tal des Roten Mains, die Gegend um Bamberg und Würzburg, vor allem aber Steinbrüche bei Haßfurt am Main.

Es ist oft nicht leicht, aus dem Gewirr auf manchen Fährtenplatten die Dinosaurierfährten von anderen Reptilfährten zu unterscheiden; immerhin haben zahlreiche andere Reptilien ebenfalls Fährten hinterlassen, möglicherweise Schildkröten, Handtiere (Chirotherien), *Rotodactylus,* aber auch Amphibien. Auffallend ist jedoch, daß

Kaum 10 Zentimeter lang: Fossiler Hinterfußabdruck eines kleinen Raubdinosauriers aus der Triaszeit von Schönbach/ Unterfranken, im Besitz der Naturhistorischen Gesellschaft, Nürnberg.

fast alle Fährten den typischen dreizehigen Theropoden- oder »Vogel«-Fuß zeigen. Bis auf eine Ausnahme, die von einem frühen Vogelbeckendinosaurier herrühren könnte, scheinen sich alle fränkischen Dinosaurierfährten aus der Oberen Trias Raubdinosauriern zuordnen zu lassen, die ja allesamt Echsenbeckendinosaurier sind.

Unbestreitbar ist, daß die fränkischen Trias-Theropoden kleine Tiere waren. Manche waren kaum länger als 50 Zentimeter, die größten erreichten eine Körperlänge von 3 bis 4 Metern. Die kleinsten Fährtenabdrücke messen weniger als 5 Zentimeter, die größten knapp über 20 Zentimeter, wobei die meisten nur zwischen 10 und 15 Zentimeter lang sind. Anhand verschiedener Maßstrecken lassen sich zwischen ihnen Unterschiede feststellen, die zum einen darauf zurückzuführen sind, daß hier unterschiedliche Dinosaurier gelaufen sind, vielleicht aber auch bisweilen Alt- und Jungtiere der gleichen Art. Die Dicke und Länge der Zehen, ihre Spreizung und Krallenform, Länge und Breite des Fußes, all diese Merkmale helfen den Paläontologen dabei, eine Fährtenart gegen die andere abzugrenzen. Bis heute hat man die meisten fränkischen Fährten der Fährtengattung *Coelurosaurichnus* (»Hohlknochendinosaurierfährte«) zugeschrieben, eine Bezeichnung, die ausdrücken soll, daß sie

Tabelle 3: **Wichtige Dinosaurierfährten aus der fränkischen Triaszeit**

Name	Größe	Fundort	Jahr der Beschreibung
Coelurosaurichnus ziegelangerensis	10–11 cm	Ziegelanger bei Haßfurt/ Unterfranken	1958
Coelurosaurichnus kehli	10–13 cm	Haßfurt/Unterfranken	1950
Coelurosaurichnus moeni	10–13 cm	Ziegelanger bei Haßfurt/ Unterfranken	1948
Coelurosaurichnus schlauersbachensis	ca. 10 cm	Schlauersbach bei Neuendettelsau/Mittelfranken	1934
Coelurosaurichnus schlehenbergensis	9 cm	Schlehenberg bei Bayreuth/ Oberfranken	1950
»*Dinosauripus*« = *Coelurosaurichnus*	5 cm	Umgebung von Bayreuth/ Oberfranken	1951
Atreipus (Coelurosaurichnus) metzneri	8 cm Hinterfuß, 2 cm Hand	Altselingsbach bei Markt Erlbach/Mittelfranken	1952
Ein procompsognathider Theropode	5–10 cm	Katzeneichen bei Benk/ Oberfranken	1976
Theropode unsicherer Zuordnung	21 cm	Forsthaus Kamerun am Roten Main bei Bayreuth/ Oberfranken	1981
Coelurosaurichnus kronbergeri	18 cm	Bei Bayreuth/Oberfranken	1959
Coelurosaurichnus arntzeniusi	6,4 cm	Schlehenberg bei Bayreuth/ Oberfranken	1982 (bereits 1952 entdeckt)

von kleinen Raubdinosauriern verursacht wurden. Allein acht verschiedene Arten von *Coelurosauricnus* werden heute unterschieden, wobei die meisten nur auf ein bis zwei Abdrücken basieren. Früher nannte man derartige Fährten auch »*Saurichnites*« oder »*Dinosauripus*«, übersetzt etwa »Echsenfährte« und »Dinosaurierfuß«. Die nordbayerischen Fährten enthalten manchmal erstaunliche Besonderheiten; so zeigten sich beispielsweise an den Zehen einer Fährte aus der Nähe von Bayreuth seltsame borsten- oder schuppenartige Bildungen, von denen noch vollkommen unklar ist, ob sie tatsächliche Hautauswüchse des betreffenden Tieres darstellen oder durch geologisch-sedimentologische Prozesse zustande gekommen sind.

Nicht selten finden sich neben den größeren Fußabdrücken auch solche der kleineren Hände der Dinosaurier, und wenigstens in einem Falle (wahrscheinlich ein Handtier) scheint sogar die bleistiftdicke Spur eines Schwanzes erhalten geblieben zu sein. In den letzten Jahren sind nicht nur Einzelfährten ans Licht gekommen, sondern sogar eine aus neun Abdrücken bestehende Folge. Am interessantesten erscheint aber eine Fährte, die schon 1949 entdeckt wurde.

Atreipus metzneri – eine Momentaufnahme aus der Triaszeit

Über die weiten Ebenen der späten Triaszeit, die sich vor rund 220 Millionen Jahren dort erstreckten, wo heute Nordbayern liegt, laufen mehrere Reptilien, die von der fahlen Abendsonne beschienen werden. Manche von ihnen sind größere Chirotherien, »Handtiere«, die nur sehr weit entfernt verwandt mit den Dinosauriern sind. Am Rande eines Tümpels versammeln sie sich, um nach Freßbarem zu suchen. Ab und zu gelingt es ihnen, ein Insekt zu fangen. Von der Ebene her nähert sich jetzt ein kleiner Dinosaurier, der flink auf seinen Hinterbeinen läuft. Er mischt sich unter die Chirotherien, was nicht ohne Zischen von deren Seite her abgeht. Doch dann dulden sie es, daß sich der Dinosaurier an der Suche nach Futter beteiligt. Während der Nahrungssuche läßt sich das Tier auf seine kleinen Vorderfüße nieder und schlägt ein bedächtiges Tempo ein, damit seiner Nase nichts entgeht. Zwischen den Chirotherienfährten hin-

Sandsteinblock mit der Fährte des dreizehigen *Coelurosaurichnus schlehenbergensis,* 1950 von Kurt Rehnelt aus der Umgebung Bayreuths beschrieben.

terläßt es Abdrücke seiner tulpenförmigen Hinterfüße und seiner Hand, die im feuchten Schlamm konserviert werden.

Die zu Stein gewordenen Abdrücke des kleinen Trias-Dinosauriers findet in den fünfziger Jahren der Erlanger Arzt Rudolf Metzner bei Altselingsbach in Franken. Ihm zu Ehren benennt sie der Erlanger Geologe Florian Heller wegen ihrer Ähnlichkeit mit schon früher gefundenen Fährten 1952 als »*Coelurosaurichnus metzneri*«, »Metzners Hohlknochendinosaurier-Fährte«, wobei er aber nicht bemerkt, daß außer dem Hinterfußabdruck auch noch der Abdruck von einer Hand auf der Fährtenplatte vorhanden ist.

Daß diese Hand nicht, wie zunächst angenommen, zu einem anderen kleinen Reptil gehört, erkannten erst 1986 die beiden amerikanischen Wissenschaftler Paul E. Olson und Donald Baird, die im östlichen Nordamerika eine ganze Reihe sehr ähnlicher Fährten gefunden hatten. In allen Fällen hatten diese Tiere Hand- und Fuß-

49

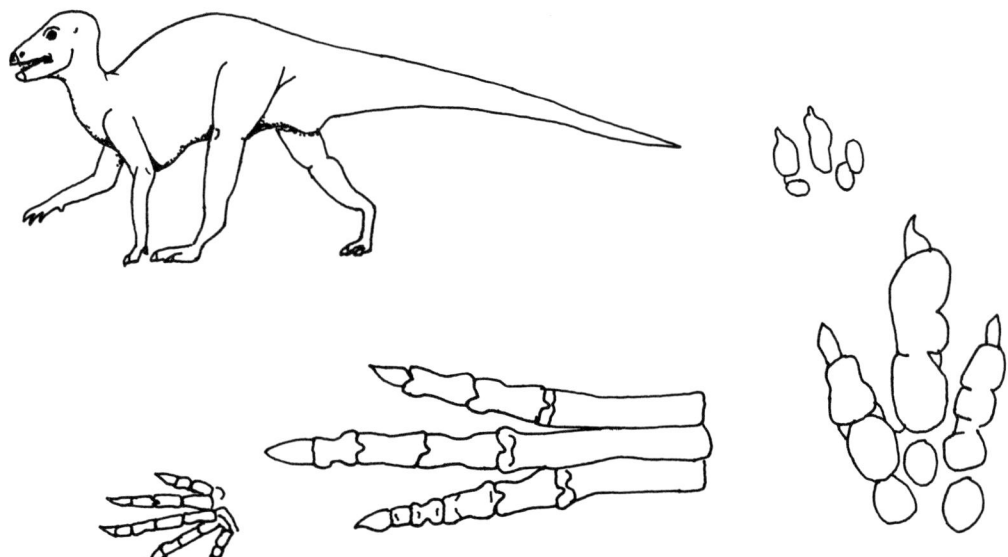

Fährte und Fuß-
skelett von Vorder-
und Hinterfuß des
möglichen frühen
Vogelbeckendino-
sauriers *Atreipus
metzneri,* darüber
sein daraus rekon-
struiertes Lebens-
bild.

abdrücke hinterlassen, und auch auf der Fährtenplatte von Dr. Metzner fand sich schließlich der Abdruck der Dinosaurierhand. Die
beiden US-Forscher erkannten, daß die fränkische Fährte so sehr den
aus Nordamerika bekannten glich, daß sie auch deren Gattungsnamen *Atreipus* annehmen mußte. *Atreipus* aus dem Mittleren Keuper
verrät durch seine dreizehigen Fußabdrücke mit der kurzen ersten
Zehe, daß er ein guter Läufer war, aber wohl meist vierfüßig ging.
Da die beiden Wissenschaftler gewisse Unterschiede zu den Fährten
sahen, die von kleinen Theropoden – Coelurosaurier oder Ceratosaurier – hinterlassen wurden, rekonstruierten sie *Atreipus* als grazilen Vogelbeckendinosaurier von kaum mehr 1,50 Meter Länge. Sollte *Atreipus* wirklich ein Vogelbeckendinosaurier gewesen sein, wäre
dies weltweit eines der frühesten Zeugnisse für die Existenz dieser
zweiten Dinosauriergruppe und für Deutschland besonders wichtig,
da alle anderen frühen Dinosaurierfunde Echsenbeckendinosauriern
zugeschrieben werden und der geologisch älteste Ornithischier erst
im Oberen Unterjura auftaucht.

Leider teilen nicht alle Wissenschaftler die Meinung der amerikanischen Paläontologen, daß sowohl *Atreipus metzneri* als auch die
aus den US-Bundesstaaten Pennsylvania und New Jersey stammenden Fährten namens *Atreipus milfordensis* wirklich von einem primitiven Vogelbeckendinosaurier verursacht worden sind. Diese
Skeptiker, unter denen sich auch der australische Fährtenspezialist

Tony Thulborn befindet, glauben eher, daß sich hier ein kleiner Theropode kurzfristig auf seine Vorderpfoten niedergelassen hat.

Ob es nun ein Vogelbecken- oder ein Echsenbecken- oder gar ein Eodinosaurier war, der seine 8 Zentimeter langen Hinter- und nur 2 Zentimeter kleinen Vorderfüße in den Schlamm drückte – wichtig ist, daß *Atreipus metzneri* einer der ältesten Beweise dafür ist, daß schon zur Zeit des Oberen Karn, vor ca. 225 Millionen Jahren, in Deutschland Dinosaurier lebten! Die Fußabdrücke aus dem germanischen Keuper, die sich im Ansbacher Sandstein erhalten haben, sind demnach nicht viel jünger als die ältesten Knochenfunde von Dinosauriern aus Südamerika (230 Millionen Jahre).

Teratosaurus: Das langsame Sterben eines falschen Dinosauriers

Sixt Friedrich Jakob von Kapff (1809–1887), Oberrichter am Oberkriegsgericht in Stuttgart, war zu seiner Zeit einer der erfolgreichsten Sammler fossiler Wirbeltiere aus dem württembergischen Keuper. Zu der Ausbeute dieses Amateursammlers zählte auch ein fast 25 Zentimeter langer Knochen vom Vorderteil eines Oberkiefers (Maxillare) mit sechs dolchartig gekrümmten Zahnstümpfen. Wahrscheinlich lag dort, wo heute Fußball gespielt wird, am Sportplatz des Stuttgarter Stadtteils Heslach, der Steinbruch, aus dem das Oberkieferfragment stammte – ein Fund, dessen wahre Bedeutung jedoch erst 124 Jahre nach seiner Beschreibung erkannt werden sollte. 1861 wurde dieser Oberkieferknochen von Hermann von Meyer näher untersucht. Er glaubte, die Überreste eines großen fleischfressenden Dinosauriers vor sich zu sehen, den er »*Teratosaurus suevicus*«, »Schwäbische Monsterechse«, nannte. Bemerkenswerterweise war das der erste Fund eines so großen Raubdinosauriers aus dem Keuper. Noch im selben Jahr gelangte der *Teratosaurus*-Oberkiefer durch Verkauf an das Londoner Naturgeschichtliche Museum. In den nächsten Jahrzehnten tauchten immer wieder einmal Reste von *Teratosaurus* in Nordwürttemberg (zum Beispiel Aixheim, Stromberg) auf.

Zunächst jedoch wurden *Teratosaurus* und verwandte Formen wie *Palaeosaurus* lange Zeit als Vorläufer der großen jurassischen

Kurt Rehnelt (links)
und sein Freund
René Arntzenius
1949 in der Umgebung von Bayreuth
auf der Suche nach
Saurierfährten.

und kreidezeitlichen Raubdinosaurier, der Carnosaurier wie *Megalosaurus* oder *Tyrannosaurus*, angesehen. Diese triassischen Fleischfresser besaßen nach Meinung der Wissenschaftler ein Körperskelett, das praktisch ununterscheidbar von dem ihrer Zeitgenossen, den Prosauropoden, war. Und dennoch staken in den Kiefern dieser Tiere Zähne, die an ihrer Bestimmung zum Fleischfressen keine Zweifel offenließen. Deshalb galt *Teratosaurus* mit seinen geschätzten 6 Metern Länge auch 100 Jahre nach seiner Entdeckung noch als Prototyp der frühen großen Fleischfresser, eine Art »Vorläufermodell« für *Allosaurus.* Dieser mit Sägezähnen ausgestattete Schrecken der Oberen Triaszeit gab seinen Namen sogar für eine ganze Familie der frühen Raubdinosaurier her, die unter seinem Signum vereint wurden. Der Glaube an diese Teratosauriden hielt sich lange: Noch in den achtziger Jahren verliehen ihnen Paläontologen, wie der Engländer Michael Lambert, diesen Familienstatus. Und 1984 bezeichnete der Amerikaner Samuel P. Welles *Teratosaurus* noch als »sehr großen Theropoden, möglicherweise ein Vorläufer der Mega-

52

losaurier«, und schloß ihn sogar in die Familie der Megalosaurier mit ein. Trotzdem war man sich nach wie vor nicht einig, was für eine Art von Dinosauriern *Teratosaurus* und seine nächsten Verwandten nun letztendlich waren – fleischfressende Prosauropoden, Vorläufer der späteren großen Fleischfresser (Carnosaurier) oder eine davon unabhängige, ursprüngliche Theropodengruppe?

Erste Zweifel an der Zugehörigkeit von *Teratosaurus* zu den Dinosauriern meldete 1984 der argentinische Paläontologe José F. Bonaparte an, der sich mit den Bewegungsabläufen einer speziellen Reptilgruppe, der sogenannten Rauisuchier, ausführlich beschäftigt hatte. Dabei war er auch mit dem Oberkieferbruchstück aus Stuttgart-Heslach in Berührung gekommen, hatte es erneut geprüft und war danach zu der Überzeugung gelangt, daß *Teratosaurus* gar kein Dinosaurier war, sondern in die Gruppe der Thecodontier, genauer der Rauisuchia gehöre.[1]

Zu den »Wurzelzähnern«, wie die deutsche Übersetzung des Namens Thecodontier in etwa lauten kann, gehört die Unterordnung der Rauisuchier, die in zwei Familien aufgeteilt wird: Rauisuchidae und Poposauridae. Die Rauisuchidae waren 2 bis 5 Meter lange, meist vierbeinig laufende Reptilien, deren typische Vertreter wie der schweizerische *Ticinosuchus ferox* (»Wildes Krokodil aus dem Tessin«) von gut erhaltenen Skeletten her bekannt sind. Ein Blick auf ihre langen Kiefer mit den spitzen Zähnen darin weist sie

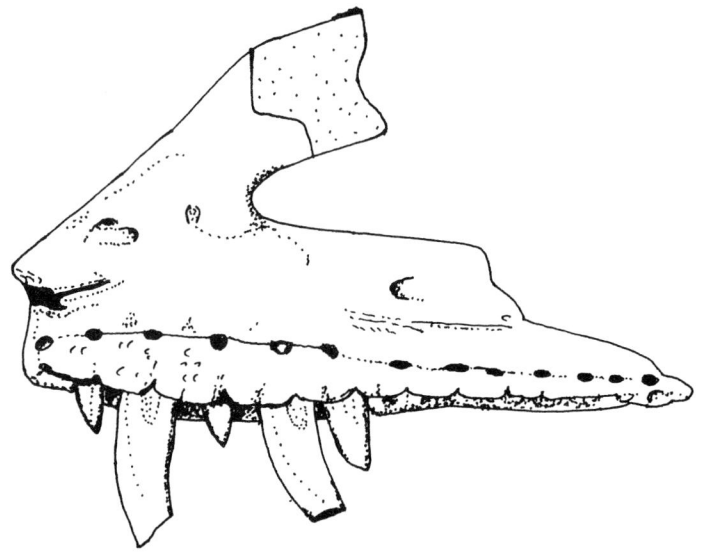

Auf dieses 1861 gefundene Bruchstück eines Oberkieferknochens mit dolchartigen Fleischfresserzähnen wurde die Dinosauriergattung *Teratosaurus* gegründet.

eindeutig als Fleischfresser aus. Die Poposauridae liefen dagegen wenigstens zeitweise auf ihren Hinterbeinen und erinnerten im Aussehen schon sehr an die späteren fleischfressenden Dinosaurier, obwohl diese nicht von den Poposauriden abstammen. Primitive Merkmale wie Reihen von kleinen Knochenplättchen, die manche dieser Räuber an Rücken und Schwanz trugen, und eine etwas andere Stellung ihrer Extremitäten weisen sie als noch urtümlichere Reptilien aus. Rauisuchier und Poposaurier waren in der Mittleren und zunächst auch der höheren Triaszeit die beherrschenden Fleischfresser (Carnivoren). Erste fleischfressende Dinosaurier wie *Procompsognathus* oder *Liliensternus* waren dagegen eher kleine oder grazile Tiere. Dennoch gelang es diesen Theropoden, sich langfristig gegen die archaischen Fleischfresser durchzusetzen, weil sich ihre Gliedmaßenstellung gegenüber der der Rauisuchier verbesserte und sie deshalb flinker waren. Die fortschrittlichen Familien der Thecodontier hatten zwar ihre Arme und Beine schon weiter unter den Körper gezogen als ihre spreizbeinigen Vorgänger, aber den letzten Schritt zu einer Gliedmaßenstellung, wie sie heute Vögel und Säugetiere aufweisen, vollzogen nur die Dinosaurier. Es scheint, daß vor allem diese verbesserte anatomische Ausstattung und die daraus resultierenden physiologischen Verbesserungen den fleischfressenden Dinosauriern einen so großen Vorteil im täglichen Überlebenskampf einbrachten, daß sie gegen Ende der Triaszeit über die Rauisuchier triumphieren konnten. Möglicherweise gab es aber auch noch andere, bisher unbekannte Faktoren, die am Ende der Trias zum Aussterben von Rauisuchiern wie *Teratosaurus* führten, denn lokal, wie zum Beispiel in Nordamerika, überlebten manche von ihnen bis in den Unteren Jura. Jedenfalls begann danach die stürmische und erfolgreiche Entwicklung der theropoden Dinosaurier, die bis zum Ende der Kreidezeit andauern sollte.

Urdinosaurier in Württemberg?

Ganze 25 Zentimeter lang war ein unscheinbarer, bischofsstabähnlich gekrümmter Knochen, den Dr. Peter Galton im Stuttgarter Naturkundemuseum betrachtete, als er Anfang der achtziger Jahre dort das württembergische Prosauropodenknochenmaterial bear-

beitete. Bei dem aus dem Mittleren Stubensandstein von Pfaffenhofen stammenden Knochen handelte es sich um das Oberende eines linken Oberschenkelknochens, der nach Friedrich von Huenes Beschreibung von 1932 zu einem Dinosaurier namens *Teratosaurus minor* (»Kleine Monsterechse«) gehören sollte. Irritiert mußte Peter Galton aber zur Kenntnis nehmen, daß der dazugerechnete rechte Oberschenkelknochen ganz anders aussah als der linke. Dieses Oberschenkelfragment mußte demnach zu einem anderen Dinosaurier gehören. Aber zu welchem? Lange mußte der Wissenschaftler suchen, bis er ausgerechnet bei einem Oberschenkelknochen aus Südafrika auffällige Ähnlichkeiten mit dem Knochen aus Württemberg feststellen konnte. Der südafrikanische Dinosaurier schien ein Fleischfresser gewesen zu sein, und damit lag es nahe, auch das württembergische Knochenfragment einem Theropoden zuzuordnen. Der einzige andere Raubdinosaurier, den man am gleichen Ort gefunden hatte, war ein Tier namens *Halticosaurus.* Dessen Oberschenkelknochen hatte aber wiederum keine Ähnlichkeit mit dem mysteriösen Knochenstück.

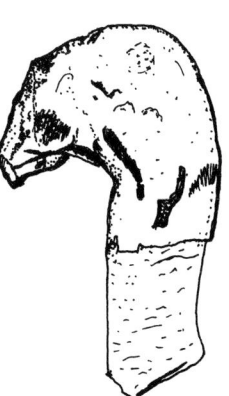

Der rote Faden, der zur Identifizierung des Dinosauriers führte, zu dem der Oberschenkelknochen gehörte, brachte Peter Galton schließlich nach Südamerika. Dort waren 1963 und 1970 zwei Dinosaurier beschrieben worden, *Herrerasaurus* und *Staurikosaurus* (»Herreras Echse« und »Kreuzechse«), die nicht in das übliche Schema passen wollten, in das die Dinosaurierfunde normalerweise eingeteilt werden können: Sie waren weder echte Vogelbecken- noch wirkliche Echsenbeckendinosaurier. Daß sie die typischen Merkmale dieser beiden Dinosaurierordnungen nicht zeigen, wird verständlicher, wenn man weiß, daß sie mit jeweils rund 230 Millionen Jahren die ältesten Dinosaurierfunde der Welt sind! Vor kurzem haben die Paläontologen *Herrerasaurus* und *Staurikosaurus* sowie einige andere frühe, aber weit bruchstückhafter erhaltene Dinosaurier in eine eigene Gruppe gestellt, die man »Eodinosauria« nannte. Eos ist die griechische Göttin der Morgenröte, diese urtümlichen Dinosaurier steigen also gleichsam als erste Exponenten des kommenden Riesengeschlechtes aus dem sich teilenden Nebel des noch jungen Erdmittelalters.

Riesenformen waren die Eodinosaurier beileibe nicht: *Staurikosaurus* war wohl nur 2,50 Meter lang, und *Herrerasaurus* brachte es auf 3 bis 4 Meter Gesamtlänge. Wie haben diese »Prototypen« der Dinosaurier ausgesehen? Sie glichen späteren Theropoden unter den Echsenbeckendinosauriern, das heißt, sie liefen auf den längeren Hinterbeinen und gebrauchten ihre Vorderarme zum Greifen und Beutefang. Daß die Eodinosaurier eine räuberische Lebensweise führten, wurde 1988 durch den Fund eines vollständigen Schädels von *Herrerasaurus* bewiesen, der in argentinischen Trias-Gesteinen steckte. Die scharfen Zahnreihen in seinen Kiefern sprechen eine deutliche Sprache.

Obwohl der Fund aus Pfaffenhofen etwa 10 Millionen Jahre jünger ist als der der amerikanischen Eodinosaurier, sollte nach Meinung Peter Galtons durch ihn bewiesen sein, daß der Echsenbeckenräuber *Halticosaurus* die gefährliche Konkurrenz eines Urdinosauriers etwa von der Größe eines *Herrerasaurus* zu fürchten hatte.

Wenngleich die Bestimmung des Knochenfragmentes von Pfaffenhofen mit erheblichen Unsicherheiten behaftet ist, lohnt sich doch seine Erwähnung, da Eodinosaurier bisher in ganz Europa noch nie als Bestandteil der triassischen Dinosaurierfauna festgestellt werden konnten; darüber hinaus scheint es, daß in mancher Museumssammlung die Reste noch weiterer, sehr urtümlicher Dinosaurier verborgen liegen, deren Bearbeitung aber erst in den Anfängen steckt.[2]

Aufstieg aus der Morgenröte

Es ist noch gar nicht so lange her, da glaubten die Wissenschaftler, daß viele Dinosaurier bereits in der Mittleren Triaszeit lebten. Friedrich von Huene führt aus dieser Zeit zahlreiche verschiedene Dinosaurier an, allein aus dem Muschelkalk Südwestdeutschlands (Stufe: Anis) etwa 10 Namen.

Genaue Untersuchungen in den letzten Jahren bewiesen jedoch, daß viele der vermeintlichen Dinosaurierknochen in Wirklichkeit von ganz anderen fossilen Reptilgruppen wie den Eidechsenartigen, der Giraffenhalsechse *Tanystropheus* oder den meeresbewohnenden Pflasterzahnsauriern (Placodontier) stammten. Über Jahrzehnte hinweg gültige Dinosauriernamen wie *Procerosaurus*, *Zanclodon* oder *Thecodontosaurus* waren auf falsche Knochen begründet oder stellten sich als ungültig heraus.

Aufgrund dieser neuen Befunde hat man den Beginn der Dinosaurierfauna in Deutschland in die Zeit der späten Trias, das Untere bis Mittlere Nor, vor etwa 217 bis 220 Millionen Jahren verschoben. Einige Fußabdrücke aus Nordbayern zeigen allerdings mit ziemlicher Sicherheit an, daß Dinosaurierfüße schon früher den Boden des Landes berührt haben, das einmal später zu Deutschland werden sollte.

Bis auf die mögliche Ausnahme *Avipes dillstedtianus* fehlen aus den früheren Zeiten Knochenfunde von Dinosauriern. Die ersten gesicherten Knochen von Dinosauriern stammen aus dem Unteren Stubensandstein Baden-Württembergs. Es handelt sich um *Sellosaurus gracilis* vom Stromberg und einen Plateosaurier von Ebersbach an der Fils bei Stuttgart.

Der Aufstieg der Dinosaurier während des Stubensandsteins im Mittleren Keuper fällt in eine Zeit, die von keinen großen klimatischen Veränderungen gekennzeichnet war. Dennoch änderte sich in diesem, geologisch gesehen, sehr kurzen Zeitraum in der Tierwelt sehr viel. Der in Bristol arbeitende englische Paläontologe Dr. Michael J. Benton ist Spezialist für die ausgehende Triaszeit und die tiefgreifenden Veränderungen, die sie für die damalige Fauna mit sich brachte. Statt sich mit dem Aussterben der Dinosaurier zu beschäftigen, fragte sich Michael Benton, wie der Anfang der Dinosaurierevolution aussah und warum die Dinosaurier so erfolgreich wurden. Vor allem Südwestdeutschland kann viele Funde aus dieser Periode vorweisen, und so besuchte Michael Benton die Sammlungen in

Stuttgart, Tübingen, München und anderen Orten, in denen er untersuchte, wie sich die Zusammensetzung der Fauna am Ende der Triaszeit veränderte.

Zur Zeit des Lettenkeupers und des Schilfsandsteins waren riesige Amphibien wie *Mastodonsaurus* und *Cyclotosaurus* mit ihren über einen Meter langen Schädeln vorherrschend. Bis zu 80 % der Fauna setzten sich aus diesen Labyrinthzähnern (Labyrinthodontia) zusammen. In den darauffolgenden Schichten des frühen Stubensandsteins stellen diese Amphibien aber erstaunlicherweise nur noch ganze 10 % der Fauna, während 60 % von Urschildkröten wie *Proterochersis* beherrscht werden. Neben ihr kommen noch die äußerlich an Krokodile erinnernden Phytosaurier (Krokodilsaurier) vor, die im Süßwasser lebten. Mit dem geringen Anteil von 7 % tauchen jetzt aber schon die ersten Dinosaurier auf.

Nur kurze Zeit danach, im Mittleren Stubensandstein, besitzen die Dinosaurier bereits einen Anteil von 21 % an der Tierwelt der Trias. Dazu gehören Prosauropoden wie *Sellosaurus* und *Plateosaurus,* aber auch Theropoden wie *Procompsognathus, Halticosaurus* und *Liliensternus.* Noch findet man häufig Phytosaurier, neben ihnen sind auch die landbewohnenden fleischfressenden Rauisuchier und die gepanzerten Adlerkopfechsen (Aetosaurier) nicht selten. Doch schon im Oberen Stubensandstein hat sich die Zusammensetzung der Fauna drastisch in Richtung Dinosaurier verschoben: Ganze 77 % aller Funde stammen jetzt von Plateosauriern. Schildkröten und Phytosaurier nehmen dagegen ab.

Im Knollenmergel ist der Erfolg der Dinosaurier überdeutlich geworden, vor allem die pflanzenfressenden Prosauropoden haben sich einen Anteil von 95 % an den Gesamtfunden erobert. Michael Benton konnte anhand dieser Zahlen beweisen, daß die Dinosaurier in einer Zeitspanne von ca. 8 Millionen Jahren in einer terrestrischen Fauna von 7 auf 95 % anwuchsen. Der Hauptzuwachs von 21 auf 77 % erfolgte sogar in dem für geologische Verhältnisse kurzen Zeitraum von nur 2 bis 4 Millionen Jahren (vom Mittleren bis zum Oberen Stubensandstein im Mittleren Nor).

Gleichzeitig mit dem Aufstieg der Dinosaurier kam es zu einem Niedergang und späteren Aussterben vieler anderer bis dahin erfolgreicher Reptilgruppen. Was sind die Gründe für diesen Erfolg der Dinosaurier, wie ist ihr enormer Aufstieg erklärbar? Noch sind sich die Wissenschaftler über die Ursachen nicht einig. Denkbar sind zwei Möglichkeiten:

1. Entweder starben viele andere Reptilien aus, weil die Dinosaurier besser als sie der Umwelt angepaßt waren und fortschrittlicher im Körperbau waren.

2. Die Dinosaurier nutzten die Gunst der Stunde und stießen in den freiwerdenden Raum, den das Aussterben der anderen Reptilgruppen (aus nicht bekannten Gründen) hinterließ.

Wie auch immer, der Aufstieg der Dinosaurier ist genauso eng mit dem Aussterben anderer Tiergruppen verbunden wie ihr Ende vor 65 Millionen Jahren mit dem Aufstieg neuer Tiergruppen.

Sellosaurus: Der älteste Prosauropode Europas

Im Untergeschoß des Stuttgarter Naturkundemuseums, unmittelbar neben vier frei aufgestellten Skeletten von *Plateosaurus,* findet der Besucher in einer Vitrine ein auf den ersten Blick unspektakuläres Skelett. Es besteht lediglich aus den Schwanz- und Beckenknochen sowie den Hintergliedmaßen eines mittelgroßen Dinosauriers. Mit ganz anderen Augen betrachtet man dieses Ausstellungsstück aber, wenn man weiß, daß es uns einen Hinweis auf die frühesten Anfänge jener Gruppe von Dinosauriern liefert, die sich zu den beherrschenden Pflanzenfressern der späten Triaszeit entwickelt haben – den Prosauropoden.

Entdeckt wurde das ausgestellte Teilskelett im April 1936 von Otto Linck 375 Meter nordwestlich der Kirche in der Ortschaft Ochsenbach, die im nordwürttembergischen Stromberg nördlich von Ludwigsburg liegt. Leider konnte kein Rest der vorderen Körperhälfte samt Schädel gefunden werden. Noch im Frühjahr 1936 wurde das Skelett von Otto Linck dem Stuttgarter Museum übergeben und zwei Jahre später in dem Artikel *Wirbeltierfunde aus dem Stubensandstein des Stromberges* von Fritz Berckhemer (1890 bis 1954), dem damaligen Hauptkonservator des Museums, erstmals beschrieben und abgebildet. Danach geriet es für lange Zeit in Vergessenheit. Erst als sich zwischen 1980 und 1985 Peter Galton näher mit den Stuttgarter Prosauropoden beschäftigte, stieß er erneut auf dieses wichtige Fundstück. Galton verwies darauf, daß dieses Skelett aus dem Unteren Stubensandstein des Mittleren Keupers stamme,

Gegenüberliegende
Seite:
Beide Hinterbeine
des ältesten Prosauro-
podenskelettes
Europas: *Sellosaurus*
gracilis aus dem Unte-
ren Stubensandstein
von Ochsenbach im
Stromberg.

damit etwa 222 Millionen Jahre alt und nach seinen Recherchen das älteste zusammenhängende Prosauropodenskelett Europas sei.

Bis sich *Sellosaurus* als eigenständige und gültige Prosauropodengattung etablieren konnte, mußte er in der Wissenschaft einen langen Weg gehen, der von Sackgassen und Nebenwegen gekennzeichnet war: Erst 1985 stand sein Status fest.

Der Name *Sellosaurus,* mit dem man den Fund aus dem Stromberg bezeichnete, war bereits 1908 von Friedrich von Huene für ein schädelloses Skelett aus dem Mittleren Stubensandstein von Heslach bei Stuttgart geprägt worden, der diesen Fund *Sellosaurus gracilis* nannte. Gefunden hatte dieses Skelett Sixt Friedrich Jakob von Kapff im letzten Jahrhundert, der zuvor schon den »falschen Dinosaurier« *Teratosaurus* in den Keuperschichten, die man zuvor als fossilleer ansah, ans Tageslicht gebracht hatte. Auch ein weiteres Skelett, das bereits anfangs erwähnte aus dem Mittleren Nor vom Stromberg, das heute in Fundlage in Stuttgart ausgestellt ist, bot von Huene nicht den zur Analyse so wichtigen Schädel. Immerhin erkannte von Huene, daß dieses Skelett mit den typischen breiten Hinterfüßen von einem insgesamt etwa 4,30 Meter langen und bei horizontaler Körperhaltung 1,20 Meter hohen Prosauropoden herrühren mußte. Zu Ehren von Prof. Eberhard Fraas (1862–1915), des Stuttgarter Geologen und Paläontologen, benannte er es als *Sellosaurus fraasi.* Erst 1915 tauchte endlich ein Skelett des neuen Prosauropoden auf, das einen wenigstens teilweise erhaltenen Schädel besaß. Es stammte vom Fundplatz an der Oberen Mühle am Trosselbach, nordöstlich von Trossingen, jener Ortschaft, die später für ihre Plateosauriergrabungen so bekannt werden sollte. Wegen der großen Ähnlichkeit der Zähne, die zu dem Trossinger Schädel gehörten, mit einem anderen Kieferrest, den Hermann von Meyer 1861 beschrieben und von Huene 1908 zu einem weiteren Prosauropodentypus namens *Thecodontosaurus hermannianus* erhoben hatte, änderte von Huene nun auch die Bezeichnung für das Trossinger Skelett in »*Sellosaurus hermannianus*«. Und um die Verwirrung noch zu vergrößern, wurde auch dieser Name 1926 in »*Plateosaurus gracilis*« umgewandelt, weil von Huene bei einem Vergleich der Armknochen beider Tiere zu dem Schluß gekommen war, daß sich beide Prosauropoden so ähnelten, daß sie unter dem Namen *Plateosaurus gracilis* vereinigt werden mußten. Der Zusatz »gracilis«, der soviel wie »zart« bedeutet, weist allerdings auf einen Prosauropoden hin, der nicht so schwer gebaut ist wie *Plateosaurus.* Huene war der Meinung, daß es

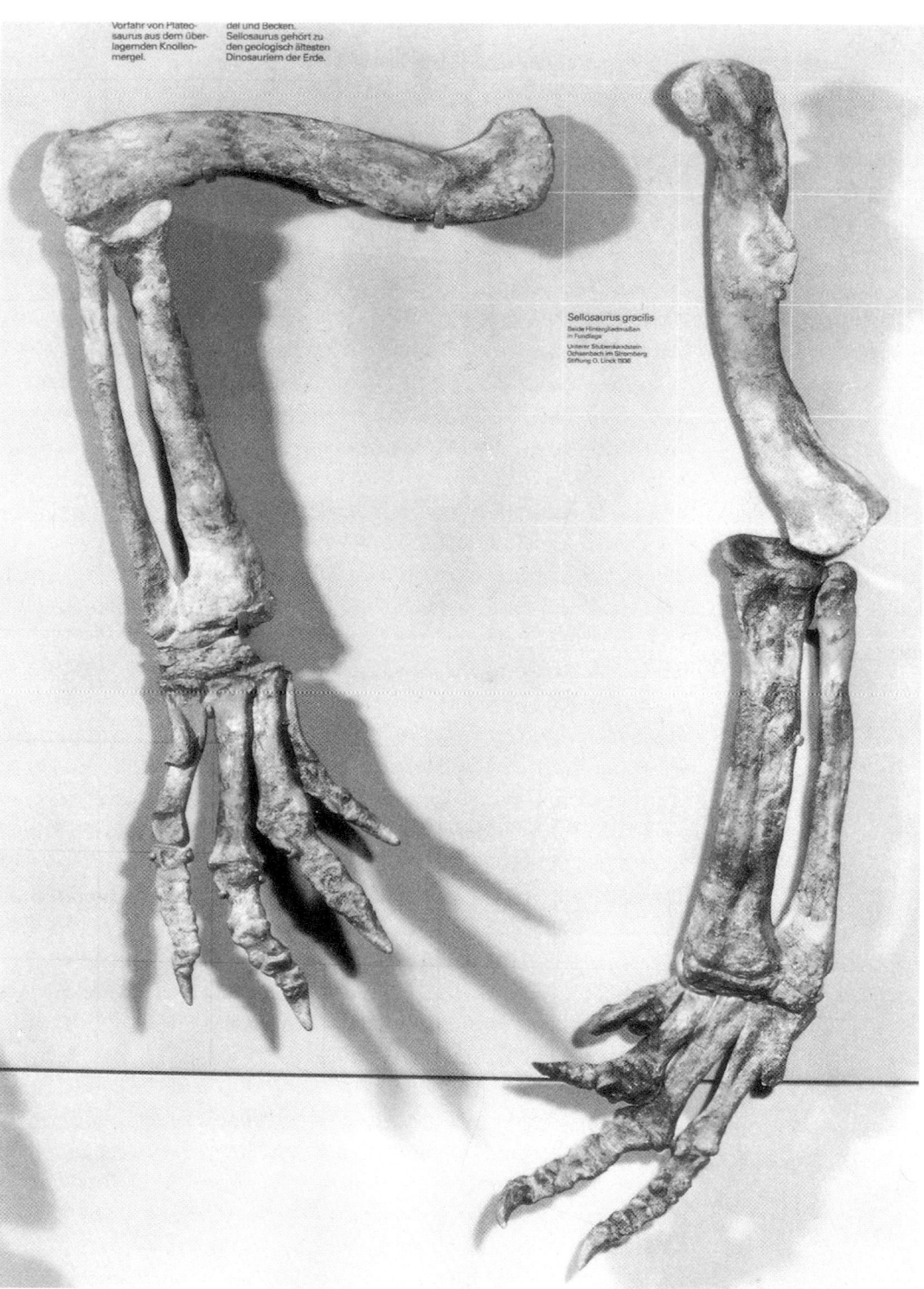

Vorfahr von Plateo-
saurus aus dem über-
lagernden Knollen-
mergel.

del und Becken.
Sellosaurus gehört zu
den geologisch ältesten
Dinosauriern der Erde.

Sellosaurus gracilis

Beide Hintergliedmaßen
in Fundlage

Unterer Stubensandstein
Ochsenbach im Stromberg
Stiftung O. Linck 1936

unterschiedliche Arten von *Plateosaurus* gegeben haben mußte. Folgerichtig stellte er 1932 auch noch drei teilweise erhaltene Schädel, die bei Pfaffenhofen gefunden worden waren, zu *Plateosaurus*.

An dieser Zuordnung änderte sich bis in die achtziger Jahre wenig. Erst dann arbeitete sich Peter Galton durch die verwirrende Knochen- und Namensvielfalt und kam am Ende seiner Untersuchungen 1985 zu dem Schluß, daß alle Schädel und Skelette aus dem Stubensandstein als »*Sellosaurus gracilis*« bezeichnet werden sollten. Dazu zählten interessanterweise auch Knochen, die Friedrich von Huene 1908, 1915 und 1932 dem »falschen Dinosaurier« *Teratosaurus suevicus* zugeordnet hatte.

In seinem abschließenden Bericht über *Sellosaurus* mußte Galton aber nicht nur Fehler von früheren Bearbeitern korrigieren, sondern auch einen eigenen Lapsus eingestehen: Als er 1969 erstmals das Stuttgarter Naturkundemuseum besuchte, war nach dem Zweiten Weltkrieg erst ein Prosauropodenskelett von seinen Schutzhüllen befreit worden. Es war 1912 von Eberhardt Fraas im Steinbruch Burrer im Stromberg gefunden und erstmals beschrieben worden. 1932 wurde es von Friedrich von Huene in »*Palaeosaurus diagnosticus*« umbenannt. Weil Peter Galton überzeugt war, eine neue Prosauropodengattung vor sich zu haben, hatte er diesem Tier 1973 zu Ehren von Professor Fraas den Namen *Efraasia diagnostica* gegeben. In späteren Jahren erfolgte in Stuttgart eine weitere Präparation des Gesteinsblockes, in dem sich der Schädel von *Efraasia* befand; dabei wurden neue Schädelknochen und vor allem auch die Hirnschale freigelegt. Als Peter Galton nach vielen Jahren zusammen mit seinem amerikanischen Fachkollegen Robert T. Bakker das neupräparierte Skelett genauer untersuchte, kam er zu dem für ihn überraschenden Schluß, daß es sich auch bei diesem Skelett um *Sellosaurus* handeln mußte. »*Efraasia*« war in Wirklichkeit ein jugendlicher *Sellosaurus* von nur 2,70 Meter Länge. Die ausgewachsenen Sellosaurier erreichten vom Kopf bis zum Schwanzende maximal etwa 6,50 Meter Länge und blieben damit um rund ein Drittel kleiner als ihre nächsten Verwandten, die Plateosaurier.

Aber nicht nur wegen seiner geringen Größe ist das ursprünglich »*Efraasia*« genannte Skelett interessant. Es erlaubte zwei weitere Beobachtungen, die an Dinosaurierskeletten nicht allzuhäufig gemacht werden können: Zum einen fand Friedrich von Huene bei ihm 14 kleine, glattpolierte Kieselsteine, die ohne Zweifel als »Magenmühle« dem besseren Aufschluß von hartfaserigen Nahrungspflan-

Der Schädel von
Sellosaurus gracilis
aus Pfaffenhofen im
Stromberg.

zen dienten, bevor diese verdaut wurden. Weiter ist am Skelett selbst der rechte Oberarmknochen (Humerus) erwähnenswert, der zu Lebzeiten dieses jungen *Sellosaurus* gebrochen gewesen war. Bei der Heilung wurde er etwas deformiert und wuchs ein wenig verkürzt wieder zusammen. Zweifellos konnte dieser Sellosaurier seinen rechten Arm aber noch benutzen, wenn er damit etwa Nahrungspflanzen zu seinem Mund heranzog.

Was unterscheidet nun *Sellosaurus gracilis* aus dem Unteren und Mittleren Stubensandstein von seinem nächsten Verwandten, dem geologisch jüngeren (Oberer Stubensandstein und Knollenmergel) *Plateosaurus engelhardti*? Äußerlich konnte man die beiden Gattungen zu Lebzeiten im ausgewachsenen Zustand an der Größe unterscheiden. Am Schädel- und Körperskelett, vor allem aber am Becken lassen sich auch anatomische Unterschiede erkennen. Da *Sellosaurus* einen leichteren Knochenbau als *Plateosaurus* besaß, wird er auch der etwas beweglichere der beiden Prosauropoden gewesen sein. Vielleicht ging er noch häufiger als sein größerer und weit schwergewichtigerer Verwandter auf den Hinterbeinen? Man vermutet, daß sich *Sellosaurus* mit etwa 16 Stundenkilometern durch die Landschaft bewegen konnte.

Wie *Plateosaurus* war auch *Sellosaurus* ein Pflanzenfresser, dessen Zahnform allerdings etwas anders aussieht als die von *Plateosaurus*. Auch in der Zahnzahl unterscheiden sich die beiden Prosauropoden, denn während *Sellosaurus* im Unterkiefer 22 Zähne hat, besitzt *Plateosaurus* dort bis zu 28. Im Oberkiefer fand man bei *Sellosaurus* 29 bis 30 blattförmige Zähne mit pflanzenschneidenden Sägekanten, während *Plateosaurus* ihre Zahl bis auf maximal 36 steigerte.

Möglicherweise ist die erhöhte Zahnzahl von *Plateosaurus* eine evolutive Errungenschaft der Prosauropoden, da sie eine effektivere

Nahrungsaufnahme ermöglichte. Obwohl *Sellosaurus* von seinen Merkmalen her der ursprünglichere der beiden deutschen Prosauropoden aus der Trias ist, scheint er nach Peter Galtons Meinung schon fleischige Backen besessen zu haben, eine Einrichtung, die ihm – wie auch *Plateosaurus* – die Möglichkeit gab, die Nahrung etwas länger im Mund behalten und damit besser aufschließen zu können.

Dr. Galton meint, daß der geologisch ältere *Sellosaurus* durchaus der direkte Vorläufer von *Plateosaurus* gewesen sein könnte, das heißt, daß dieser irgendwann in der Zeit des Stubensandsteins aus *Sellosaurus* hervorgegangen ist.

Sellosaurus ist heute von 21 fragmentarischen Skeletten und isolierten Skelettelementen bekannt, zu denen noch drei unvollständige Schädel kommen. Damit ist er zwar nicht so gut repräsentiert wie *Plateosaurus*, gehört aber dennoch zu den Dinosauriern aus Deutschland, die man am besten rekonstruieren kann. Zusammen mit einigen südamerikanischen Eodinosauriern und wenigen anderen Funden gehört *Sellosaurus gracilis* damit in die Riege der weltweit geologisch ältesten Dinosaurier.

Plateosaurus: Der »Deutsche Lindwurm«

Eine stellenweise bis zu 50 Kilometer breite und fast 500 Kilometer lange Fläche mit über 30 Fundstellen des Prosauropoden *Plateosaurus* zieht sich von Südwesten bis Nordosten bandartig über die Bundesrepublik Deutschland hinweg.

Vom württembergischen Donaueschingen im Südwesten bis nach Halberstadt in Sachsen-Anhalt im Nordosten findet man in Triasgesteinen jene Orte, an denen die Überreste von *Plateosaurus* entdeckt wurden. Eine derartige Häufung von Fundorten kennt man von keinem anderen Dinosaurier aus Deutschland, weshalb es sicher nicht verkehrt ist, den ursprünglich als »Schwäbischen Lindwurm« getauften *Plateosaurus* als den »Deutschen Lindwurm« zu bezeichnen!

An der Versammlung der Deutschen Naturforscher und Ärzte in Stuttgart im Jahr 1834 nahm neben dem fränkischen Arzt Engelhardt auch ein Mann teil, der sich intensiv mit der Erd- und Fossilgeschichte seines Landes beschäftigte: der Stuttgarter Lehrer Theodor Plieninger (1795–1879), der an einem Mädchengymnasium Naturge-

schichte unterrichtete. Bisher waren im Keuper von Württemberg noch keine Dinosaurier gefunden worden, aber die Entdeckung des ersten Dinosauriers in Franken hatte ein Signal gesetzt. Und tatsächlich fand der Stuttgarter Zigarrenfabrikant Gottlieb Albert Reiniger (1803–1868) 10 Jahre nach der Erstbeschreibung von *Plateosaurus engelhardti* auf dem Grundstück seiner Schwiegereltern in Degerloch bei Stuttgart ein fast vollständiges Saurierskelett. Von dem Tier aus dem Knollenmergel (Mittlerer Keuper) fehlte nur der Schädel, der sich trotz intensiver Suche nicht mehr finden ließ. Nach Reinigers Überzeugung war der im Gestein zermahlene Schädel zur Bodenverbesserung auf die benachbarten Weinberge gestreut worden.

Albert Reiniger bat Theodor Plieninger, das Skelett zu beschreiben und zu bestimmen. Dieser ließ sich allerdings Zeit und stellte den Fund erst 1857 unter dem Namen *Belodon* vor. *Belodon* aber war ein Reptil, das mit Dinosauriern nichts zu tun hatte, in der Folge jedoch immer wieder mit *Plateosaurus* vermischt wurde.

1857 wurde das Dinosaurierskelett von Gottlieb Reiniger dem »Verein für vaterländische Naturkunde in Württemberg« gestiftet, dessen Sammlung 1864 in das Stuttgarter Naturalienkabinett überging. Zu Ehren von Plieninger wurde es von Friedrich von Huene später als »*Gresslyosaurus plieningeri*« (nach dem Schweizer Paläontologen Amanz Gressly, 1814–1865) benannt.

1856 stößt man in der Gegend um Tübingen auf weitere Überreste von Dinosauriern. Der Altmeister der schwäbischen Paläontologie, Friedrich August Quenstedt (1809–1889), beschreibt sie 1867 unter dem Namen *Zanclodon*, »Schneidezahn«, ein Name, den Theodor Plieninger 1847 für ein Kieferstück eines Reptils unbekannter Zugehörigkeit aufgestellt hatte. »*Zanclodon*« wurde später für viele weitere Funde von *Plateosaurus* verwendet, bis ihre Bezeichnung von dem amerikanischen Paläontologen Othniel Charles Marsh (1831 bis 1899) zugunsten von »*Plateosaurus*« geändert wurde. Friedrich August Quenstedt war von den Funden des *Zanclodon* so begeistert, daß er in seinem Buch *Der Jura* 1858 verkündete: »Das ist der Lindwurm!« Die auf Württemberg zutreffende, volkstümliche Bezeichnung »Schwäbischer Lindwurm«, die noch heute für »*Plateosaurus*« angewandt wird, geht ebenfalls auf Quenstedt zurück.

Von *Plateosaurus* wurden in Württemberg in den nächsten Jahrzehnten oft unter den Namen *Gresslyosaurus*, *Belodon* oder *Zanclodon* noch weitere Funde entdeckt: am Erlenberg bei Stuttgart und in Balingen. Bis heute kennt man etwa 16 verschiedene Fundstellen in

Theodor Plieninger aus Stuttgart (1795 bis 1879) beschrieb 1857 erste Plateosaurierfunde aus Württemberg.

Württemberg, von denen Biesingen bei Donaueschingen der süd-westlichste und damit auch der südlichste *Plateosaurus*-Fundort ganz Deutschlands ist, der Langenberg im Schwäbischen Wald und die Ortschaft Wüstenrot sind die beiden nördlichsten. *Plateosaurus* wäre aber trotz all dieser Funde nie zum populären »Schwäbischen Lindwurm« geworden, hätte es in unserem Jahrhundert nicht noch weit spektakulärere *Plateosaurus*-Funde gegeben, die endlich auch vollständige Skelette und Schädel dieser Tiere ans Tageslicht brach-ten. An erster Stelle aller *Plateosaurus*-Fundorte steht ein Ort, der alle anderen württembergischen Fundorte durch die Menge der Skelettfunde übertrifft: Trossingen!

Die Trossinger Plateosauriergrabungen

Zwischen Schwarzwald und Schwäbischer Alb befindet sich im Süd-westen Deutschlands die »Baar«, eine 700 bis 800 Meter hohe Alb-Vorlandschaft, auf der die Stadt Trossingen liegt.

In der ersten Hälfte unseres Jahrhunderts war Trossingen Schau-platz der aufwendigsten und erfolgreichsten Dinosauriergrabungen, die jemals in Deutschland stattgefunden haben. Aus der Erde um Trossingen wurden auch mehr Dinosaurierknochen und -skelette geborgen als in ganz Deutschland zusammengenommen. Die drei Trossinger Grabungen sind deshalb mit den aufsehenerregenden Dinosaurier-»Expeditionen« in den USA und Asien durchaus ver-gleichbar.

Wann die ersten fossilen Dinosaurierknochen aus der Stadt zwi-schen Feldberg und Bodensee publik wurden, darüber sind sich die Quellen heute uneins. Kurz nach Anfang unseres Jahrhunderts, etwa um 1904, scheinen jedenfalls erste Berichte darüber aufgetaucht zu sein, die auch bis an die Tübinger Universität gelangten. Da dort aber die finanziellen Mittel für die wissenschaftlichen Ausgrabungen fehlten, erlahmte das Interesse an den Berichten bald wieder. Der erste verbriefte Fund stammt aus dem Jahr 1910. Er war im Tal des Trosselbaches nordöstlich von Trossingen an der »Oberen Mühle« entdeckt worden, wo der steile Bachhang bei Kindern eine beliebte Rutschbahn bildete. Auf dem glitschigen Untergrund aus Knollen-mergel-Letten gelang einem der Kinder auf der »Rutschete« sozusa-gen spielend der Fund eines Knochens. Der heute noch in Trossingen lebende, damals 10 Jahre alte Schüler Hermann Weiß kann für sich

Hermann Weiß aus Trossingen, der 1910 als Schüler am Hang des Trosselbachtals die ersten Knochen von *Plateosaurus* fand und damit die großen Grabungen auslöste.

in Anspruch nehmen, die nach wie vor berühmteste Dinosaurier-fundstelle Deutschlands entdeckt zu haben. Dieser erste Knochen aus dem Jahr 1910, ein Mittelfußknochen, wird heute noch im Trossinger Heimatmuseum aufbewahrt. Hermann Weiß zeigte den Knochen seinem Lehrer, dem Trossinger Hauptlehrer Friedrich Gottlieb Munz, der ihn an das Königliche Naturalienkabinett in Stuttgart zu Professor Eberhard Fraas schickte. Eberhard Fraas, der Sohn von Oskar Fraas (1824–1897), war wie sein Vater von 1894 an Konservator an der Geologisch-Paläontologischen Abteilung des Stuttgarter Naturalienkabinettes. In Stuttgart am 26. Juni 1862 ge-boren, arbeitete er nach seinem Studium von 1882–1884 in Leipzig und nach der anschließenden Promotion in München in seiner Hei-matstadt. Bei einer Reise nach dem damaligen Deutsch-Ostafrika entdeckte er im Jahr 1907 die Dinosaurierfundstelle Tendaguru im heutigen Tansania. Auf seiner Reise zog er sich eine Tropenkrank-heit zu, die letztlich seinen frühen Tod am 6. März 1915 in Stuttgart verursachte.

Nachdem Fraas den Mittelfußknochen aus Trossingen erhalten hatte, handelte er schnell und besuchte Trossingen, wo er am Hang des Trosselbaches sofort erkannte, daß an mindestens 5 verschiede-nen Stellen Dinosaurierknochen herauswitterten. Eine Grabung schien demnach erfolgversprechend zu werden.

Die erste Trossinger Grabung 1911 und 1912

Die erste Trossinger Grabung begann dann bereits im Frühjahr 1911. Fraas plante, einen Teil des Berges von oben her abzuheben, um damit ein möglichst vollständiges Skelett bergen zu können. Dabei war er realistisch genug, zu erkennen, daß bei einem solchen Vorha-ben mindestens 2000 Kubikmeter Knollenmergel weggeschafft wer-den mußten, was einen erheblichen Zeit- und Personalaufwand erforderlich machen würde. Dafür benötigte man einen gesicherten finanziellen Rückhalt. Der Mäzen fand sich in dem Stuttgarter Groß-industriellen Robert Bosch (1861–1942), der die Ausgrabungen auch im nächsten Jahr noch finanziell unterstützte. Mehr als 9 Wochen, vom 29. Juli bis zum 5. Oktober, beinahe ohne Unterbrechungen, dauerte schließlich die Arbeit am Trossinger Hang, der sich nach und nach durch einen bis zu 8 Meter tiefen Aushub dunkelrot von der Umgebung abhob. Die fast in amerikanischen Dimensionen organi-

Eberhard Fraas (1862–1915) im Jahr 1891, als er Assistent an der Geologisch-Paläontologischen Abteilung des Natu-ralienkabinetts Stutt-gart wurde. 20 Jahre später leitete er die erste Trossinger Grabung.

sierte Grabung machte die Verantwortlichen aber zunehmend nervös, da die Ergebnisse keineswegs dem Aufwand angemessen zu sein schienen. In der kalten Witterung des Jahres 1912 setzte schon Ende September verfrühter Schneefall ein, als der Präparator Max Böck (1877–1945) den Fund gut erhaltener und zusammenhängender Skeletteile endlich am 27. September melden konnte. Diese wurden ausgerechnet an der tiefsten Stelle der Ausgrabungen entdeckt, so daß noch einmal von oben her 8 Meter Erdbedeckung abgetragen werden mußten. Doch die mühsame Erweiterung der Grabungsstelle lohnte sich, denn am 2. und 3. Oktober konnte das scheinbar nahezu vollständige und unverdrückte Skelett eines großen Dinosauriers von etwa 5,75 Meter Gesamtlänge aus der Erde gehoben werden. Da es fest mit dem Gestein verbacken war, mußte es in größeren Blöcken geborgen werden, die in 33 Kisten verpackt wurden. Insgesamt ergaben alle Funde dieser ersten Trossinger Grabung zusammen 107 große Kisten, die man mit der Eisenbahn nach Stuttgart in das Naturalienkabinett transportierte. 5 Monate benötigte man dort in den Präparationsräumen, das zuletzt gefundene Skelett vom Gestein zu befreien. Zerbrechliche und mürbe Knochen wurden mit Hilfe von Schellack- und Ätherlösungen getränkt und gehärtet. Nach drei weiteren Wochen konnte das Skelett in der Fundlage, in der es im Gestein gelegen hatte, aufgestellt werden. Eberhard Fraas bestimmte den Dinosaurier als *Plateosaurus* und benannte das vollständige Skelett nach dem Fundort als *»Plateosaurus trossingensis«*. Daneben glaubte er, daß Teile der anderen Knochenfunde zu den schon früher von Friedrich von Huene beschriebenen Arten *Plateosaurus reinigeri* und *erlenbergiensis* gehören würden.

Noch heute kann man Abgüsse dieses ersten *Plateosaurus*-Skelettes aus Trossingen bewundern, denn es wurde – sowohl in zwei- als auch in vierbeiniger Fortbewegungsweise – in der im Stuttgarter Naturkundemuseum am Löwentor aufgestellten Gruppe zu neuem Leben erweckt. Auch im Trossinger Heimatmuseum sind Abgüsse davon zu sehen.

Die zweiten Trossinger Grabungen 1921 bis 1923

Daß der Trossinger Boden noch weitere Dinosaurier bergen mußte, darüber waren sich die Wissenschaftler einig. Zunächst jedoch verhinderten der Erste Weltkrieg und seine Folgen weitere Aktivitäten.

Doch 1920 schlug der amerikanische Paläontologe William Diller Matthew (1871–1930) bei einem Besuch in Tübingen Friedrich von Huene eine gemeinsame Grabung in Trossingen vor. Finanziert werden sollte sie vom American Museum of Natural History in New York. Dafür würde die Hälfte der zu erwartenden Funde nach Amerika gehen, die andere Hälfte sollte Tübingen erhalten.

Dieser Vorschlag Matthews wurde angenommen und im Sommer 1921 in die Tat umgesetzt. Genau 10 Jahre nach der ersten Grabung begann die Fortsetzung der Kampagne, die bis 1923 dauerte. Die Grabungen standen unter der Leitung Friedrich von Huenes und seines Präparators Georg Wetzel.

Mit den zweiten Trossinger Dinosauriergrabungen ist Friedrich von Huenes Namen wohl am engsten verbunden. Er hatte nicht nur die wissenschaftliche Leitung der zweiten Grabungskampagne, sondern er entwickelte in den Jahren danach auch Hypothesen und Vorstellungen, wie die Plateosaurier lebten und vor allem wie sie zu Tode gekommen waren. Daneben gelang es ihm, die bis heute ausführlichste und noch gültige Beschreibung eines Plateosaurierskelettes zu veröffentlichen.

All diese Tätigkeiten führte Friedrich von Huene von Tübingen aus durch, der Stadt, in der er am 21. März 1875 geboren worden war und in der er am 4. April 1969 starb. In Tübingen hatte er auch sein Studium absolviert, promoviert und als Professor der Paläontologie Vorlesungen an der Universität gehalten. Außerdem unternahm er Reisen in die USA, nach Indien und Südamerika, wo er sich mit den unterschiedlichsten fossilen Reptilien beschäftigte, die er in mehr als 300 Veröffentlichungen beschrieb. Ein erheblicher Anteil seiner Publikationen galt den in Deutschland entdeckten Sauriern, darunter auch Dinosauriern wie *Plateosaurus*, *Sellosaurus* oder »*Megalosaurus*«. Daß heute nicht mehr alle seiner Theorien als richtig anerkannt werden und viele Dinosauriernamen, die er aufstellte, nicht mehr gültig sind (vor allem im Zusammenhang mit deutschen Dinosauriern), setzt seine Pionierarbeit auf diesem Gebiet keineswegs herab und schmälert auch nicht seine Verdienste um die Wirbeltierpaläontologie.

An den zweiten Trossinger Grabungen waren Dutzende von Studenten und Arbeitern beteiligt. Friedrich von Huene ließ deshalb für die drei Sommer, in denen die Ausgrabungen stattfanden, ein

Die zweite Trossinger Grabungsmannschaft aus Tübingen. Rechts vorne mit Hut und Bart: Friedrich von Huene.

Zeltlager errichten, das sich direkt neben dem Hang an der »Oberen Mühle« befand. Ein großes Zelt diente den Studenten als Schlaf- und Wohnplatz, in zwei kleineren Zelten waren organisatorische Einrichtungen untergebracht. Die Grabungsmannschaften arbeiteten in den Sommermonaten wie in einem Steinbruch: Während an den heißen Sommertagen die einen mit nacktem Oberkörper Abraum in kleine Kippwagen luden und auf eigens gelegten Schienen abtransportierten, lockerten andere mit Spitzhacken vorsichtig das Erdreich. Stieß man auf neue Funde, eilten die beiden Präparatoren Georg und Wilhelm Wetzel herbei, trugen den Fund in den Lageplan ein, numerierten ihn und umhüllten ihn zuletzt mit dicken Gipsbandagen. Die bis zu 30 Zentner schweren Fundstücke wurden mit Lastkraftwagen nach Tübingen in die Präparationswerkstatt des Paläontologischen Instituts der Universität transportiert. Dort dauerte es mehrere Jahre, bis Tausende von Knochen von Gips und Stein befreit, danach gehärtet und innen mit Eisen versteift worden waren.

Die Grabungen fanden in der Zeit der Inflation statt, und so mußten sich die Studenten, wenn auch murrend, immer wieder von großen Portionen billiger Haferflocken ernähren, die nie auszugehen schienen. Friedrich von Huene, der die Verpflegung selbst einkaufte, war ebenso sparsam wie spartanisch und beeinflußte damit auch die anderen Mitarbeiter. Immerhin hatte man auch bei den zweiten Trossinger Grabungen das Glück, von zahlungskräftigen Mäzenen unterstützt zu werden: Im ersten Jahr übernahm, wie vereinbart, das Amerikanische Naturhistorische Museum die Finanzierung, während 1922 und 1923 die Trossinger Industriellen Karl Koch und Matthias und Andreas Hohner einsprangen.

Als am 12. August 1922 im nahen Tübingen die Paläontologische Gesellschaft tagte, unternahm diese unter der Leitung Friedrich von Huenes einen Ausflug zu den noch betriebenen Ausgrabungen in Trossingen. Huene erklärte den Teilnehmern der Exkursion, daß kein Knochenfund dem Zufall überlassen bleibe, da über dem gesamten Grabungsplatz an hohen Pfählen ein Koordinatensystem aus Seilen von Nord nach Süd und von Ost nach West befestigt worden sei. Die entsprechenden Linien seien in einem Plan im Maßstab 1:20 auf Millimeterpapier eingetragen und darin sei jeder Einzelfund vermerkt worden. Friedrich von Huene erzählte auch, welcher Behandlung die Knochenfunde unterzogen wurden: Rings um den betreffenden Knochen wurde das umgebende Gestein abgetragen, so daß der Fund wie auf einem Sockel thronte. Dann wurde der Kno-

Professor Friedrich Freiherr von Huene (1875–1969), Altmeister der Dinosaurierforschung in der ersten Hälfte unseres Jahrhunderts.

chen mit Schellacklösung getränkt, mit dünnem Papier überzogen und wiederum mit Schellack behandelt. Danach folgte eine doppelte Lage Zeitungspapier, und schließlich wurde der ganze Block mit in Bändern geschnittenem Rupfenstoff, den man vorher in Gipsbrei getaucht hatte, längs und quer umwickelt. Anschließend löste man den pilzartig dastehenden Fund von seinem Steinsockel und gipste auch die Unterseite ein.

Die zweiten Trossinger Grabungen erbrachten mehr als ein Dutzend Plateosaurierfunde (siehe Tabelle 4), von denen ein Skelett nach New York ging, wo es auch heute noch als eines der seltenen Trossinger Originalskelette im American Natural History Museum aufgebaut ist. Trotz der Unterstützung durch die Geldgeber ging Trossingen auch bei den neuen Funden leer aus, eine Mißachtung, wie sie auch die Halberstadter Bürgerschaft bei den Plateosauriergrabungen auf ihrem Gebiet erfuhr.

Blick über das Grabungsgelände der zweiten Trossinger Grabung im August 1922. Links die drei Wohn- und Arbeitszelte der Grabungsmannschaft.

Die dritte und letzte Grabung in Trossingen im Jahr 1932

Fast ein Jahrzehnt später engagierte sich die Stuttgarter Naturaliensammlung bei der letzten Trossinger Grabung. Pläne dafür hatten schon seit längerem in der Württembergischen Naturaliensammlung bestanden, sie waren aber nicht realisiert worden. Wie schon bei der ersten Grabung 1911 und 1912 hatte auch diesmal wieder Oberpräparator Max Böck die technische Leitung, während der spätere Direktor der Vorläuferinstitution des heutigen Stuttgarter Naturkundemuseums, Dr. Reinhold Seemann, die wissenschaftliche Aufsicht führte.

Nach Eberhard Fraas und Friedrich von Huene ist Reinhold Seemann der dritte Wissenschaftler, dessen Name mit den Trossinger Plateosauriern verbunden bleibt. Am 5. Mai 1888 in Cannstatt geboren und am 17. Dezember 1975 in Marburg gestorben, studierte Seemann in Tübingen, Freiburg, Stuttgart und Berlin Naturwissenschaften. Der Erste Weltkrieg kostete ihn als Offizier sein rechtes Auge. An die Württembergische Naturaliensammlung kam er bereits 1925 als Konservator, 1938 wurde er Hauptkonservator.

Die dritte Grabung fand vom 9. Mai bis zum 29. Oktober 1932 statt. Wegen der Wirtschaftskrise 1930 wurde ein »Freiwilliger Arbeitsdienst« eingerichtet, von dem die Grabungen profitierten. Ein halbes Jahr lang arbeiteten bisweilen mehr als 30 Hilfskräfte 36 Stunden in der Woche an der »Oberen Mühle« des Trosselbachtales. Auto- und Bauschlosser, Sattler, Maurer, Schreiner, Schuhmacher, Studenten der Agrarwissenschaften und ein Diplomingenieur gruben gemeinsam nach Plateosauriern. Diese an den Grabungen beteiligten jungen Helfer nannte der Trossinger Volksmund schon bald »die Saurier«. Zusammen mit der Matthias Hohner AG, die schon 1923/24 die Grabungen gefördert hatte, beteiligten sich diesmal auch die Arbeitsämter der Umgebung und die Stadtverwaltung an der Unterstützung der Paläontologen.

Im nachhinein hat sich diese dritte Trossinger Grabung als die erfolgreichste erwiesen, wohl auch, weil enorme Mengen an Knollenmergel bewegt und untersucht wurden: Auf einer Fläche von 600 Quadratmetern fielen fast 4000 Kubikmeter Gestein an. Damit war die Grabungsfläche der zweiten, von Huene geleiteten Ausgrabungen um fast 375 % vergrößert worden.

Insgesamt waren mehr als 200 Kisten nötig, um die Funde des Jahres 1932 abzutransportieren, zu denen vier Plateosaurierskelette,

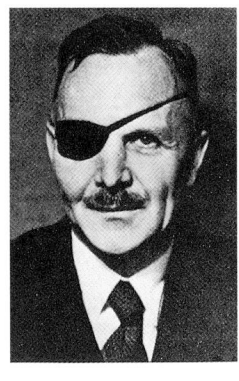

Dr. Reinhold Seemann (1888–1975) leitete die dritte und letzte Trossinger Grabung, die 1932 vom Württembergischen Naturalienkabinett in Stuttgart durchgeführt wurde.

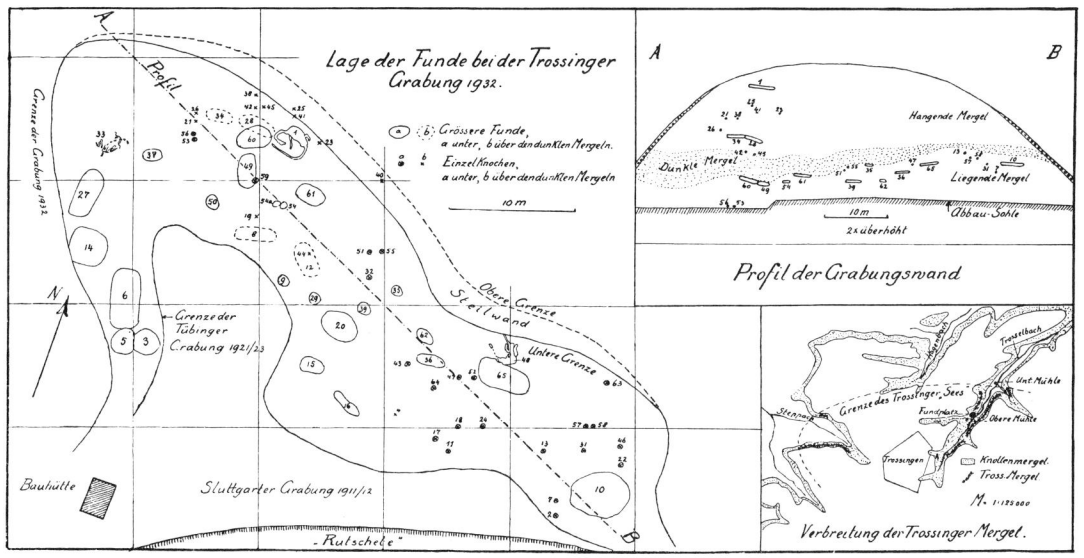

Karte der Trossinger
Grabungen 1932.

»Die Trossinger
Saurier feiern Karne-
val« – mit dieser
Karikatur wurden
die im Volksmund als
»Saurier« bezeichne-
ten Grabungsarbeiter
im Fasching 1933
beschenkt.

Tabelle 4: **Die großen Plateosauriergrabungen in Trossingen**

1. Grabung: 1911–1912
   Leitung: Eberhard FRAAS (1862–1915)
   Institut: Königliches Naturalienkabinett Stuttgart
   Ausbeute: Zahlreiche Skelettreste, insgesamt 12 Skelett-
                 teile, darunter das vollständige Skelett von
                 Plateosaurus trossingensis

2. Grabung: 1921–1922
   Leitung: Friedrich von HUENE (1875–1969)
   Institut: Geologisch-Paläontologisches Institut der
                 Universität Tübingen
   Ausbeute: 14 Skelettteile

3. Grabung: 1932
   Leitung: Reinhold SEEMANN (1888–1975)
   Institut: Württembergische Naturaliensammlung
                 Stuttgart
   Ausbeute: 65 Funde; 4 vollständige Skelette, 17 größere
                 Skelettreste und 41 kleinere Teile und Einzel-
                 knochen

Ausbeute   In sechs Grabungsaktionen konnten
insgesamt: 35 komplette oder fast komplette sowie frag-
                mentarische Reste von ca. 60 Plateosaurier-
                individuen gefunden werden, also beinahe
                100 Funde insgesamt.[3]

17 größere Skelettreste und 41 Skelettteile gehörten. Es wurden aber auch mehrere sehr wichtige Schildkrötenfunde der Art *Proganochelys quenstedti* gemacht, die zuvor schon in gleichen Schichten in Halberstadt aufgetaucht waren.

Die Trossinger Grabungen erfuhren ein jähes tragisches Ende, als am 14. Oktober 1932 um 9 Uhr früh ein 4 x 2 Meter großer Mergelblock, der sich infolge anhaltender Regenfälle gelöst hatte, abbrach und zwei Arbeiter bis in Brusthöhe einschloß.

Einer von ihnen, Christian Helble aus Obernheim bei Spaichingen, wurde dabei so schwer verletzt, daß er starb. Der zweite Verunglückte wurde mit Quetschungen in das Krankenhaus transpor-

»Maurer, Feinmechaniker, Schuhmacher, Diplomingenieur« – aus Angehörigen dieser Berufsgruppen setzt sich die dritte Trossinger Grabungsmannschaft auf dem Foto vom 9. August 1932 zusammen.

tiert, wo er das Unglück überlebte. Wie ein Lauffeuer verbreitete sich die Nachricht von dem Unglück in der Stadt und löste überall große Betroffenheit aus. Ärzte, der Bürgermeister und der katholische Pfarrer eilten zur »Oberen Mühle«. Der einzige Unfall, der je bei den Grabungen vorkam, ereignete sich kurz vor ihrem offiziellen Abschluß. Unter dem Eindruck des tragischen Ereignisses sagte Dr. Reinhold Seemann einen für den gleichen Abend angesetzten Lichtbildervortrag im Gasthof zur Linde ab, mit dem die Mitarbeiter des »Freiwilligen Arbeitsdienstes« verabschiedet werden sollten.

So fanden gegen Ende Oktober 1932 drei Jahrzehnte Trossinger Dinosauriergrabungen einen traurigen Abschluß. Heute ist das Grabungsgelände am Trosselbachhang mit Buschwerk überwachsen. Theoretisch bestünde die Möglichkeit, die Trossinger Grabungen fortzusetzen; dies wäre aber mit erheblichen finanziellen Aufwendungen verbunden.

Lange Zeit wurden das Ausmaß und die Bedeutung der drei Trossinger Grabungen überhaupt nicht erkannt. Erst vor etwa einem Jahrzehnt begann man, sich wieder intensiver mit ihnen zu beschäftigen. Vor allem der junge amerikanische Paläontologe Dr. David B. Weishampel aus Baltimore versuchte, einen Überblick über die südwestdeutschen Grabungen zu geben, wobei er 1984 zu dem Schluß kam, daß insgesamt 750 000 Kubikmeter Erdreich abgegraben und

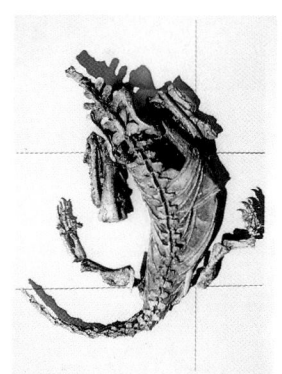

Fund Nr. 33: Ein *Plateosaurus*-Skelett ohne Schädel, genau in der Fundlage, wie es 1932 in Trossingen ausgegraben wurde.

Anfang August 1932
hatten sich die Arbei-
ter der Stuttgarter
Grabung in Trossin-
gen mit ihren Werk-
zeugen schon tief in
den Hang hineingear-
beitet.

bewegt wurden; freigelegt wurde ein Querschnitt von 18 Metern, die Grabungsfläche war insgesamt 80 000 Quadratmeter groß.

David B. Weishampel verwies darauf, daß in Trossingen eine der weltweit umfangreichsten und erfolgreichsten Dinosauriergrabungen stattgefunden hatte.

Fränkische Plateosaurier

Eigentlich wäre *Plateosaurus* nach seinem ersten Fundort in der Nähe von Nürnberg eher als »Fränkischer Lindwurm« zu bezeichnen, aber Württemberg mit seinen fast 20 Fundorten und der überragenden Bedeutung Trossingens hat Nordbayern den Rang als Heimat des »Lindwurms« abgelaufen. Franken kann heute etwas mehr als ein Dutzend Stellen vorweisen, an denen Überreste von *Plateosaurus* entdeckt wurden, im Norden etwa in Altenstein bei

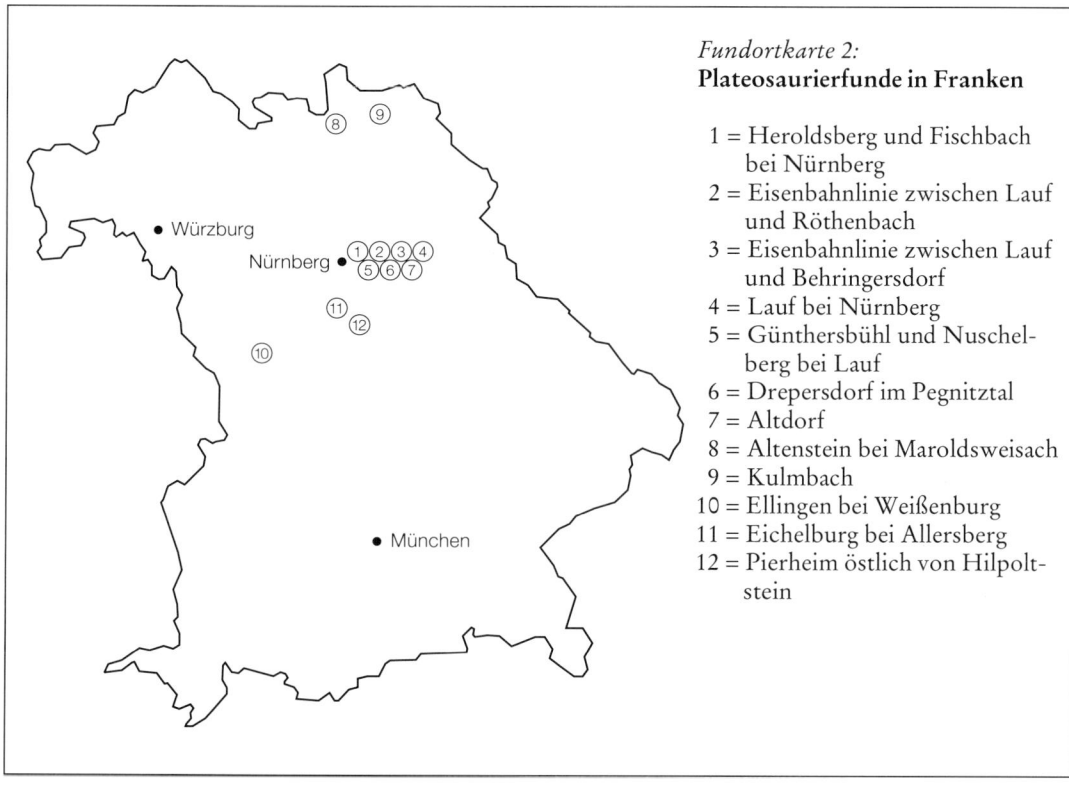

Maroldsweisach und östlich von Kulmbach. Die meisten Plateosaurierknochen kamen aus der Gegend östlich von Nürnberg: Orte wie Heroldsberg, Röthenbach, Altdorf oder Lauf entlang der Pegnitz und südlich von ihr sind das klassische fränkische »Plateosaurierland«. In manchen Gebieten existiert hier ein Gestein, das 1897 von Max Blanckenhorn in Erlangen die Bezeichnung »*Plateosaurus*-Konglomerat« erhielt. Vorher sprach man fälschlicherweise von »Zanclodonten-Mergel«. In diesem meist hellroten (und deshalb auch als »Feuerletten« bezeichneten) Gestein waren die etwa 45 Einzelknochen des ersten *Plateosaurus* eingebettet, der 1834 entdeckt worden war. 1866 konnten dann beim Bau der Eisenbahnlinie Nürnberg–Bayreuth zwischen Lauf und Behringersdorf wieder riesige Knochen aus einem angeschnittenen Hügel geborgen werden. Bis heute setzen sich die Plateosaurierfunde in Franken fort. Erwähnenswert ist, daß beinahe alle Knochen, die nördlich der Pegnitz gefunden wurden, schwarz erscheinen, die südlich von ihr aufgetauchten aber bläulichgrau.

Die Bedeutung der fränkischen Plateosaurierfunde scheint noch nicht voll erfaßt worden zu sein, da einer der umfangreichsten und interessantesten Funde aus den frühen sechziger Jahren erst jetzt bearbeitet wird. Entdeckt wurde die Fundstelle in Ellingen unweit von Weißenburg, als dort ein Privathaus gebaut wurde. Der junge Doktorand Volker Fahlbusch grub damals mit Helfern die Dinosaurierknochen für die Bayerische Staatssammlung für Paläontologie und historische Geologie aus. Heute werden sie von deren stellvertretendem Direktor, Dr. Peter Wellnhofer, untersucht. Bis zum Abschluß der Untersuchung der Ellinger Funde wird sicher noch einige Zeit vergehen, aber schon jetzt deutet sich an, daß eine Reihe von wichtigen Erkenntnissen über die Dinosaurier der Trias zu erwarten sind. Ähnlich wie in Trossingen findet sich auch in Ellingen eine Massenansammlung von Plateosaurierknochen (ein sogenanntes »bone-bed«, ein »Knochenlager«).

Der jüngste Plateosaurierfund kam Ende Juni 1988 beim Bau des Rhein-Main-Donau-Kanals zum Vorschein. Derzeit werden seine schwarzgefärbten Knochen im Fränkische-Schweiz-Museum in Tüchersfeld bei Pottenstein präpariert.

Plateosaurier aus dem Nordosten

Innerhalb der Grenzen der alten Bundesrepublik lagen die nördlichsten Fundorte von *Plateosaurus* in der Göttinger Umgebung. Die Überreste wurden bereits 1885 entdeckt und damals noch als »*Belodon*« bezeichnet. Friedrich von Huene beschrieb diese Knochen 1907/08 und bildete sie auch ab. Im Stadtgebiet von Göttingen gab es damals im Bereich des Kreuzbergwäldchens noch Steinbrüche, in denen ein hellgrauer Quarzit gewonnen wurde, der Material zum Wegebau lieferte. 1885 wurden, nur 20 Meter voneinander entfernt, in kleinen Steinbrüchen zusammenhängende Reste von zwei Plateosauriern entdeckt, von denen einer nach Aussage der Arbeiter auf etwa 5 Meter Länge offen zutage lag. Ein benachrichtigter Wissenschaftler konnte jedoch nur noch eine Anzahl von Wirbeln und Stücke des Schultergürtels bergen. Schädelteile fanden sich nicht, die Knochen waren meist sehr mürbe und weicher als das umliegende Gestein.

Diese aus dem Rhät von Göttingen stammenden Funde wurden

durch große Knochentrümmer ergänzt, die am israelitischen Friedhof am Lohberg bei Bovenden nördlich von Göttingen aus der Erde geholt wurden und ebenfalls zu *Plateosaurus* gehören.

Nordwestlich von Coburg, nahe dem thüringischen Städtchen Hildburghausen, liegt der 679 Meter hohe Große Gleichberg. Dies ist der einzige Fundort von *Plateosaurus* in Thüringen. Im Winterhalbjahr 1932/33 gelang hier dem Bedheimer Arzt und Hobbypaläontologen Hugo Rühle von Lilienstern eine einzigartige Entdeckung: Zusammen mit zwei Skeletten von Raubdinosauriern *(Liliensternus)* grub er zwei Plateosaurierskelette aus; Jäger und Gejagte waren hier im Tod vereint zu Fossilien geworden!

In der ehemalige DDR existiert neben diesem thüringischen *Plateosaurus*-Fundort nur noch ein einziger anderer, in Sachsen-Anhalt bei Halberstadt. Dieser ist ungleich wichtiger als der thüringische.

Es ist nicht unwahrscheinlich, daß in den nächsten Jahren in Thüringen eine neue Plateosaurierfundstelle dazukommt. In der Gemeinde Wandersleben im Landkreis Gotha wurden etwa zwischen 1985 und 1987 ein Schulterblatt, ein Extremitätenrest und ein Zahnfragment aus dem Knollenmergel geborgen, die zunächst auf einen neuen Plateosaurierfund hoffen ließen. Mittlerweile hält man es anhand der Form des Zahnes, den Dr. Rupert Wild in Stuttgart begutachtet hatte, jedoch für wahrscheinlicher, daß es sich um einen Rauisuchier, ähnlich wie *Teratosaurus,* handelt. Die Wahrscheinlichkeit, daß bei Wandersleben neue Trias-Dinosaurier ans Tageslicht kommen könnten, ist allerdings nach Aussage von Dr. Thomas Martens vom Naturkundemuseum Gotha und nach Meinung des an den Ausgrabungen beteiligten Amateur-Paläontologen Hagen Hopf durchaus vorhanden.

Die Plateosaurier von Halberstadt

Fast gleichzeitig wie in Trossingen wurde in über 400 Kilometer Entfernung bei Halberstadt in Sachsen-Anhalt eine weitere Plateosaurierfundstelle entdeckt, die in ihrer Bedeutung Trossingen nur wenig nachsteht, aus Gründen der politischen Entwicklung Deutschlands bisher aber beinahe ein Schattendasein geführt hat.

An der Straße von Halberstadt nach Quedlinburg lag zu Beginn unseres Jahrhunderts eine große Dampfziegelei, die das Material zur Ziegelherstellung einer 15 Meter tiefen und 80 x 100 Meter großen Tongrube entnahm. Durch Sprengladungen wurde der Ton für den Abbau gelockert. Dabei entdeckten die Arbeiter eines Tages, daß das offensichtlich gut erhaltene Skelett eines Dinosauriers zerstört worden war. Durch die Sprengungen scheinen bereits früher viele Skelette vernichtet worden zu sein; in späteren Schätzungen ging man davon aus, daß in 100 000 Kubikmeter Ton vielleicht an die 100 Dinosaurierskelette verlorengegangen seien. Nach dem erwähnten Vorfall entschloß sich der Besitzer der Grube, ein Herr Baerecke junior, immerhin, nicht mehr zu sprengen, sondern den Ton im Handbetrieb mit Hacken abbauen zu lassen.

Dennoch ist es nur der Initiative eines Hobby-Paläontologen zu verdanken, daß auch die Wissenschaft auf die Halberstadter Tongrube aufmerksam wurde und ihre Bedeutung erkannte. Im Sommer 1909 waren Arbeiter auf Knochen aufmerksam geworden, die sie einem vor dem Grubenschlagbaum wartenden Privatsammler übergaben. Dieser, der Halberstadter Zahnarzt Emil Torger (1867–1910), sandte noch im August des gleichen Jahres jene Knochen und einige andere, die er erworben hatte, an die Universität Greifswald zu Professor Otto Jaekel, der bald an ihrer Form und Struktur erkannte, daß es sich hierbei um Dinosaurierreste handeln müsse.

Der am 21. Februar 1863 in Neusalz an der Oder geborene Otto Jaekel war 1906 als Außerordentlicher Professor an die Universität Greifswald (heute Mecklenburg-Vorpommern) gekommen. Nach dem Studium in Breslau und der Promotion in München war er 1894 als Außerordentlicher Professor nach Berlin gegangen, wo er Kustos des Geologisch-Paläontologischen Museums wurde. Der erst 56jährig in Peking verstorbene Jaekel konnte bei seiner Übersiedlung nach Greifswald nicht ahnen, daß ihn die Halberstadter Funde fast 18 Jahre lang intensiv beschäftigen würden, ihn, der sich damals eigentlich mit Panzerfischen befassen wollte.

Otto Jaekel schickte alle Funde in die Landeshauptstadt Berlin, deren Naturkundemuseum im gleichen Jahr, 1909, eine Expedition unter Werner Janensch (1878–1969) nach dem damaligen Deutsch-Ostafrika entsandte, wo auf einem Hügel namens Tendaguru bis 1912 spektakuläre Dinosaurierformen wie *Brachiosaurus, Dicraeosaurus* und *Kentrosaurus* ausgegraben werden konnten.

Schon im Oktober 1909 begannen die offiziellen Grabungen in Halberstadt. Als dort Otto Jaekel die Tongrube besuchte, konnten

ihm die Arbeiter und der Grubenbesitzer bereits den hinteren Teil eines Skelettes zeigen. Als im Frühjahr 1910 weitere Funde folgten, war es an der Zeit, die rechtlichen und finanziellen Aspekte der Grabungen abzuklären. Doch die Bergung und die weitere Unterbringung der Halberstadter Plateosaurier standen von Anfang an unter einem ungünstigen Stern, da die Halberstadter Bürger die Aktivitäten des Zahnarztes Torger mit Mißtrauen beobachteten, sahen sie doch Funde für »ihr« Museum in das ferne Berlin entschwinden. Otto Jaekel, dem diese Haltung der Halberstadter zu Ohren kam, erkannte die Notwendigkeit, die Halberstadter durch einen Vortrag zu beruhigen. Dabei sicherte er ihnen ein Duplikat des besten Fundes zu. Aber der Verbleib der spektakulärsten Funde mußte auch vertraglich abgesichert werden. Auf Jaekels Vorschlag kamen der Preußische Staat in Gestalt des Geologisch-Paläontologischen Museums in Berlin und die Firma Baerecke & Limpricht am 8. Dezember 1910 zu einer Vereinbarung, die dem Museum die Ausgrabungs- und Inventarisierungsrechte zusicherte. Die Ziegeleifirma sollte eine einmalige Summe von 5000 Mark und für jeden weiteren vollständigen Fund zusätzliche 3000 Mark erhalten. Bei dem unterschiedlich interpretierbaren Begriff »vollständiger Fund« mußte es fast zwangsläufig zu Diskrepanzen kommen. Aber nicht nur der Streit mit der Ziegeleifirma zerrte an Otto Jaekels Nerven, auch die Notwendigkeit, den Beamten in den Ministerien die Gelder für die Bezahlung der Firma und die Ausgrabungs- und Präparationsarbeiten zu entlocken, belastete ihn. Ohne großzügige Mäzene war ein so umfangreiches und langwieriges Unternehmen wie die Halberstadter Grabungen überhaupt nicht möglich, darin war es den Arbeiten in Trossingen durchaus vergleichbar. Ein ganzes Jahrzehnt, von 1910 bis 1920, trug der Düngemittelfabrikant Klamroth zur Finanzierung der Ausgrabungen bei. Sogar aus der Privatschatulle von Kaiser Wilhelm II. wurde die damals beachtliche Summe von 15 000 Mark beigesteuert, um das Halberstadter Unternehmen zu unterstützen. Da kann es nicht verwundern, daß sich Otto Jaekel früher oder später verpflichtet sah, seinem kaiserlichen Geldgeber einige Fundstücke vorzuführen. Zu diesem Zweck wurden im Februar 1912 zwei fast vollständige Skelette von dem Greifswalder Bildhauer Adolf von Zschock und dem Schlosser Hartmann in Berlin präpariert und aufgestellt. Als Wilhelm II. sie am 12. März besichtigte, wollte es der Zufall, daß die Halberstadter Prosauropoden durch viel imposantere Skelette in den Hintergrund gedrängt wur-

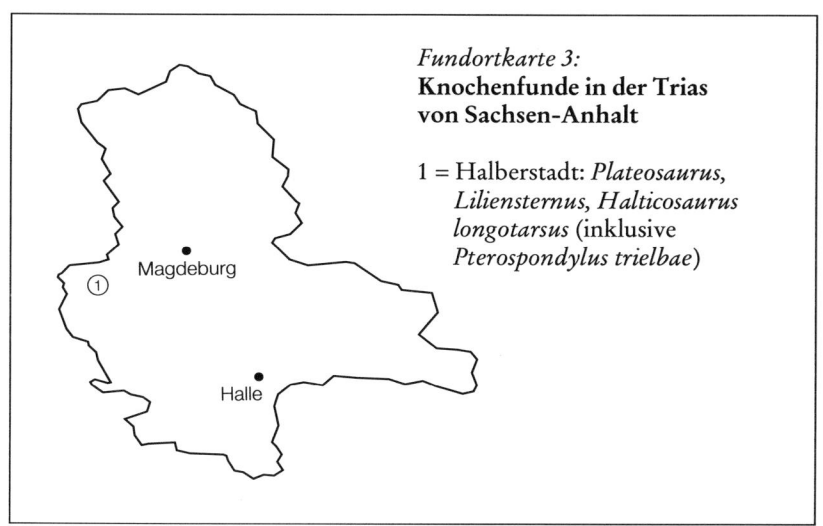

Fundortkarte 3:
**Knochenfunde in der Trias
von Sachsen-Anhalt**

1 = Halberstadt: *Plateosaurus,
Liliensternus, Halticosaurus
longotarsus* (inklusive
Pterospondylus trielbae)

den: Riesenknochen von *Brachiosaurus* aus der Tendaguruexpedi-
tion und ein mehr als 20 Meter langer Skelettabguß des amerikanischen Sauropoden *Diplodocus,* den der Industrielle Andrew Carne-
gie dem Berliner Museum gestiftet hatte. Darüber kam es sogar mit
Museumsdirektor Wilhelm von Branca (1844–1928) zum Streit, weil
Otto Jaekel meinte, daß man die Halberstadter Plateosaurier nicht
optimal präpariert habe. Beide Kontrahenten scheuten sich nicht,
ihre Meinungsverschiedenheiten in wissenschaftlichen Zeitschriften
auszutragen. Nachträglich scheint der Streit ans Lächerliche zu grenzen, denn ein Blick in die *Paläontologische Zeitschrift* von 1914, in
der Branca die Aufstellung der Halberstadter Dinosaurier verteidigt,
zeigt, daß sich das Problem auf die Fragestellung reduzierte, ob die
Plateosaurier besser vor oder hinter dem Schwanz des amerikanischen *Diplodocus* aufzustellen seien … Vor dem Schwanz wären sie
nach Jaekels Meinung besser zu sehen gewesen, aber hinter dem
Schwanz waren sie nach Brancas Überzeugung vor möglichen Beschädigungen durch Besucher geschützt. Heute steht ein Halberstadter Plateosaurier in Berlin hinter dem *Diplodocus*-Schwanz, ist
aber gut zu sehen.

Bis 1912, als diese erste Präsentation stattfand, war die beachtliche
Menge von etwa 35 Funden, darunter drei beinahe unzerstört zu-
sammenhängende Skelette, entdeckt und geborgen worden. Da die
Präparationswerkstätten in Berlin durch die Bearbeitung der Funde
aus Ostafrika vollkommen ausgelastet waren, schickte Jaekel die
Halberstadter Fossilien an die Greifswalder Universität.

Dort dauerte die Präparation von 1911 bis 1918. Bei der Freilegung waren die Knochen sehr weich und empfindlich gewesen, weshalb sie mit dünnem heißen Leimwasser (»russischer Leim« nach Jaekel) getränkt wurden und danach durch eine dünne Schellacklösung eine letzte Härtung erhielten. Größere Skeletteile wurden in Gips gelegt, bevor man sie aus der Grube barg. Im Rumpfteil des Skelettes Nr. 24 entdeckte Jaekels Mitarbeiterin Elisabeth Krüger einen ganzen Schädel, den Otto Jaekel selbst herauspräparierte, wobei er bemerkte, daß der Schädel noch mit allen Halswirbeln am Rumpfskelett festsaß. Durch eine geschickte Präparation konnte der Schädel unversehrt mit den ersten vier Halswirbeln vom Rumpf getrennt werden. In der Nacht nach der Präparation machte sich an den zarten Zungenbeinknochen allerdings ein Wiesel zu schaffen, das ausgerechnet dort zwei Mäuse verspeisen mußte.

Das Bild, das sich Otto Jaekel von den Halberstadter Plateosauriern machte, kommt in manchen Punkten schon unseren heutigen Vorstellungen nahe: Anders als manche seiner zeitgenössischen Fachkollegen, die Dinosaurier mit seitlich gespreizten Beinen und schleppendem Gang darstellten, sah Jaekel die Plateosaurier aufrecht gehend in der Triaslandschaft. Die strittige Frage, ob *Plateosaurus* ein Räuber oder ein Pflanzenfresser war, entschied Otto Jaekel in dem Sinne, daß er die Plateosaurierzähne mit ihren aufrecht stehenden »Spitzkerben« zum Fang von größeren Insekten und zum Fressen von Früchten für geeignet hielt.

Neben der wissenschaftlichen Auswertung mußte sich Jaekel aber auch nach wie vor mit dem geschäftlichen Aspekt beschäftigen: Die Bedeutung der Halberstadter Funde war europaweit anerkannt worden, so daß sich sogar ausländische Museen um den Erwerb eines Halberstadter Dinosaurierskelettes bemühten. Ein 1910 gefundenes Skelett sollte 1913 für 15 000 Mark dem Naturhistorischen Museum in London überlassen werden, dem dieser von Jaekel geforderte Kaufpreis jedoch zu hoch erschien.

Inzwischen bestand nicht nur die Halberstadter Bürgerschaft, sondern auch der Düngemittelfabrikant Karl Klamroth auf einem Exemplar für die Heimatstadt der Dinosaurier. Für die beachtliche Summe von 10 000 Mark wurde schließlich 1913 das »Londoner« Skelett erworben, wobei die Hälfte der Summe von der Stadt, der andere Anteil von einem »ungenannt bleiben wollenden Spender« (hinter dem sich Karl Klamroth verbarg) aufgebracht wurde. Otto Jaekel ließ das Skelett im Januar 1914 von einem Uhrmacher und

Liebhaberpaläontologen vorbereiten und im Museum aufstellen. Um einen günstigeren Gesamteindruck zu erreichen, wurde dem Skelett wenige Tage vor der Übergabe der fehlende Schädel samt Unterkiefer zurechtmodelliert.

Die Grabungen in der Tongrube waren seit 1912 immer seltener geworden, und auch Otto Jaekel kam nur noch sporadisch von Greifswald nach Halberstadt. Deshalb bemühten sich die Tongrubenbesitzer, aus dem Kontrakt mit Otto Jaekel herauszukommen; sie wollten in Zukunft Grabungen, Präparationen und Aufstellung in eigener Regie und in der eigenen Werkstatt durchführen. Jaekel aber blieb hart. Erst nachdem der Rittergutsbesitzer und Wurstfabrikant Ferdinand Heine die Tongrube übernommen hatte, wurden dem Berliner Museum ab 1923 wieder vermehrt Funde gemeldet. Daraufhin bemühten sich Professor Werner Janensch und sein Präparator Ernst Siegert vom Berliner Museum um die weitere Erforschung der Fundstätte.

Werner Janensch hatte die ostafrikanischen Expeditionen geleitet, und die Beschreibung der afrikanischen Dinosaurier in den Jahren zwischen 1925 und 1961 war sein Lebenswerk. Als er sich vorübergehend ab Frühjahr 1923 auf die heimischen Dinosaurier konzentrierte, gelangen ihm zusammen mit Siegert bis 1928 weitere Plateosaurierfunde, sowohl Skelette als auch vollständige Schädel. Janensch und Siegert waren deshalb davon überzeugt, daß die Arbeiter in der Grube viele Skelette bewußt zerstört hatten, um den regulären Abbau nicht durch die wissenschaftlichen Ausgrabungen zu behindern.

Nun ging auch die Ära Otto Jaekels zu Ende: Nach 17 Jahren ließ er sich im Juni 1927 von seinem Vertrag entbinden. Er stellte auch die wissenschaftliche Bearbeitung der Halberstadter Funde ein.

1928 wurden deshalb die restlichen noch in Greifswald lagernden *Plateosaurus*-Funde in 24 Kisten verpackt und nach Berlin abtransportiert. Manche der Prosauropoden aus Halberstadt fanden ihren Weg in andere Museen, nach Göttingen, nach Frankfurt/Main in das Senckenberg-Museum und nach Hanau (Hessen) in das Privatmuseum Korff.

Bis Anfang der vierziger Jahre kamen noch vereinzelte Dinosaurierknochen zum Vorschein, so etwa 1938 zwei Schienbeine von 78 beziehungsweise 80 Zentimeter Länge, die zu *Plateosaurus*-Beinen von beinahe 3 Meter Höhe gehörten. Diese letzten Ausgrabungen 1937/38 wurden von August Hemprich, dem Leiter des Städtischen

Tabelle 5: **Die Plateosauriergrabungen in Halberstadt**

1. Grabungen: 1909–1913
   Leitung: Otto JAEKEL (1863–1929)
   Institut: Universität Greifswald
   Ausbeute: 35 Skelette, ein vollständiges, mehrere fast
                      vollständige

2. Grabungen: 1923–1928
   Leitung: Werner JANENSCH (1878–1961) und
                      Ernst SIEGERT
   Institut: Museum für Naturkunde, Berlin
   Ausbeute: 4 Skelette, davon ein vollständiges

3. Grabungen: Dreißiger Jahre, besonders 1937/38
   Leitung: August HEMPRICH
   Institut: Städtisches Museum Halberstadt
   Ausbeute: Ist nicht genau anzugeben, mindestens
                      Einzelknochen, vielleicht auch Teilskelette

Ausbeute   Zwischen 39 und 50 Skelette, darunter
insgesamt: mindestens zwei vollständige, mehrere fast
                  vollständige[3]

Museums Halberstadt durchgeführt, doch dann beendeten die politischen Ereignisse nicht nur in Halberstadt die Suche nach Dinosauriern. Im Berliner Museum waren die meisten Ausstellungsstücke bereits abgebaut worden, als ein Luftangriff am 12. November 1943 auch viele Funde aus Halberstadt zerstörte.

Als nach dem Zweiten Weltkrieg 1953 der Sauriersaal wiedereröffnet wurde, waren die Jaekelschen Funde noch im Museumskeller. Erst 1956 wurde ein 1927 von Werner Janensch ausgegrabenes Skelett neben der Urschildkröte *Proganochelys* wieder dem Publikum präsentiert.

Die vor der imposanten Kulisse des Brockens gelegene Tongrube in Halberstadt ereilte in den vierziger Jahren das gleiche Schicksal wie die Trossinger Ausgrabungsstätte. Pflanzen überwuchsen sie und bedeckten die Erde, die die Plateosaurier entlassen hatte, mit saftigem Grün. Zwei *Plateosaurus*-Skelette waren in der Eingangshalle des Städtischen Museums in Halberstadt zu bewundern, bis sie

August Hemprich, Leiter des Halber-städter Museums, mit einem *Plateosaurus*-Oberarmknochen, der 1937/38 bei den letzten Grabungen gefunden wurde.

1959 erstmals im Museum Heineanum aufgestellt wurden, wo sie heute noch zu sehen sind.

Im Museum der Humboldt-Universität Berlin werden die Halberstadter Plateosaurier derzeit einer neuen Präparation unterzogen, so daß auch dort ihr Dornröschenschlaf nach dem Krieg ein Ende findet.

Wie lebte *Plateosaurus*?

Die umfangreichen Funde von *Plateosaurus* in Trossingen, Halberstadt und anderen Orten erlauben es, von der Skelettanatomie dieses Dinosauriers ein genaueres Bild als von den meisten anderen Dinosauriern zu zeichnen. Gemessen am Schädel- und Körperskelett, ist *Plateosaurus* einer der bestbekannten Dinosaurier auf der ganzen Welt.

Die Trossinger Grabungen haben *Plateosaurus*-Schädel von großer Vollständigkeit und teilweise hervorragender Erhaltung hervorgebracht, mit denen sich Peter Galton ausführlich beschäftigte; 1984 und 1985 konnte er von seinen Forschungen erstaunliche Einzelheiten bekanntgeben.

Galton zeigte, daß sich beim Schädel von *Plateosaurus,* von der Seite betrachtet, die Spitze des Unterkiefers, das Kinn sozusagen, ein wenig nach unten senkt. Der Schädel ist länger als hoch; vor allem von vorne gesehen, erscheint er beinahe vogelartig, und von oben betrachtet, sieht man, wie schmal er ist: gar nicht so breit und massig, wie man ihn sich bei einem so großen Dinosaurier vielleicht vorstellt.

Jeder der Schädel zeigt ein anderes anatomisches Detail: Einmal war das Ohrlabyrinth erhalten geblieben, das zarte Gehörknöchelchen der Steigbügel (Stapes), mit denen der Plateosaurier gelauscht hatte, ob sich ein Raubdinosaurier näherte; es hatte die Jahrmillionen von der Einbettung bis heute unbeschadet überdauert.

In einem anderen Trossinger *Plateosaurus*-Schädel hatten sich die sogenannten Skleralringe besonders gut erhalten. Diese Augenringe, die auch heute bei Vögeln oder anderen niederen Wirbeltieren nachweisbar sind, bestehen aus vielen kleinen Knochenplättchen, die sich zu einem Ring zusammenlegen und über dem Augenrand die Sklera, eine Schutz- oder Sehnenhaut, vor Verletzungen bewahren sollen.

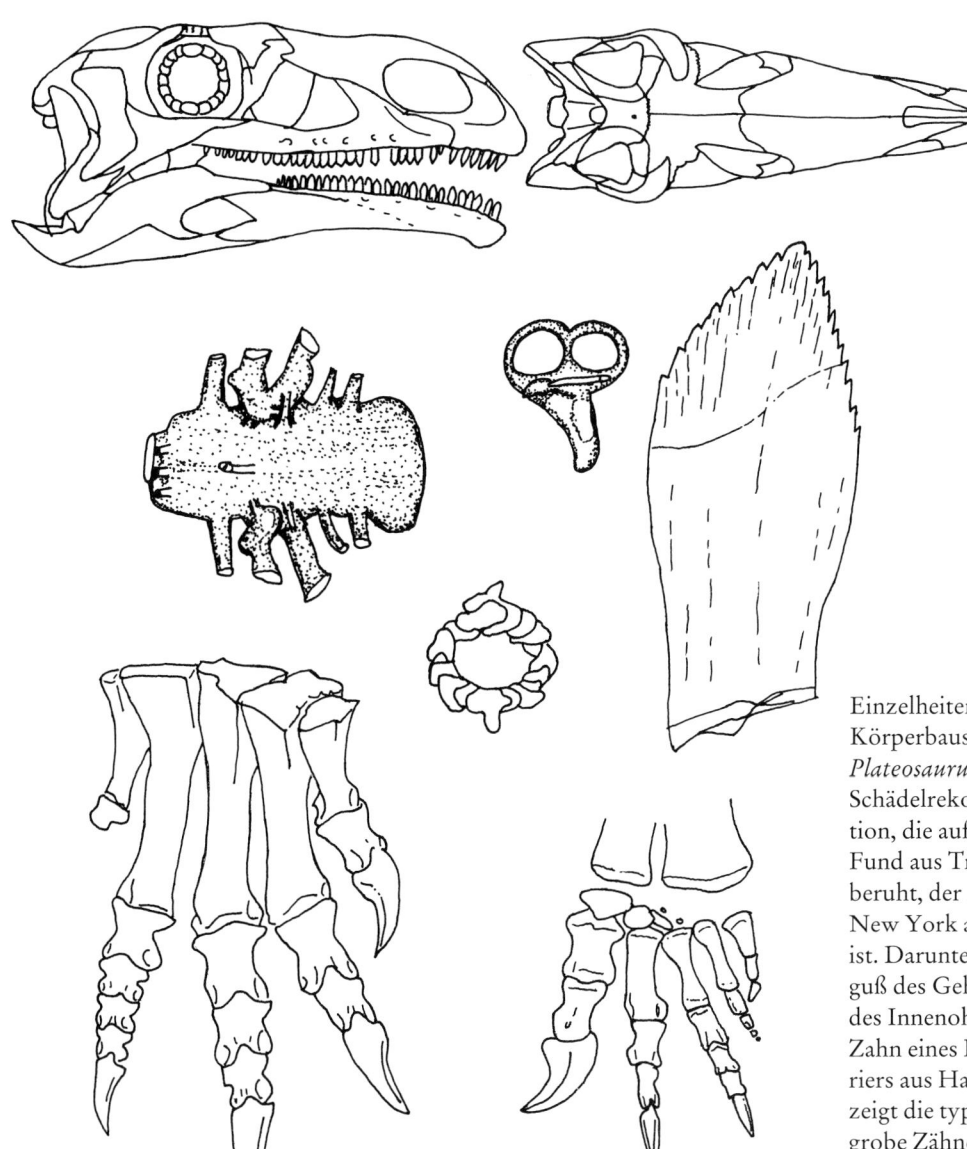

Einzelheiten des Körperbaus von *Plateosaurus.* Eine Schädelrekonstruktion, die auf einem Fund aus Trossingen beruht, der heute in New York ausgestellt ist. Darunter der Ausguß des Gehirns und des Innenohrs. Der Zahn eines Plateosauriers aus Halberstadt zeigt die typische grobe Zähnelung. Der Augenring eines Trossinger *Plateosaurus* setzt sich aus kleinen Einzelplatten zusammen. Darunter der Fuß von *Plateosaurus* vom Erlenberg bei Stuttgart und eine *Plateosaurus*-Hand mit der großen Kralle.

Augenringe halfen *Plateosaurus* auch, seinem inneren Augendruck ein Gegengewicht entgegenzusetzen, wenn sich die Scharfstellung der Linse änderte. 18 kleine Platten legten sich bei *Plateosaurus* zu einem Augenring zusammen.

An weiteren Schädeln ließen sich steinerne Ausgüsse des Hohlraumes finden, in dem das Gehirn lag (Endocranium), wobei nicht

KESSLER

Vorhergehende Doppelseite:
Anhand der Funde in Halberstadt (Sachsen-Anhalt) und in Trossingen (Württemberg) konnte rekonstruiert werden, wie es vor rund 228 Millionen Jahren im heutigen Deutschland aussah: An feuchteren Stellen in einer trockenen Umgebung fanden sich Herden oder Gruppen der maximal 10 Meter langen Plateosaurier ein, um die Vegetation abzuweiden. Diese Echsenbeckendinosaurier liefen meist vierbeinig, konnten sich aber auch auf die Hinterbeine aufrichten. Ob sie vor einem Raubdinosaurier wie *Liliensternus* (hinten links) wirklich so schnell flüchten konnten, wie hier dargestellt, ist unter den Wissenschaftlern noch umstritten. Neben den größeren Fleischfressern lebten auch kleine, wie der wenig mehr als 1 Meter lange *Procompsognathus* (links unten); diese auf den Hinterbeinen laufenden Räuber ernährten sich unter anderem von kleinen Echsen.

nur die Größe und die Gestalt des Plateosauriergehirnes erkennbar wurden, sondern auch die Ausgänge der Nerven, wie etwa der Gesichts- oder der optischen Nerven.

In den geräumigen Nasenlöchern von *Plateosaurus* (und anderen pflanzenfressenden Dinosauriern) befand sich nach Meinung der polnischen Paläontologin Theresa Osmolska eine große, seitlich gelegene Drüse, die überschüssige Kaliumionen aus dem Futter der Tiere nach außen transportierte. Andere Wissenschaftler bezweifeln dies, da die Dinosaurier dann zuwenig Raum zum Atmen gehabt hätten.

Die Frage, von welcher Nahrung sich die Plateosaurier ernährten, war lange Zeit umstritten. Drei Möglichkeiten sind dabei vorstellbar:

1. *Plateosaurus* war ein Fleischfresser, der aktiv kleinere Reptilien jagte oder sich von Aas ernährte.

2. *Plateosaurus* war ein Gemischtfresser, er fraß zwar überwiegend Pflanzen, verschmähte aber keineswegs Aas oder frisches Fleisch, wenn sich ihm die Gelegenheit dazu bot.

3. *Plateosaurus* war ein reiner Vegetarier.

Seit jeher waren sich die Paläontologen in dieser Frage uneinig. 1981 flackerte die Diskussion darüber erneut auf, als der südafrikanische Paläontologe Dr. Mike Cooper die Theorie aufstellte, daß alle Prosauropoden Fleisch- beziehungsweise Aasfresser gewesen seien. Dreh- und Angelpunkt dieser – und aller vorhergehenden – Fleischfressertheorien sind die Zähne von *Plateosaurus*. Sie sehen, oberflächlich betrachtet, fast wie die eines Fleischfressers aus: An den Außenkanten sind sie mit groben Zacken versehen, die Friedrich von Huene »Spitzkerbungen« nannte, eine Bezeichnung, die sich bis heute in der englischsprachigen Fachliteratur gehalten hat.

Nach Mike Coopers Vorstoß entspann sich eine lebhafte wissenschaftliche Diskussion über die Nahrung von *Plateosaurus*, bei der Peter Galton schon bald eine gegensätzliche Position einnahm. Er wies darauf hin, daß die Zähnelung an den Plateosaurierzähnen grob ist und nicht so fein wie an den Zähnen fleischfressender Dinosaurier. Auch bei den durchwegs pflanzenfressenden Vogelbeckendinosauriern kennt man solche groben Zahnkerbungen. Insgesamt ähnelt der Zahntyp des *Plateosaurus* mehr demjenigen des heutigen Grünen Leguans (*Iguana iguana*). Diese große tropische Echse aus Südamerika ist aber – zumindest als erwachsenes Tier – ein reiner Pflanzenfresser.

Wie fraß *Plateosaurus* die Pflanzen? Beim Abreißen einer Portion Pflanzen berührten sich seine Zähne im Ober- und Unterkiefer nicht. Wie beim modernen Leguan wurde das Pflanzenstück lediglich abgebissen, aber in der Mundhöhle nicht weiter gequetscht, wie dies spätere Vogelbeckendinosaurier bewerkstelligen konnten. Von Kauen im Sinne einer Kuh oder eines Pferdes kann also bei *Plateosaurus* keine Rede sein. Er hatte noch nicht wie die modernen Säugetiere ein in Schneide-, Eck- und Backenzähne differenziertes Gebiß, sondern verfügte in beiden Kiefern nur über einen einheitlichen Zahntyp.

Wie aber konnte sich ein so gewaltiges Tier von vielen 100 Kilogramm Gewicht mit genügend Nährstoffen versorgen, wenn seine Nahrungsverwertung nicht sehr effektiv war? Denkbar ist, daß *Plateosaurus* Magensteine (Gastrolithen) zum besseren Aufschluß seiner pflanzlichen Nahrung einsetzte. Bei den Halberstadter Grabungen wurden derartige blankpolierte Steine auch in der Nähe von Plateosaurierskeletten gefunden, und von *Sellosaurus,* dem möglichen Vorläufer des »Schwäbischen Lindwurms«, kennt man bei wenigstens einem Exemplar Magensteine; auch bei einem nahen Verwandten von *Plateosaurus,* dem südafrikanischen *Massospondylus,* wurden Magensteine entdeckt. Und auch die Pflanzenfresser, die später einmal die Prosauropoden ersetzen sollten, die Sauropoden, machten sich die Wirkung »mechanischer Pflanzenzerkleinerungshilfen« zunutze.

So waren also die Anpassungen der Plateosaurier an die Verwertung ihrer Pflanzennahrung zwar noch nicht so perfektioniert wie bei den später lebenden Vogelbeckendinosauriern, aber immerhin konnten Prosauropoden mit ihrer Ernährungsstrategie 40 Millionen Jahre erfolgreich überleben. Die Evolution versuchte aber schon bei ihnen Neuerungen auszuprobieren: So scheint *Plateosaurus* bereits ein sekundäres, fleischiges Gaumendach ausgebildet zu haben – eine wichtige Entwicklung, wenn die Tiere gleichzeitig fressen und atmen wollten. Primitive Reptilien, bei denen der Mund voll Pflanzen ist, müssen die Nahrung sofort herunterschlucken, wenn sie Luft holen wollen. Das längere Verweilen der Nahrung im Mundraum kann *Plateosaurus,* wie schon erwähnt, auch durch fleischige Backen ermöglicht worden sein. Speziell angeordnete kleine Gefäßöffnungen an den Kieferknochen von *Plateosaurus* verraten, daß er solch fleischige Backen besessen haben muß, wenn auch noch nicht in dem Ausmaß wie später die Vogelbeckendinosaurier. Immerhin konnte

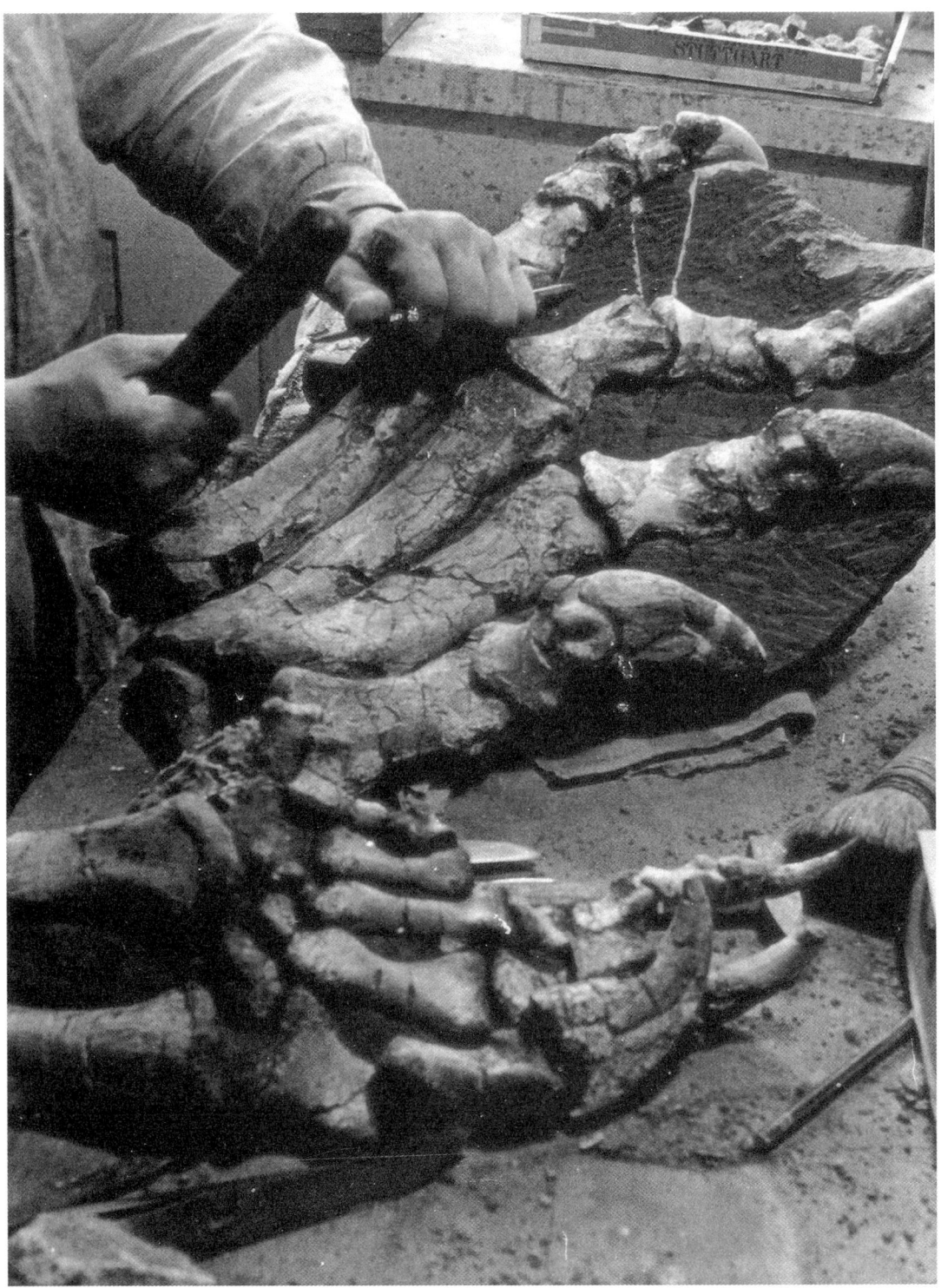

dadurch die Nahrung bereits im Mundraum von den im Speichel vorhandenen Enzymen aufgeschlossen und vorverdaut werden. Die Kiefer von *Plateosaurus* ließen sich aber noch nicht seitlich hin und her bewegen, wie man das so schön beim Wiederkäuen der Kühe beobachten kann.

Nach seinem Zahntyp und nach der Gelenkung seiner Kiefer, die unterhalb des Niveaus seiner ständig nachwachsenden Zahnreihen liegt und eine spezielle Anpassung an die pflanzliche Nahrung gewesen zu sein scheint, war *Plateosaurus* eindeutig ein Herbivore. Daß er aber trotzdem ab und zu geringe Mengen an fleischlicher Nahrung zu sich genommen hat, kann nicht ganz ausgeschlossen werden. So weiß man beispielsweise von Landschildkröten, die eindeutig als Pflanzenfresser gelten, daß sie ihre überwiegend »grüne Speisekarte« bisweilen mit Schnecken und Regenwürmern, ja sogar mit Aas erweiterten. Ohne Zweifel standen die Plateosaurier mit anderen pflanzenfressenden Reptilien im Konkurrenzkampf. Doch die Plateosaurier konnten sich gegen sie immer besser behaupten. Peter Galton hält sie sogar für die beherrschenden Pflanzenfresser ihrer Zeit und die erste große pflanzenfressende Gruppe, die die Dinosaurier entwickelten. Das Schicksal, von besser angepaßten und ausgerüsteten Pflanzenfressern verdrängt zu werden, blieb den Plateosauriern allerdings auch nicht erspart, als zu Beginn der Jurazeit erste Sauropoden und Vogelbeckendinosaurier auftauchten.

War der evolutive Erfolg von *Plateosaurus* durch seine Größe bedingt? Aufrecht auf den Hinterbeinen stehend, konnte er sich in 5 bis 6 Meter Höhe neue Nahrungsquellen erschließen, die für andere Reptilien in der ausgehenden Triaszeit unerreichbar waren. Neben den hoch oben wachsenden Blättern scheinen Plateosaurier fleischig-saftige Früchte und Blütenstände von Palmfarnen vom Boden bis in 1 Meter Höhe und Fruchtstände von bärlappartigen Gewächsen bis in Höhen von 3 Metern verzehrt zu haben.

Der tonnenförmige Brustkorb und das breite, schürzenförmige Schambein der Plateosaurier sprechen dafür, daß sie einen geräumigen Verdauungsapparat entwickelt hatten. Auf diese Art und Weise probierten die Plateosaurier ein Körperbauschema aus, das von den nachfolgenden Sauropoden der Jurazeit noch perfektioniert wurde: Der kleine Kopf saß an einem langen Hals, wodurch, ähnlich wie später von den Giraffen, Blätter, Triebe und Früchte erreicht werden konnten, die in dem mächtigen Leib von Steinen zerrieben wurden.

Gegenüberliegende Seite:
Am Hinterfuß eines *Plateosaurus* sind kräftige Krallen zu erkennen.

Stehen, gehen, rennen – zwei- oder vierbeinig?

In älteren Abbildungen und Skelettrekonstruktionen wird *Plateosaurus* stets als ein auf den kräftigen Hinterbeinen stehender Zweibeiner abgebildet. In der Tat sind seine Hinterextremitäten deutlich länger und kraftvoller ausgebildet als seine Arme, aber zum anderen haben die Arme auch nicht die Reduktion erfahren, wie dies bei manchen Raubdinosauriern oder Vogelfußdinosauriern (Ornithopoda) der Fall war. So liegt es nahe, anzunehmen, daß *Plateosaurus* auch seine Vorderextremitäten zum Gehen benutzte. Ein Blick auf die Hände von *Plateosaurus* zeigt, daß er 5 Finger besaß, die von außen nach innen an Größe zunahmen. Auffälligstes Merkmal ist dabei der innerste Finger, der »Daumen«, der eine enorm vergrößerte und scharf gebogene Kralle trug. Über die Funktion dieser für Prosauropoden so typischen Kralle ist viel spekuliert worden. Solange *Plateosaurus* noch als Fleischfresser galt, hatte sie eine angreifende Funktion. Da er aber heute als Pflanzenfresser akzeptiert wird, entfällt diese Möglichkeit. Auch die späteren Sauropoden trugen zum Teil große Innenkrallen an ihren Vorderfüßen, und unter den heutigen Tieren hat ausgerechnet das friedfertige Faultier riesige Krallen (die ihm allerdings zum Klettern dienen). Viel wahrscheinlicher war die Kralle eine Verteidigungswaffe, denn wenn sich *Plateosaurus* auf den Hinterbeinen aufrichtete, konnte er sich mit ihr seiner räuberischen Zeitgenossen, wie *Liliensternus* oder *Halticosaurus,* erwehren. Denkbar ist aber auch, daß *Plateosaurus* mit der Daumenkralle Äste zu seinem Mund zog, um sie abzuweiden, oder mit ihr nach Freßbarem im Boden grub.

Beim Gehen auf allen vieren berührte die Kralle am großen inneren Finger wohl nicht den Boden, sondern wurde nach innen oben gezogen. Das Hauptgewicht des Körpers lag auf dem zweiten und dritten Finger, während der sehr kleine fünfte Finger den Boden gar nicht berührte.

Der Fuß von *Plateosaurus* war ebenfalls mit 5 Zehen versehen, von denen die innerste die kleinste war und den Boden ebenfalls nicht berührte. Die anderen Zehen sind praktisch gleich lang. Durch seine Breite und wegen der Zehen von gleicher Länge erscheint der *Plateosaurus*-Fuß recht primitiv und erinnert an den Bau des Fußes früher Krokodile oder anderer urtümlicher Reptilien.

Vieles spricht dafür, daß *Plateosaurus* sowohl vier- als auch zweifüßig ging – je nach erforderlicher Situation. Die meiste Zeit wird er

Skelettmontage eines
Plateosaurus im Hal-
berstädter Museum
in zweibeiniger
Haltung.

vierfüßig (quadruped) gegangen sein; wenn er sich aber schneller bewegen oder gar flüchten wollte, erhob er sich auf die Hinterbeine. Ein Tier von 1 bis 2 Tonnen Gewicht kann man sich nur schwerlich als leichtfüßigen Läufer vorstellen, und einige Paläontologen haben auch aus der Gelenkung des Oberschenkelknochens in der Hüftgelenkpfanne abgeleitet, daß der Knochen beim Lauf »ausgekugelt« wäre.

Die zweibeinige Fortbewegungsweise von *Plateosaurus* ist unter den Paläontologen umstritten: Während manche meinen, daß er beim zweibeinigen Lauf seinen Rücken fast waagerecht hielt, haben andere Wissenschaftler wie der Argentinier José F. Bonaparte an südamerikanischen Prosauropoden berechnet, daß die Tiere beim Lauf auf den Hinterbeinen durch das Gewicht des langen Halses vornübergekippt wären.

Bis heute hat man weder von *Sellosaurus* noch von *Plateosaurus* fossile Fährten gefunden, aber im südafrikanischen Lesotho wurden Fußabdrücke entdeckt, die von Verwandten der Plateosaurier zu stammen scheinen. Auf jeden Fall kann man davon ausgehen, daß die Plateosaurier ihre Schwänze nicht schwerfällig am Boden hinter sich nachschleiften, wie das früher – und leider auch heute noch manchmal – in vielen Büchern gezeigt wurde. Die von Reinhold Seemann 1941 als »Schwanzschlagspuren« interpretierten Strukturen im Trossinger Gestein konnten im nachhinein nicht bestätigt werden. Daß der Schwanz die Funktion einer Stütze, eines dritten Beines einnahm, wenn sich der Prosauropode zum Fressen auf die Hinterbeine stellte, erscheint allerdings durchaus vorstellbar.

Waren die Plateosaurier soziale Tiere, die in Herden lebten? Ihre Fundhäufigkeit läßt dies vermuten. Ob sie jedoch eine so hochorganisierte Sozialstruktur oder gar Brutpflege kannten, wie dies in den letzten Jahren für nordamerikanische Entenschnabeldinosaurier bewiesen werden konnte, muß bei einem relativ primitiven Dinosaurier wie *Plateosaurus* eher bezweifelt werden. Leider sind bis heute trotz der umfangreichen Knochenfunde weder Eier noch Jungtiere von *Plateosaurus* ausgegraben worden, die zu dieser Frage Auskunft geben könnten. Immerhin kennt man seit etwa 1980 aus dem südafrikanischen Oranjefreistaat ein Gelege aus 6 Eiern, das von Prosauropoden stammt, und in Südamerika wurde vor wenigen Jahren das nur handtellergroße Skelett eines Prosauropodenschlüpflings gefunden, so daß wir uns vorstellen können, wie die Jugendentwicklung von *Plateosaurus* ausgesehen haben könnte.

Trotz dieser Lücken hat sich unser Wissen über *Plateosaurus* in den mehr als 150 Jahren seit seiner Entdeckung so verbessert, daß er mit Abstand der am besten erforschte Dinosaurier auf deutschem Boden ist. Bisher ist *Plateosaurus* ein mitteleuropäischer Dinosaurier: Neben den deutschen Funden kennt man seine Überreste lediglich aus der Gegend von Poligny im östlichen Frankreich und aus dem nördlichen Schweizer Alpenvorland.

Mit welchen Tieren lebte *Plateosaurus* zusammen?

Durch die Beschreibungen und Arbeiten Friedrich von Huenes, Otto Jaekels und Eberhard Fraas' und anderer Wissenschaftler kann man heute ein recht genaues Bild der Fauna zeichnen, die *Plateosaurus* begleitete. Danach lebten in der Oberen Trias nicht nur Dinosaurier, sondern auch urtümliche Schildkröten und Amphibien, aber es gibt auch bereits erste Hinweise auf Säugetiere.

In Trossingen und Halberstadt sind neben den Plateosauriern ähnlich bedeutsame Reptilien ans Tageslicht gekommen, nämlich die ältesten Schildkröten der Erde. Zwar kennt man seit wenigen Jahren auch aus Thailand, Südafrika und sogar Grönland vergleichbar alte Schildkröten, aber die deutschen Funde sind die besterhaltenen und umfangreichsten. Neben der bisher nur aus der Trias Deutschlands bekannten Schildkröte *Proterochersis* war die geologisch jüngere, bis zu 1 Meter lange *Proganochelys quenstedti* eine Zeitgenossin der ersten Dinosaurier. Die ersten Knochen wurden bereits bei der zweiten Plateosauriergrabung aus dem Gestein geholt, doch die bedeutsamsten Funde gelangen erst 1932, als Reinhold Seemann mehrere Skelette und Panzer fand, dabei auch das bisher vollständigste triassische Schildkrötenskelett. Wie eng die Grabgemeinschaft von Plateosauriern und Urschildkröten war, zeigt sich daran, daß in die Hohlformen der versteinerten Schildkrötenpanzer infolge der Kompression des Gesteines Plateosaurierrippen hineingedrückt wurden. Ob Dinosaurier und Schildkröte allerdings die gleichen Biotope bewohnten oder ob ihre Skelette nur zufällig zusammengeschwemmt wurden, bleibt bisher ungeklärt.

Auch in Halberstadt fanden sich Schildkrötenreste, darunter 1912 das allererste, einigermaßen vollständige einer Trias-Schildkröte, die sich später als die gleiche Art wie die in Trossingen gefundenen herausstellte.

Plateosaurierherden
beim Durchqueren
der triassischen
Wüste, eine oft
gezeigte Darstellung
nach einem Entwurf
Friedrich von
Huenes.

Neben den Urschildkröten bevölkerten noch andere Reptilien die Halberstadter Landschaft. Ein 1949 von Werner Janensch beschriebenes kleines Reptil namens *Elachistosuchus* entpuppte sich als Vertreter einer Reptilgruppe, die heute nur noch in Neuseeland existiert: Brückenechsen. Krokodilähnliche Phytosaurier (»Pflanzenechsen«) lagen mit ihren schuppigen Körpern in Wasserstellen, in denen auch zwei Amphibiengattungen hausten: *Cyclotosaurus* und *Plagiosaurus.* Auch Süßwassermuscheln und eine Süßwasserschnecke beweisen, daß es größere oder kleinere Wasserflächen in der Umgebung gegeben haben muß, an denen die Plateosaurier ihren Durst stillen konnten.

Neben den Urschildkröten ist noch ein weiterer Fund aus den Halberstadter Plateosauriergrabungen von weltweiter Bedeutung für die Wirbeltierkunde. Während der Präparation eines Plateosauriers erkannten wache Augen einen kleinen Zahn, dessen Höcker und Fältelungen für die Paläontologen eine kleine Sensation in der Evolution der Wirbeltiere darstellten. 1973 konnten sie nämlich mitteilen, daß zu Füßen der meterhohen Reptilienriesen bereits jene möglicherweise schon behaarten Vorläufer unseres eigenen Menschengeschlechtes lebten! Der Zahn wurde einem urtümlichen Säu-

102

getier mit dem Namen *Thomasia* aus der Familie der Haramiyidae zugeordnet und stellte bis vor wenigen Jahren den ältesten Säugetierfund der Welt dar.

Für die nächsten 150 Millionen Jahre mußten unsere nicht einmal katzengroßen Vorläufer ein Leben im verborgenen führen, im Schatten der Giganten, bis ihre große Stunde am Beginn der Erdneuzeit schlug. Dieser kleine Säuger aus der Zeit der Plateosaurier mußte sich zweifellos vor Raubdinosauriern und anderen fleischfressenden Reptilien in acht nehmen, aber es gelang ihm und seinen Nachfahren, die hohe Zeit der Dinosaurier unbeschadet zu überstehen.

Der rätselhafte Tod der Plateosaurier

An manchen Fundstellen kommt *Plateosaurus* in großen Individuenzahlen vor, so in Trossingen, in Halberstadt und auch im nordbayerischen Ellingen. Seit der Entdeckung dieser »Dinosaurierfriedhöfe« haben sich Wissenschaftler Gedanken darüber gemacht, wie die gewaltigen Knochenansammlungen entstanden sind. Waren die Plateosaurier an Ort und Stelle gestorben, hatte der Tod eine ganze Herde ereilt – oder waren ihre Leichen von einem Fluß an den Fundort transportiert worden und vermittelten nur nachträglich das Bild eines Herdenlebens?

Eberhard Fraas glaubte 1913, daß die lebensechte Haltung des ersten Trossinger Plateosaurierskelettes auf einen Tod des Tieres durch Versinken in jahreszeitlich sich mit Wasser füllenden Schlammflecken zurückzuführen war, und übertrug diese Vorstellung auf die gesamten Trossinger Funde. Otto Jaekel kümmerte sich bei den Halberstadter Tieren mehr um die Beschreibung ihrer Knochen; die Tatsache, daß alle Skelette auf dem Bauch lagen und daß die hinteren Skeletthälften wesentlich häufiger vertreten waren als die vorderen, fiel ihm nicht auf.

Die meiste Anstrengung zur Lösung dieses paläontologischen Problems wandte der Altmeister der deutschen Dinosaurierforschung, Friedrich von Huene, auf. In seinen noch heute berühmten Veröffentlichungen publizierte er zwischen 1923 und 1929 mehrere Aufsätze, in denen er Leben und Sterben der Trossinger Trias-Dinosaurier schildert. Seine Überzeugungen flossen auch in ein Diorama ein, das er im Geologisch-Paläontologischen Institut in Tübingen aufstellen ließ. Es zeigt zwei in Lebenshaltung stehende Plateosau-

rierskelette und am Boden Knochen in Fundlage in einer wüsten-
ähnlichen Landschaft mit Sanddünen.

Die Theorien Friedrich von Huenes wurden durch den Maler
Gustav Biese in Gemälde umgesetzt, die über viele Jahrzehnte hinweg sowohl in populären als auch in wissenschaftlichen Veröffentlichungen vertreten waren. Friedrich von Huene hielt den Knollenmergel für ein Produkt des Windes, also abgelagerten Sand. Er ging
davon aus, daß *Plateosaurus* in dieser Landschaft in ganzen Herden
über wüstenhaft trockene Landstriche zog, um zu weiter entfernt
liegenden Weidegründen zu gelangen. Diese Wanderungen hätten
jeweils jahreszeitlich stattgefunden. Da die Wüste über 100 Kilometer breit gewesen sei, dürfte die Wanderung sehr anstrengend gewesen sein und forderte unter den Plateosauriern Opfer. Vor allem halb
ausgetrocknete und mit Schlamm angefüllte, jahreszeitlich nasse
Tümpelbecken hätten dabei als wahre »Plateosaurierfallen« gewirkt.
Die wandernden Reptilien mußten sie weiträumig umgehen, andernfalls drohten sie darin zu versinken. Vor allem junge, geschwächte
Plateosaurier wären dabei vor Durst umgekommen. Nach Huenes
Überzeugung lebten die Plateosaurier auf einer Hochebene, die vom
Ufer des obertriassischen deutschen Binnenmeers durch einen breiten Wüstenstreifen getrennt war. Die darin enthaltenen Becken
wurden durch Regengüsse mit Wasser gefüllt, das infolge einer
wasserundurchlässigen lehmigen Schicht darunter in Tümpeln ste-
henblieb. Die Sonne trocknete mit der Zeit die Tümpel aus, und
Winde deckten die gefährlichen Schlammlöcher mit dem Sand und
Staub der Wüste zu, so daß sie von den Plateosauriern nicht erkannt
werden konnten.

Am Meeresufer, wohin die Plateosaurier zogen, gab es genügend
Futter. Der jahreszeitliche Rhythmus der von Huene angenomme-
nen Wanderungen führte die Plateosaurier sowohl auf dem Hin- als
auch auf dem Rückweg an den gefährlichen Tümpeln vorbei, deren
zäher Lehm drohte, sie gefangenzuhalten. Huene berechnete sein
Szenario mit akribischer Genauigkeit: Um die 100 Kilometer Wü-
stenstrecke zu durchwandern, hätten die Plateosaurier zwei Nächte
benötigt, weil sie die für sie tödliche Tageshitze mieden. In der
Dunkelheit drohte ihnen aber Gefahr von den Schlammfallen. Die
Wanderzeit hatte Friedrich von Huene anhand eines relativ kleinen
Plateosauriers mit 1,30 Meter langen Hinterbeinen berechnet, mit
denen dieser einen Meter lange Schritte machte. In einer Minute
sollte das Tier durchschnittlich 120 Meter zurückgelegt haben. Hue-

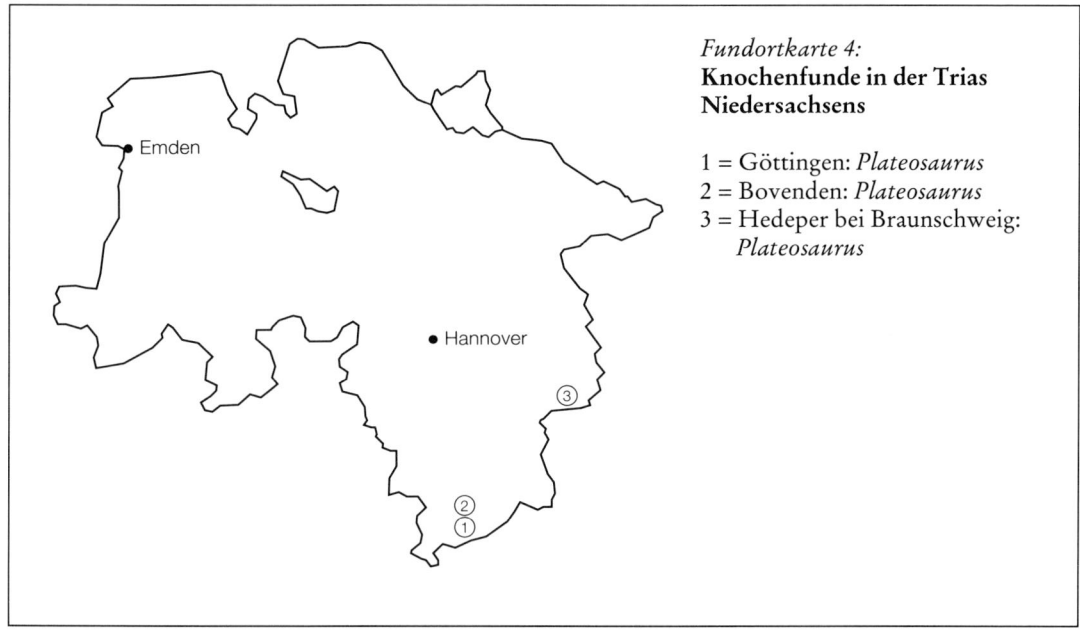

ne summierte diese Distanz zu 7,2 Kilometern in einer Stunde und zu 90 Kilometern in 12 Stunden. Eine derartige Wegstrecke wäre jedoch ein unglaublicher Gewaltmarsch gewesen, der viele Opfer gefordert hätte. Die Plateosaurier dürften sich diesen Anstrengungen kaum ausgesetzt haben.

1928 schilderte Friedrich von Huene in bildhafter Sprache seine Vorstellungen über den Tod der Plateosaurier:

»So sieht der lebhaft die Beobachtungen kombinierende Geist in der von parallelen roten Staubwehen bedeckten, trockenheißen Wüste unter sengender Sonne eine Horde aufrecht schnell dahinschreitender Plateosaurier nach Osten streben. Dort hebt sich am klaren Himmel in duftigem Blau die Linie des fernen Berglandes. Hoch ragen die Hälse der Tiere mit den kleinen Köpfen und den stechenden Augen. Sobald eine der niedrigen Staubwehen übersprungen werden muß, bewegen sich die Hälse taktmäßig vor- und rückwärts, wie etwa Hühner das beim Gehen tun, und die langen starken Schwänze schlagen in die Luft zur Erhaltung des Gleichgewichtes. Eine rötliche Staubwolke folgt der schnellen Schar. Andere Staubwolken da und dort lassen ähnliche Herden vermuten, die auch dem Gebirge zueilen. Auf einer dunklen, vor kurzem noch feuchten, niedrigen Fläche liegt ein frischer Kadaver eines gefallenen Plateosauriers und nicht weit davon ein halb verwehtes gebleichtes Skelett, aber da die letzte Herde darüber weggeschritten ist, sind manche der Knochen verschleppt und liegen zerstreut umher. Pflanzen fehlen dem fremdartigen Bild, nur wenige vertrocknete Pilze stehen am Rand der dunklen, ehemals feuchten Fläche mit dem Kadaver.«

Wissenschaftlich wollte Friedrich von Huene seine Theorie durch die Annahme kleiner Sanddünen untermauern, die in Trossingen fossil gefunden worden sein sollten, und durch den rückwärts ge-krümmten Hals mancher Skelette, der durch Austrocknung und Schrumpfung der Sehnen im Wüstenklima bedingt erschien.

Seine Vision von den wüstenwandernden Plateosauriern verkün-dete der Tübinger Paläontologe erstmals anläßlich einer in seiner Heimatstadt abgehaltenen Tagung der Paläontologischen Gesell-schaft. Was lag bei so einer Gelegenheit näher, als mit der damals versammelten Elite der internationalen Paläontologie einen Spazier-gang entlang der Grabungsstellen abzuhalten, deren Gesteine unter anderem die Plateosaurier Jahrmillionen beherbergt hatten? Die mit der Eisenbahn nach Trossingen angereisten Wissenschaftler hielten sich eineinhalb Stunden an der »Oberen Mühle« auf und ließen sich von Huene über den Ausgrabungsverlauf und die Präparation der Funde berichten. Friedrich von Huene wies bei dieser Gelegenheit auch darauf hin, daß ihn die Fundlage und -verteilung sehr an die der Büffelskelette erinnere, die er bei seinem Besuch im Mittleren We-sten Nordamerikas 1911 zu sehen bekommen hatte.

Huenes Darlegungen wurden abends im Schwenninger Lokal »Adler« heftig diskutiert. Wissenschaftler aus Schweden, Öster-reich, Ungarn und Deutschland beteiligten sich an der Diskussion über den rätselhaften Tod der Plateosaurier. Der ungarische Paläon-tologe Franz Baron von Nopsca (1877–1933) meinte, daß Schlamm-fallen nur in einer Steppe, nicht aber in einer Wüste vorkämen, und verglich die Plateosaurier mit Pferden, die er selbst im Ersten Welt-krieg in Albanien so sterben sah. Ein schwedischer Paläontologe warf ein, daß die Büffelskelette, die Friedrich von Huene zum Ver-gleich angeführt hatte, in Wirklichkeit von Tieren stammten, die von Zügen aus erschossen worden wären, und deswegen auf keinen Fall mit den Plateosaurierskeletten verglichen werden könnten. Der Österreicher Othenio Abel (1875–1946) argumentierte schließlich, daß die Plateosaurier nicht an Ort und Stelle gestorben seien, son-dern an den Fundort transportiert worden wären. Auf jeden Fall zeige die Diskussion vom Abend des 12. August 1922, daß die Vorstellungen von Huenes zur rätselhaften Todesursache der Plateosaurier keineswegs unumstritten waren.

Der nächste Wissenschaftler, der sich mit den Todesumständen der Plateosaurier befaßte und sie zu ergründen suchte, war Reinhold Seemann, der die letzten Trossinger Grabungen geleitet hatte. Seemann bestritt die Aussage von Huenes, daß die Knollenmergel vom Wind abgelagerte Sande seien, und schrieb ihnen eine Entstehung unter Beteiligung von Wasser zu. Die »Dünen«, die Huene gesehen haben wollte, waren in Wirklichkeit tektonische Deformationen. Auch Reinhold Seemann fiel auf, daß Schädel, Schultergürtel und Vordergliedmaßen der Dinosaurier im Vergleich zu den hinteren Körperteilen unterrepräsentiert waren. Die hinteren Skelettpartien waren auch noch viel häufiger im natürlichen Verband erhalten. Die meisten der gefundenen Knochen und die eher vollständigen Skelette lagen weniger in einer horizontalen Anordnung vor, wie sie bei Fossilfunden häufig vorkommt, sondern eher in einer dreidimensionalen Ausrichtung. Besonders bemerkenswert war auch, daß alle kompletten Skelette, einschließlich der Urschildkröten, mit der rechten Seite nach oben lagen. Reinhold Seemann entwickelte 1922 aus diesen geologischen und paläontologischen Befunden eine neue Theorie: Die Plateosaurier hatten sich in einer trockenen (ariden) Umgebung um die letzten Wasserlöcher versammelt, so wie man dies heute aus Afrika kennt, wo in der Trockenzeit in den kleinsten Pfützen Fische, Schildkröten und Krokodile überleben, während aus der weiteren Umgebung Elefanten, Löwen oder Gazellen zum Trinken herankommen. Ganz ähnlich sollte man sich nach Seemanns Interpretation die Situation in der deutschen Trias vorstellen. Die durstigen Plateosaurier drangen an den Rand der Wassertümpel vor und wagten sich, um ihren Durst zu löschen, immer weiter in den Schlamm; vielleicht wurden sie auch von nachdrängenden Tieren unfreiwillig dorthin geschoben? Plötzlich staken sie mit ihren Hinterbeinen fest. Nur die jüngsten und leichtesten Plateosaurier konnten sich wieder befreien, während die älteren Tiere auf den Hinterbeinen sitzend ihrem Schicksal – Verhungern und Verdursten – entgegensehen mußten.

Fast 50 Jahre beschäftigte sich danach niemand mehr mit dem Rätsel der Plateosaurier. Erst Anfang der achtziger Jahre wurde neues Interesse signalisiert: In Tübingen fand ein internationales Paläontologen-Treffen statt, und dort begannen jüngere Wissenschaftler aus dem englischsprachigen Raum, sich für dieses Thema zu interessieren. David B. Weishampel von der Universität in Baltimore veröffentlichte 1984 eine Analyse der Trossinger Funde, wobei er es bemerkenswert fand, daß die Plateosaurierskelette innerhalb eines Abstandes von 10 Metern in zwei voneinander getrennten Schichten gefunden worden waren. Die rotgefärbte »untere Knochenschicht« ist etwa 2 Meter dick, innerhalb des oberen Meters wurden in ihr bis zu 50 Plateosaurierindividuen entdeckt! Eine 30 Zentimeter bis 2,20 Meter mächtige Schicht trennt die untere von der »oberen Knochenschicht«. Ihr dunkelrot und grünlich gefärbter Knollenmergel enthält nicht annähernd so viele vollständige Skelette wie die darunterliegende Schicht. David Weishampel untersuchte, welches Alter die Tiere hatten, die in den voneinander getrennten Schichten abgelagert worden waren. Er kam zu der Überzeugung, daß in der »unteren Knochenschicht« eine Katastrophe stattgefunden haben mußte; ein gewaltiger Schlammstrom hatte Plateosaurier gleichen Alters mit sich gerissen! Anders dagegen in der »oberen Knochenschicht«. Hier schien ein ganz normales Sterben der Plateosaurier ohne äußere Einflüsse vor sich gegangen zu sein.

Um herauszufinden, wie alt die Trossinger Plateosaurier waren, orientierte sich Dr. Weishampel am Oberschenkelknochen (Femur). An diesem fast immer vorhandenen Teil des Skeletts ließ sich nicht nur die absolute Größe messen, sondern auch andere anatomische Landmarken, die im Zusammenhang mit der Muskel- und Sehnenbefestigung stehen. Der kleinste Oberschenkelknochen war 55,3 Zentimeter lang. Tiere, die unter diesem Wert lagen, waren wohl jugendliche Exemplare. Die größten Oberschenkelknochen gehörten zu den alten und wahrscheinlich ausgewachsenen Individuen. In der »oberen Knochenschicht« von Trossingen wurden Oberschenkelknochen von einem Meter Länge entdeckt, und auch Otto Jaekel erwähnt aus Halberstadt unter der Bezeichnung »Fund 18« einen solch meterlangen Oberschenkel, der zweifellos von einem »Plateosaurierbullen« oder einer »Plateosaurierkuh« stamme. Die Messungen von Dr. Weishampel führten zu einem überraschenden Ergebnis: Es stellten sich auffällige Unterschiede heraus. Hatte es in Trossingen also doch zwei Plateosaurierarten gegeben und nicht nur *Plateosaurus engelhardti?*[4] Der amerikanische Wissenschaftler hält dies eher für unwahrscheinlich. Er sieht in den Unterschieden vielmehr einen Hinweis auf die Geschlechtszugehörigkeit der Plateosaurier. Eine Konsequenz aus dieser Erkenntnis wäre dann aber, daß sich männliche und weibliche Tiere möglicherweise in unterschiedlicher Art fortbewegt haben müssen, denn dies legen die anatomischen Befunde nahe! Erst weitere und umfangreichere Messungen werden dieses unter den Paläontologen umstrittene, aber interessante Phänomen interpretieren können.

In den letzten Jahren hat sich gezeigt, daß die Diskussionen über die Hintergründe des Plateosauriersterbens nach wie vor kontrovers geführt werden. Dr. Rupert Wild vom Stuttgarter Naturkundemuseum nimmt dabei eine andere Stellung ein als etwa der in Bonn arbeitende Paläontologe Dr. Martin Sander. Wild schreibt 1987, daß die Plateosaurier von einem im Keuper im Südosten gelegenen Hochland in die Ebene bei Trossingen gespült worden seien. Dr. Wild, der als der beste Kenner der südwestdeutschen fossilen Reptilienfunde gilt, befindet sich damit im Einklang mit Schweizer Fachkollegen, die Plateosaurierfunde aus der Ortschaft Frick östlich von Zürich bearbeitet haben. Auch sie sehen das im Nor im Bereich der heutigen schwäbisch-bayerischen Hochebene sich bis nach Böhmen erstreckende sogenannte »Vindelizische Land« als Heimat der Plateosaurier an. Nach Rupert Wilds Überzeugung beweisen geologische Befunde, daß eine riesige Überflutung, beinahe eine »triassische Sintflut«, im Mittleren Keuper im Stubensandstein Kadaver von Urschildkröten und Plateosauriern mit sich gerissen und sie in einem großen Binnensee im Trossinger und Nordschweizer Bereich abgelagert hatte.

Zu einem anderen Schluß kommt Dr. Sander 1991 in einer Untersuchung, in der er drei Plateosaurierfundstellen, zwei in Deutschland (Trossingen und Halberstadt) und eine in der Schweiz (Frick), miteinander vergleicht. Die drei Fundstellen haben gemeinsam, daß sich auf ihnen, verstreut auf vielen tausend Quadratmetern, zahlreiche komplette und unvollständige Plateosaurierreste abgelagert haben. Dr. Sander nennt sie »Plateosaurierknochenlager« (Bonebeds). Die Tatsache, daß viele der Skelette in einer aufrechten Position gefunden wurden, sieht Martin P. Sander als Beweis dafür an, daß die Skelette nach dem Tod der Plateosaurier nicht weiter verfrachtet wurden, sondern die Trias-Riesen an Ort und Stelle starben.

Der Bonner Wissenschaftler griff dabei wieder auf die Theorie von den Schlammfallen zurück. Flache Untiefen, mit Schlamm gefüllt, hätten gereicht, die Tiere festzuhalten, da die Plateosaurier die schwersten Tiere ihrer Zeit waren.

Als die Tiere im Schlamm versanken, wurden sie von kleinen,

Fundortkarte 5:
Knochenfunde in Thüringen

1 = Großer Gleichberg südlich
 Hildburghausen: *Plateosaurus*
 und *Liliensternus*
2 = Dillstädt bei Themar, nordwestlich Hildburghausen:
 Avipes
3 = Mögliche neue Fundstelle bei
 Wandersleben

wendigen Fleischfressern (Theropoden) angegriffen, die sich wegen ihres geringeren Gewichtes auf eine angehärtete Schlammoberfläche wagen konnten. Dort konnten sie abwarten, bis die Plateosaurier so entkräftet waren, daß sie mit ihren Daumenkrallen den Gelegenheitsräubern nicht mehr gefährlich werden konnten. Beim Anfressen der Plateosaurier fielen den Theropoden Zähne aus, und in der Tat fanden sich sowohl in Halberstadt als auch im schweizerischen Frick ihre gesägten Fleischfresserzähne. Martin P. Sander erwähnt auch einen solchen Zahn aus Trossingen, der von den räuberischen Dinosauriern *Liliensternus* oder *Halticosaurus* stammen könnte. Auch die Tatsache, daß von den Plateosauriern überwiegend hintere Skelettteile erhalten geblieben sind, ist für Martin P. Sander erklärlich: Demnach waren Oberkörper und Schädel von den Raubdinosauriern abgefressen worden, als die mächtigen Pflanzenfresser hilflos auf den Hinterbeinen in ihren Schlammfallen hockten. Ganz junge Tiere fehlten in den »Plateosaurierfriedhöfen«, weil sie nicht wie die erwachsenen Tiere im Schlamm versunken waren, da der Druck ihres Körpergewichtes auf die Hinterfüße noch nicht so groß war. Sander berechnete, daß ein 8 Meter langer Plateosaurier etwa 2,2 Tonnen wog. Auf den Flächen seiner beiden Hinterfüße – zusammengerechnet 1344 Quadratzentimeter – lastete ein Gewichtsdruck von 162 Kilo-Newton pro Quadratmeter. Ein Gewicht, welches das eines Elefanten oder gar des gewaltigen Fleischfressers *Tyrannosaurus* übertraf. Die erwachsenen Plateosaurier mußten deshalb fast zwangsläufig nach Sanders Theorie in den ausgedehnten Schlammbereichen versinken.

Beide Hypothesen, welche die Massenfunde an bestimmten Orten erklären wollen, können überzeugende Argumente vorweisen.

Eine endgültige Klärung der Frage nach dem rätselhaften Tod der Plateosaurier wird aber – so scheint es zumindest vom heutigen Standpunkt aus betrachtet – noch einige Wissenschaftlergenerationen beschäftigen.

Liliensternus und *Halticosaurus*: Gefährliche Räuber der Triaszeit

Eigentlich hätte in der Triaszeit das Leben für alle pflanzenfressenden Tiere paradiesisch verlaufen können: In einem warmen Klima lieferten üppig wuchernde Schachtelhalmfelder und andere Pflanzen reichlich Nahrung. Doch wie heute sahen sich auch damals die Pflanzenfresser mit ihren ökologischen Gegenspielern, den Fleischfressern, konfrontiert. Wie moderne Beutegreifer spielten diese meist die Rolle einer »Gesundheitspolizei«, indem sie kranke und alte Tiere fingen und gestorbene Tiere verzehrten.

Dies gilt auch für die am besten bekannten, größeren Fleischfresser, die in der Oberen Trias Deutschlands in Württemberg und Thüringen gelebt haben.

Die Entdeckungsgeschichte der obertriassischen Raubdinosaurier begann einmal mehr mit Friedrich von Huene, der 1908 aus dem Stubensandstein (Mittleres Nor) des Stromberges bei Pfaffenhofen den ersten dieser Räuber als *Halticosaurus longotarsus* bekanntmachte.

Die »flinke Springechse mit den langen Fußwurzelknochen« sollte, wie der wissenschaftliche Name suggeriert, ein behender, ja sogar springender Dinosaurier gewesen sein. Diese Einschätzung leitete Friedrich von Huene von den wenigen Knochen ab, die von *Halticosaurus longotarsus* gesammelt worden waren: Wirbel vom Hals, Rücken, Becken und Schwanz, dazu Teile seiner Oberarmknochen, des Sitzbeines und des Unterkiefers. Dieser erste Fund von *Halticosaurus* bereitet den Paläontologen Kopfzerbrechen, da manche Knochen, wie die sehr langen und schlanken Mittelfußknochen, Eigenschaften von Theropoden zeigen, die Struktur des Darmbeines und der Wirbel jedoch eher Prosauropodenmerkmale aufweisen.

Doch schon 1921 wurde in den roten Mergeln und sehr feinkörnig grünem, tonigem Sandstein des Steinbruches Burrer auf dem Strom-

Der Schädel von *Halticosaurus orbito-angulatus,* in einigen Knochenpartien von Friedrich von Huene ergänzt.

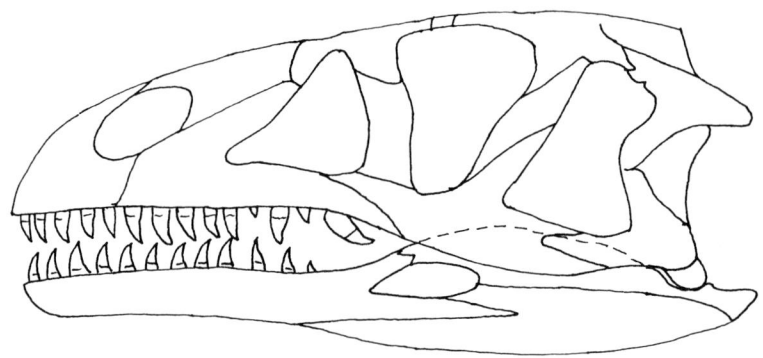

Gegenüberliegende Seite: Ein Schädel von *Halticosaurus orbito-angulatus,* der in seine Einzelteile zerfallen ist (links unten erkennt man einen Unterkieferast); daraus rekonstruierte Friedrich von Huene den Schädel, der in der Zeichnung auf dieser Seite oben dargestellt ist.

berg erneut ein Theropodenrest gefunden, diesmal ein ziemlich verdrückter Schädel samt Unterkiefer und Zähnen. Obwohl sich die meisten Einzelelemente dieses Schädels nicht mehr in ihrer natürlichen Lage befanden, bemühte sich Friedrich von Huene um eine Rekonstruktion des gesamten Schädels. Huene stufte den neuen Fund als eine weitere Art ein, die er *Halticosaurus orbitoangulatus* nannte. Dieses Tier war deutlich größer als *Halticosaurus longotarsus.*

Aber nicht nur aus Württemberg kam die Kunde von fleischfressenden Dinosauriern: Im gleichen Jahr konnte Huene *Halticosaurus longotarsus* auch aus Sachsen-Anhalt melden. Bei den Halberstadter Plateosauriergrabungen waren Rücken- und Schwanzwirbel, der untere Teil eines Darmbeins sowie ein rechtes Oberschenkelfragment aufgesammelt worden. Damit war klar, daß auch in der Trias Sachsen-Anhalts Plateosaurier und Urschildkröten sich vor den scharfen Zähnen hungriger Fleischfresser in acht nehmen mußten. Eingeschwemmt in den Panzer einer *Proganochelys*-Urschildkröte fand Otto Jaekel sogar den Wirbelknochen eines größeren Theropoden, dem er zwar den Namen »*Pterospondylus trielbae*« gab, der aber nach heutiger Einschätzung zu *Halticosaurus* gehören könnte.

Mitten im Winter 1932/33 bekamen die württembergisch-sächsischen Fleischfresser Verstärkung aus Thüringen. In der Nähe des kleinen Ortes Bedheim (nahe bei Hildburghausen, im heutigen Regierungsbezirk Suhl) fand der Amateurpaläontologe und Bedheimer Stabsarzt Hugo Rühle von Lilienstern auf dem Großen Gleichberg nicht nur Plateosaurier, sondern auch zwei unvollständige Theropodenskelette. Rühle von Lilienstern, der am 9. Juli 1882 in Bedheim geboren wurde, dort dann als Arzt arbeitete und 1946 in Kriegsgefangenschaft umkam, setzte mit dieser Entdeckung sein Finderglück

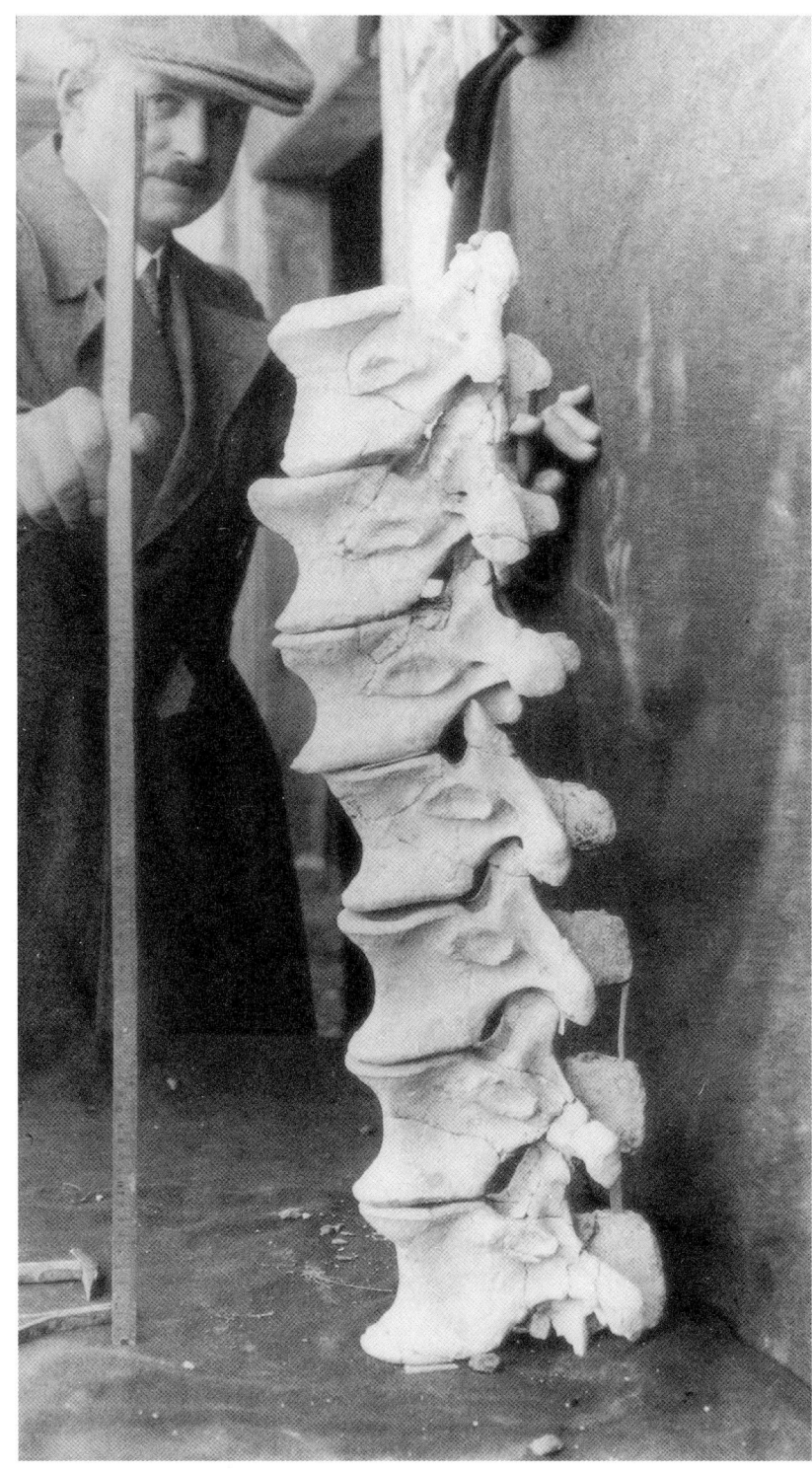

Hugo Rühle von Lilienstern, Arzt und Amateurpaläontologe aus Bedheim, mit der Wirbelsäule eines *Plateosaurus,* den er zusammen mit *Liliensternus* am Großen Gleichberg 1932/33 entdeckte.

Eine mittlerweile historische Aufnahme: An der Wand von Schloß Bedheim in Thüringen wird im Paläontologischen Heimatmuseum Bedheim ein zusammengesetztes und teilweise ergänztes Skelett des Raubdinosauriers *Liliensternus liliensterni* ausgestellt.

fort, mit dessen Hilfe er bereits in den Jahren zuvor zahlreiche fossile Fährten des Handtieres *Chirotherium* entdeckt hatte.

Er übergab die zwei fast gleichgroßen Skelette dem Geologisch-Paläontologischen Museum in Berlin, wo sie Friedrich von Huene bearbeitete. Schon 1934 veröffentlichte Huene die Ergebnisse und wagte es sogar, nicht nur den Schädel, sondern sogar das gesamte Tier zu rekonstruieren. Um den Finder zu ehren, nannte Huene den Bedheimer Theropoden *Halticosaurus liliensterni* (»Liliensterns Sprungechse«). Zu den beiden *Halticosaurus*-Arten war somit eine dritte Art gekommen. Beide Exemplare vom Großen Gleichberg waren noch nicht ganz ausgewachsen, als sie starben. Bei einem der Tiere bemerkte Huene, daß zu Lebzeiten ein Teil des Sitzbeinknochens (Ischium) gebrochen und wieder verheilt war. In dem 41 Zentimeter langen Schädel fanden sich scharfe und rückwärts gekrümmte Zähne mit feingezähnelten Schneidekanten, die hervorragend zum Abreißen großer Fleischbrocken geeignet waren. Beim Beutefang halfen dem Bedheimer Theropoden auch die relativ langen Arme, an denen gekrümmte Krallen saßen. Wahrscheinlich hatte

Halticosaurus liliensterni noch fünf Finger, womit er zu den sehr primitiven Theropoden gehören würde. Spätere Theropoden wie *Allosaurus* aus dem Jura reduzierten ihre Fingerzahl auf drei, und der kreidezeitliche *Tyrannosaurus* besaß sogar nur noch zwei Finger.

Die beiden Skelette wurden schließlich zu einem einzigen zusammengesetzt, wobei man fehlende Teile ergänzte. Nach der Eröffnung am 1. August 1934 bildete dieses kombinierte Skelett eines der Glanzstücke des von Rühle von Lilienstern gegründeten »Paläontologischen Heimatmuseums Bedheim«, wo es in »Bauchlage« an der Wand des Schlosses zu sehen war. Nach der Auflösung des Heimatmuseums gelangten die Skelette in das Naturkundemuseum der Berliner Humboldt-Universität, wo sie derzeit neu präpariert werden.

Um die Theropoden vom Großen Gleichberg war es lange Zeit ruhig. Erst 1984 beschäftigte sich der amerikanische Paläontologe Samuel Welles ausführlich mit *Halticosaurus longotarsus, H. orbitoangulatus* und *H. liliensterni,* deren Skelette er mit einem neuen Raubdinosaurier aus Arizona namens *Dilophosaurus* (»Doppelkammechse«) verglich. Dabei stellte sich heraus, daß sich *Halticosaurus liliensterni* in mehreren Merkmalen von den südwestdeutschen Formen unterschied, weshalb ihn Welles in *Liliensternus liliensterni* umbenannte; unter diesem Namen wird er seither geführt.

Zu dieser neuen Gattung *Liliensternus* gehörte wohl auch ein ursprünglich nahezu vollständiges Skelett, das in Halberstadt wenige Jahre vor Schließung der Ausgrabungsstätte gefunden, aus unerfindlichen Gründen aber nicht geborgen worden war. Der Münchner Paläontologe Oskar Kuhn konnte 1938 nur noch Bruchstücke von Wirbelknochen, Mittelfuß- und Fingerknochen wissenschaftlich bearbeiten.

Auch spätere Untersuchungen brachten weitere Hinweise auf *Liliensternus* in Halberstadt. Als der in Bonn arbeitende Paläontologe Martin Sander in den letzten Jahren die Knochenlager der Plateosaurier erneut analysierte, fielen ihm auch isolierte Zähne auf, die von Raubdinosauriern stammen mußten. Erste Hinweise auf deren Existenz hatte Otto Jaekel schon 1914 gegeben, als er fast beiläufig erwähnte, daß einige der Halberstadter *Plateosaurus*-Skelette von abgebrochenen Zahnkronen von Raubdinosauriern umgeben waren, die den Theropoden offensichtlich ausgefallen waren, als sie sich an den Fleischbergen der toten Pflanzenfresser gelabt hatten. Otto Jaekel hielt es sogar für möglich, daß die Räuber dank ihrer

wehrhaften Krallen und tödlichen Zahnreihen Plateosaurier in Schlammfallen jagen konnten. So kräftig war *Liliensternus* allerdings nicht gebaut, außerdem war er mehr als die Hälfte kleiner als die erwachsenen Plateosaurier und hatte vor ihren mächtigen Schwänzen und den spitzen Daumenkrallen sicher Respekt. Aber vielleicht gerieten manche Tiere einer Plateosaurierherde in Panik, und es entwickelte sich eine ungesteuerte »Stampede«?

Auch die Trossinger Plateosaurier sind nicht von Fleischfressern verschont geblieben, die nach Martin Sanders Meinung ebenfalls zur Gattung *Liliensternus* gehörten. 1942 konnte bei der Präparation des Plateosaurierfundes Nr. 65 ein Zahn entdeckt werden, der ganz anders aussah als die der Pflanzenfresser und mit dem Etikett »*Pachysaurus*« im Magazin des Stuttgarter Naturkundemuseums separat aufbewahrt wurde. Martin Sander sah, daß dem Zahn zwar die Spitze fehlte, aber an seiner Vorder- und Hinterkante ließen sich feine Zähnelungen erkennen, wie sie für Fleischfresser typisch sind: An der vorderen Schnittkante finden sich pro 2 Millimeter siebeneinhalb, an der Rückkante neun solcher feinen Einkerbungen. Da dem Zahn die Wurzel fehlt, ist er dem Raubdinosaurier zu Lebzeiten ausgefallen, vielleicht, als er besonders heftig an der zähen Sehne eines Plateosauriers zerrte? Da dem Räuber dauernd neue Zähne nachwuchsen, die die Position der ausgefallenen einnahmen, konnte er den Verlust leicht verschmerzen.

Erst vor wenigen Jahren wurde den Paläontologen klar, daß *Liliensternus* zusammen mit anderen Raubdinosauriern aus Südafrika, Nordamerika und anderen Ländern in einer Gruppe zusammengefaßt werden kann, die als »Ceratosauria« (»Horndinosaurier«) bezeichnet wird. Dieser Name leitet sich von dem Raubdinosaurier *Ceratosaurus nasicornis* ab, der sich von allen anderen Ceratosauriern durch ein Nasenhorn unterscheidet. Fast alle Ceratosaurier besaßen im vorderen Bereich des Oberkiefers einen Einschnitt in der Schnauze, und mindestens drei Arten zeigten einen seltsamen Kopfschmuck in Form von ein oder zwei dünnen Knochenkämmen, die über den Augen verliefen. Ob *Liliensternus* ebenfalls durch derartige Kopfauswüchse gekennzeichnet war, wissen wir nicht, es ist aber durchaus denkbar. Die Ceratosaurier scheinen in der Oberen Trias und im Unteren Jura eine erfolgreiche und weitverbreitete Theropodengruppe gewesen zu sein, da man zahlreiche Reste von ihnen kennt. Auffällig ist, daß von den Ceratosauriern *Coelophysis* (Nordamerika) und *Syntarsus* (Südafrika, Nordameri-

Tabelle 6: **Die Funde von** *Halticosaurus* **und** *Liliensternus* **in Deutschland**

Fundort	*Halticosaurus*	*Liliensternus*
Trossingen	—	*Liliensternus liliensterni* (Zahn)
Stromberg	*Halticosaurus orbitoangulatus* (Schädel)	—
	Halticosaurus longotarsus (Körperskelett)	
Halberstadt	*Halticosaurus longotarsus* (Körperskelett)	*Liliensternus liliensterni* (Wirbel, Zahn, Gliedmaßen- knochen)
Großer Gleich- berg	—	*Liliensternus liliensterni* (zwei unvollständige Skelette)

ka) jeweils viele Individuen an einer Stelle gefunden worden sind. Dies kann zwei Gründe haben: Entweder wurden die Skelette durch Bäche oder Flüsse angehäuft, oder eine Herde von ihnen starb an Ort und Stelle. Letzteres würde bedeuten, daß zumindest manche Ceratosaurier in Herden gejagt haben. Auch von *Liliensternus* wurden, wie schon gesagt, zwei halberwachsene Exemplare zusammen gefunden. Warum sind sie zusammen gestorben? Kamen sie zufällig in der Todesstunde zusammen, oder jagten sie gemeinsam? Eine weitere Besonderheit der Ceratosaurier, die sich aufgrund des umfangreichen Skelettmaterials in den letzten Jahren herauskristallisieren ließ, zeigt sich darin, daß Individuen mit unterschiedlichem Körperbau existierten, der nicht altersmäßig bedingt war: Es gab die »kräftige Form« mit verhältnismäßig langem Hals und Schädel, kräftigen

Gliedmaßen und mächtig entwickelten Muskeln und daneben eine »zarte Form« mit relativ kurzem Hals und Schädel und schlanken Gliedmaßen, die nicht so starke Muskeln hatten. Eine Erklärung für diese deutlichen Differenzen im Körperbau wäre, daß sich darin die zwei Geschlechter manifestieren. Welche Form nun jeweils Weibchen und Männchen bei den Ceratosauriern waren, ist kaum zu entscheiden, denn auch bei heutigen Reptilien ist dies nicht einheitlich: Während bei Eidechsen, Krokodilen und Brückenechsen das Männchen größer als das Weibchen ist, ist dies bei Schildkröten umgekehrt. Die beiden Skelette von *Liliensternus* sind leider zu unvollständig erhalten, um sie in »grazile« und »kräftige« Typen zu unterteilen.

Daß sich jugendliche Ceratosaurier selbst vor erwachsenen Tieren der eigenen Art in acht nehmen mußten, zeigen zwei Skelette des Ceratosauriers *Coelophysis* aus Arizona, in denen – an der Stelle, wo sich der Magen befunden haben muß – Knochen von Jungtieren entdeckt wurden, die wohl einem kannibalischen Akt der Alttiere zum Opfer gefallen waren.

Mit etwa 3 bis 3,50 Meter Länge hatten die beiden *Liliensternus*-Exemplare vom Großen Gleichberg noch nicht ihre endgültige Größe erreicht, die etwa bei 4 bis 5 Metern gelegen haben dürfte. Ein erwachsener *Liliensternus* mag seinen Kopf etwa in 1,80 Meter Höhe getragen und ca. 125 bis 140 Kilogramm auf die Waage gebracht haben.

Bis heute sind diese beiden *Liliensternus*-Exemplare die vollständigsten Skelette von den größeren Raubdinosauriern aus Deutschland überhaupt geblieben. Knochen, die zu *Halticosaurus* gehören, sind 1967 aus der Normandie beschrieben worden. 1986 wurde aus der Trias von Texas ein sehr bruchstückhaftes Dinosaurierskelett vorgestellt, dessen Einzelknochen sehr denen von *Liliensternus* gleichen, aber zu einem Individuum gehören, das um ein Drittel größer war als die deutschen Vertreter von *Liliensternus,* also etwa 6 bis 7 Meter Gesamtlänge hatte. Damit erreichten manche der sonst eher kleinbleibenden triassischen Ceratosaurier schon zu so einem frühen Zeitpunkt Ausmaße, wie sie erst in Jura und Kreide von den großen Raubdinosauriern (Carnosaurier) erreicht wurden.

Procompsognathus: Zwei Köpfe und eine geheimnisvolle Hand

Der Stuttgarter Paläontologe Eberhard Fraas hatte sich den Namen, mit dem er das Dinosaurierskelett belegen wollte, das im Frühjahr 1909 im fundträchtigen Steinbruch Burrer am Nordhang des Strombergs entdeckt worden war, sorgsam überlegt. Denn bei der Untersuchung war ihm aufgefallen, daß manche Merkmale am Skelett verblüffende Übereinstimmungen mit dem aus Bayern bekannten *Compsognathus* zeigten, der 1858 im Gebiet nördlich von Kelheim gefunden worden war. Vor allem die Struktur der Mittelfußknochen, aber auch die Form der Wirbel stimmte so auffällig mit dem ebenso kleinen Jura-Dinosaurier überein, daß Fraas nicht umhin konnte, ihm einen Namen zu verleihen, der darauf Bezug nahm. 1913 gab Eberhard Fraas auf einer Tagung in Stuttgart die wissenschaftliche Bezeichnung des Stromberg-Fundes bekannt: *Procompsognathus triassicus* (»Der aus der Triaszeit stammende Vorläufer von *Compsognathus*«). Damit hatte er den Dinosaurier, den er auf lediglich 75 Zentimeter Gesamtlänge schätzte, als direkten Vorläufer des fast 70 Millionen Jahre jüngeren bayerischen Raubdinosauriers eingeführt.

Diese stammesgeschichtliche Verbindung der beiden kleinsten Dinosaurier aus Deutschland, die Fraas geschaffen hatte, wurde später immer wieder angezweifelt. Doch erst 1981 unterzog der an der Yale Universität, New Haven, im US-Bundesstaat Connecticut arbeitende Paläontologe John H. Ostrom *Procompsognathus* einer gründlichen Überprüfung. Da er erst drei Jahre zuvor eine moderne Bearbeitung von *Compsognathus* vorgelegt hatte, war er für diese Arbeit besonders kompetent.

Anders als der spätere jurassische *Compsognathus* befindet sich *Procompsognathus* nicht auf nur einer einzigen Steinplatte, sein Skelett teilt sich vielmehr auf drei verschiedene Gesteinsblöcke auf. Einer zeigt einen Schädel von nur 6 bis 7 Zentimeter Länge, der durch das Gewicht der Gesteinsschichten, zwischen denen er Jahrmillionen gelegen hatte, sowohl von oben als auch von unten so verdrückt ist, daß er nur noch die Hälfte seiner ursprünglichen Höhe besitzt. Als John Ostrom versuchte, den Schädel so zu rekonstruieren, wie er wirklich ausgesehen haben könnte, stieß er auf eine sehr lange und schmale Schnauze, ganz ähnlich derjenigen des zeitgleich in der

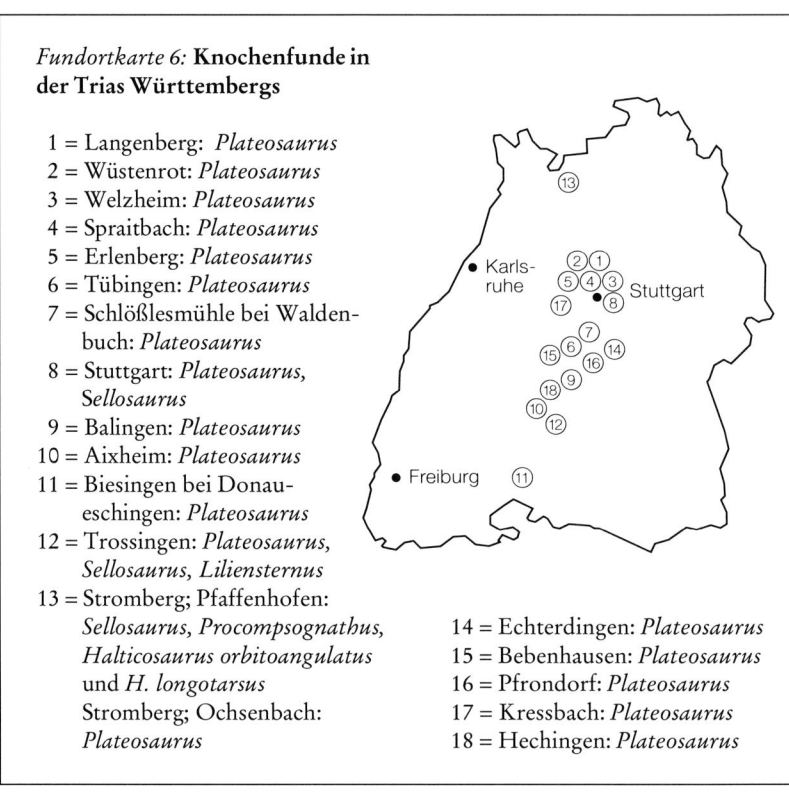

Fundortkarte 6: **Knochenfunde in der Trias Württembergs**

1 = Langenberg: *Plateosaurus*
2 = Wüstenrot: *Plateosaurus*
3 = Welzheim: *Plateosaurus*
4 = Spraitbach: *Plateosaurus*
5 = Erlenberg: *Plateosaurus*
6 = Tübingen: *Plateosaurus*
7 = Schlößlesmühle bei Waldenbuch: *Plateosaurus*
8 = Stuttgart: *Plateosaurus, Sellosaurus*
9 = Balingen: *Plateosaurus*
10 = Aixheim: *Plateosaurus*
11 = Biesingen bei Donaueschingen: *Plateosaurus*
12 = Trossingen: *Plateosaurus, Sellosaurus, Liliensternus*
13 = Stromberg; Pfaffenhofen: *Sellosaurus, Procompsognathus, Halticosaurus orbitoangulatus* und *H. longotarsus* Stromberg; Ochsenbach: *Plateosaurus*

14 = Echterdingen: *Plateosaurus*
15 = Bebenhausen: *Plateosaurus*
16 = Pfrondorf: *Plateosaurus*
17 = Kressbach: *Plateosaurus*
18 = Hechingen: *Plateosaurus*

Gegenüberliegende Seite:

Oben: Arm des kleinen Raubdinosauriers *Procompsognathus triassicus* aus dem Stromberg.

Unten: Der »Weiße Steinbruch« im Stromberg (Nordwürttemberg) – eine der ergiebigsten Fundstellen Deutschlands für Trias-Dinosaurier. Von hier stammt auch *Procompsognathus.*

nordamerikanischen Trias lebenden *Coelophysis* (»Hohle Gestalt«). Diesem mehrfach größeren Theropoden glich *Procompsognathus* nach Meinung des kalifornischen Paläontologen Kevin Padian so, daß er beide für fast ununterscheidbar hielt. John Ostrom teilte diese Meinung nicht, weil die Beckenknochen von *Procompsognathus* ganz anders gebaut waren als die aller anderen Theropoden; die breiten Hüften von *Procompsognathus* weisen ihn sogar als den primitivsten Raubdinosaurier aus, den man bis heute weltweit kennt, da alle anderen Arten wesentlich schmalere Hüftknochen besitzen. Wenn *Procompsognathus* auf den Hinterbeinen stand, befanden sich seine Hüften in der geringen Höhe von nur 26 Zentimetern.

Die Füße von *Procompsognathus* tragen Krallen, die relativ kurz und weit weniger gebogen sind als bei anderen Raubdinosauriern, also wenig geeignet erscheinen, Beute zu greifen und festzuhalten. John Ostrom wies darauf hin, daß diese Füße trotz aller Vogelähnlichkeit weniger zum Zupacken gedacht waren als die heutiger Sperlingsvögel, die damit weit besser etwas festhalten können. Weil Fuß- und Mittelfußknochen von *Procompsognathus* sehr vogelähnlich

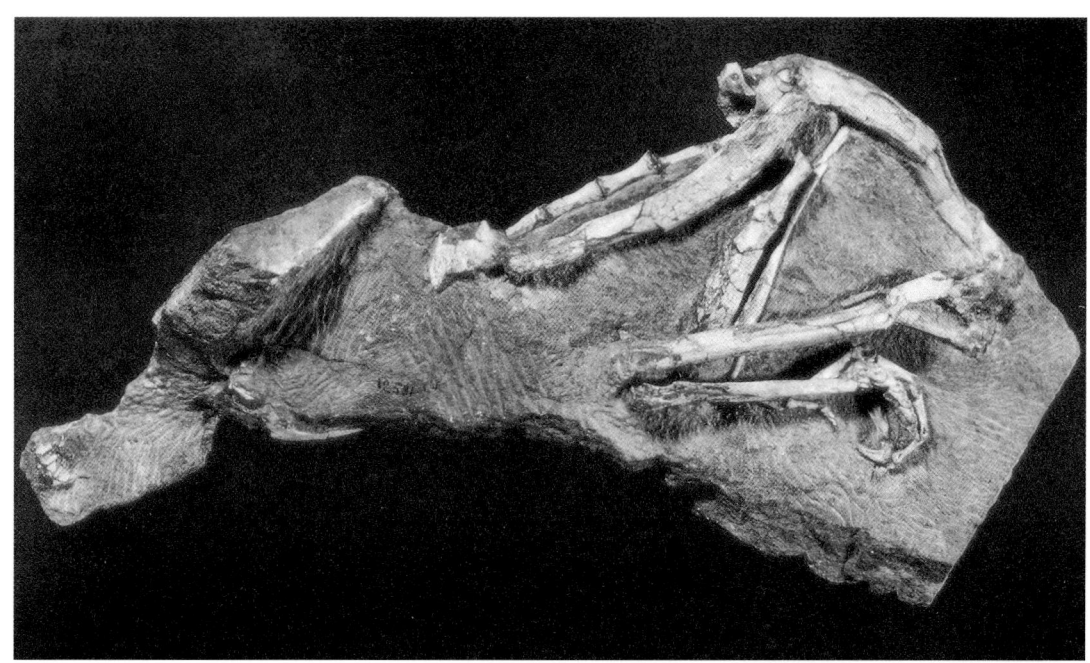

erscheinen und auch denen von *Compsognathus* ähneln – nur die Zehen sind etwas kürzer –, stellte John Ostrom fest, daß der Name des Tieres, den Eberhard Fraas gewählt hatte, zwar berechtigt war, daß *Compsognathus* andererseits aber doch in vielen Details ganz anders ist.

Damit wird durch den Namen *Procompsognathus* (»Vor-Zartkiefer«) ein falscher verwandtschaftlicher Zusammenhang zwischen beiden Dinosauriern vorgetäuscht, der nicht vorhanden ist. Mit anderen Worten: *Procompsognathus* und *Compsognathus* sind nicht miteinander verwandt.

In einem etwas merkwürdigen Zusammenhang mit den beiden Gesteinsblöcken, in denen sich der Schädel beziehungsweise die hintere Körperhälfte befinden, stand von jeher ein weiterer Block, der einen anderen Schädel und eine Hand enthält. Von Anfang an war angenommen worden, daß beide Teile ebenfalls zu *Procompsognathus* gehörten.

Der zweite Schädel, dem die Schnauzenspitze und der hintere Kopfbereich fehlen, ist doppelt so groß wie der flachgedrückte erste Schädel. Im Oberkiefer stecken 15 rückwärts gekrümmte, messerartig gesägte Zähne, die sich in der generellen Form zwar ähneln, aber von verschiedenartiger Größe sind und in scharfen Spitzen enden. John Ostrom meinte, daß dieser Schädel eindeutig nicht zu *Procompsognathus* gehöre, sondern zu einem anderen Tier. In einem weiteren Bruchstück des dritten Blocks liegt eine linke Hand, die 1909 am gleichen Ort gefunden wurde und die John Ostrom wegen ihrer Größe ebenfalls nicht dem kleinen Dinosaurier zurechnete.

Die Skepsis, mit der der amerikanische Paläontologe den zweiten Schädel und die geheimnisvolle Hand behandelt hatte, sollte sich im nachhinein als richtig erweisen. In einer neuen Untersuchung, die Paul C. Sereno aus Chicago und Rupert Wild 1992 veröffentlichten, nimmt der *»Fall Procompsognathus«* eine weitere, unerwartete Wendung.

Die Fauna des Strombergs bei Pfaffenhofen in Nordwürttemberg, in dessen Steinbrüchen Prosauropoden wie *Sellosaurus* und die Theropoden *Procompsognathus* und *Halticosaurus* gefunden wurden, beinhaltet noch ein weiteres Reptil, das nicht den Dinosauriern angehört: *Saltoposuchus connectens* lief genau wie die Theropoden zumindest zeitweise auf den Hinterbeinen. Bisher waren von ihm nur wenige Skeletteile gefunden worden, darunter Knochenplatten einer Panzerung, die er auf dem Rücken trug. Mit *Procompsognathus* teilte *Saltoposuchus* (»Sprungfußkrokodil«) aber nicht nur die gerin-

ge Körpergröße von wenig mehr als einem Meter, sondern auch den grazilen Körperbau.

Interessanterweise gehört *Saltoposuchus* in eine Reptilgruppe, die Sphenosuchia, die in enger Verwandtschaft zu den Krokodilen stehen, ja trotz ihrer zweibeinigen Fortbewegungsweise sogar bisweilen als die direkten Ahnen aller Krokodile galten. Dies ist allerdings nicht mehr sicher, denn vielleicht waren die landbewohnenden Sphenosuchier wie *Saltoposuchus* oder der aus England stammende *Terrestrisuchus* ein später aussterbender Seitenzweig der krokodilverwandten Reptilien. Tatsache ist aber, daß diese Tiere eine erstaunliche Ähnlichkeit mit kleinen theropoden Dinosauriern hatten und mit diesen wohl auch in direkter Nahrungskonkurrenz standen.

Paul C. Sereneo und Rupert Wild konnten mit ihrer aktuellen Untersuchung nun beweisen, daß mit *Procompsognathus*, so wie er bisher angesehen wurde, eine »Chimäre« vorliegt – ein Fabelwesen, das aus Teilen mehrerer Tiere zusammengesetzt ist, wie der Pegasus der griechischen Sagenwelt mit Pferdekörper und Adlerflügeln. Durch das Auseinanderdividieren der einzelnen Skelettpartien blieb für *Procompsognathus* nur noch der Bereich des hinteren Körpers übrig, die Vorderarme und die zwei Schädel aber gehören in Wirklichkeit zu dem Laufkrokodil *Saltoposuchus connectens*.

Hinterfußabdruck eines kleinen Raubdinosauriers, der dem Abdruck von *Procompsognathus* stark ähnelte. Die Platte aus dem Unteren Stubensandstein ist von Trockenrissen überzogen. Bemerkenswert ist am linken Rand eine Erhebung im Stein, die als Schwanzabdruck mit dem Muster seiner Haut interpretiert wurde.

125

Bisher waren von *Saltoposuchus* weder die Hand noch der Schädel bekannt. Während sich so die Kenntnis von diesem Laufkrokodil erweitert hat, ist vieles, was über den Dinosaurier *Procompsognathus* scheinbar zu unserem Wissen gehörte, wieder verlorengegangen. Derartige »Demaskierungen« – hier nach rund 80 Jahren – kommen in der Paläontologie aber eher selten vor.

Was bleibt von *Procompsognathus* übrig? Er war ohne Zweifel ein kleiner Raubdinosaurier, der nach der neuesten Erkenntnis genauso wie *Liliensternus* ein Ceratosaurier ist. Als sein nächster Verwandter hat sich nun *Segisaurus halli* herausgeschält, ein ebenfalls nur einen Meter langer Kleinräuber, der 1933 in Arizona als Skelett ohne Schädel gefunden wurde.

Die Fährte aus dem Weinberg

In den Weinbergen am Fuß des 477 Meter hohen Baiselsbergs, der höchsten Erhebung im Stromberg, fand 1988 der Diplom-Ingenieur Frank-Otto Haderer zusammen mit seiner Frau eine beachtenswerte Theropodenfährte, die mit *Procompsognathus* in Zusammenhang steht. Darüber hinaus zeigt sie eine anatomische Besonderheit, die fossil nur sehr selten erhalten bleibt: Den Hautabdruck eines Dinosauriers!

Die 40 Zentimeter mal 22 Zentimeter große Platte aus feinkörnigem Stubensandstein fiel Eva-Maria Haderer in einem Lesesteinhaufen auf, den ein Weingärtner am Fuß seines Weinberges aufgeschichtet hatte. Es war aber nicht die Fährte selbst, die Frau Haderers Aufmerksamkeit erregte, sondern ein optisch attraktives Muster aus sogenannten Netzleisten. Diese entstehen, wenn Trockenrisse mit Gestein ausgefüllt werden. Mitten in einer solchen Netzleiste fand sich eine einzelne Fährte, deren Dreizehigkeit sie sofort als Theropodenfährte auswies. Frank-Otto Haderer hat sich ausführlich mit der knapp 8 Zentimeter langen Theropodenfährte aus dem Weinberg beschäftigt und sie als linken Hinterfuß identifiziert. Dem guten Erhaltungszustand ist es zu verdanken, daß die Polster der Zehengelenke und die spitzen Kralleneindrücke noch zu erkennen sind. An der Spitze der zweiten Zehenkralle ist sogar ein Krallenkanal zu sehen, der entstand, als die Spitze der Kralle aus dem feuchten Schlamm gezogen wurde.

Der schmale Fuß mit scharfen Krallen gehört zu einem Theropo-

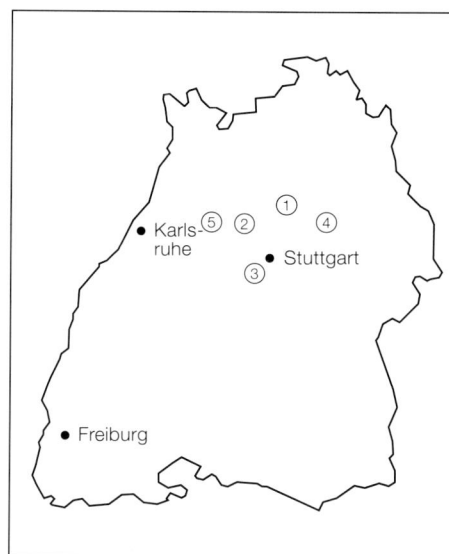

Fundortkarte 7: **Trias-Fährten in Baden-Württemberg**

1 = Großbottwar zwischen Heilbronn und Ludwigsburg
2 = Vaihingen-Horrheim, östlich Pforzheim
3 = Stuttgart-Gablenberg: Große Fährtenplatte
4 = Seifertshofen zwischen Schwäbisch Gmünd und Schwäbisch Hall: *Syntarsus (Grallator)*
5 = Pfaffenhofen im Stromberg: *Procompsognathus*

denfährten-Typ, der von den Paläontologen, die sich mit fossilen Saurierfährten beschäftigten, als *Grallator* bezeichnet wird. *Grallator*-Fährten findet man in der Oberen Trias auch in anderen Ländern, etwa in den nordamerikanischen Staaten New York und New Jersey. Sie scheinen von kleinen, *Procompsognathus*-ähnlichen Raubdinosauriern verursacht worden zu sein.

Da im Frühjahr 1909 im nur fünf Kilometer entfernten »Weißen Steinbruch« im Stromberg Überreste von *Procompsognathus triassicus* gefunden worden waren, vermutete Haderer, daß *Procompsognathus* auch im Weinberg am Baiselsberg seine vogelähnlichen Füße vor Jahrmillionen in den feuchten Schlamm gedrückt hatte. Als er eine Zeichnung mit dem Fußskelett von *Procompsognathus* über die Fährte aus dem Unteren Stubensandstein legte, fügte sich das etwas vergrößerte *Procompsognathus*-Fußskelett nahezu perfekt in die Fährte vom Weinberg.

Die steinerne Fährtenplatte wartete aber noch mit einer anderen Überraschung auf: Bei genauem Hinsehen entdeckte Haderer an ihrem anderen Ende eine 1,8 mal 3 Zentimeter große, nierenförmige Erhebung mit einer auffällig körnigen Oberfläche. Haderer deutete diese Erhebung als Einschlagmarke des Dinosaurierschwanzes. Zu dieser Vermutung gelangte er, nachdem er einen Bericht über heutige südamerikanische Echsen, sogenannte Tejus, gelesen hatte. Diese Reptilien bewegen sich normalerweise auf allen vieren, waren hier aber von einem vorbeifahrenden Zug erschreckt worden und rannten auf ihren Hinterbeinen mit aufgerichtetem Oberkörper davon. Im schnellen Lauf bewegte sich dabei ihr langer Schwanz periodisch auf und ab und hinterließ beim Aufschlagen auf dem Boden ein Muster, das dem auf der Fährtenplatte sehr ähnlich ist. *Procompsognathus*, oder ein sehr nahe mit ihm verwandter Raubdinosaurier, scheint ebenfalls im Lauf mit seinem Schwanz den feuchten Boden berührt zu haben, wobei er einen Abdruck seiner Hautoberfläche hinterließ, der sich als höckerig-körnige Struktur im Gestein erhielt.

Wenn diese Deutung der zweiten Lebensspur auf der Steinplatte richtig ist, wäre dies der einzige bisher bekannte Fall aus Deutschland, daß sich Hautmuster eines Dinosauriers fossil erhalten haben. Zwar sind aus anderen Ländern schon Hautabdrücke von Dinosauriern bekannt, aber solche von Theropoden sind weltweit eine Seltenheit.

Fährten aus dem Keuper Südwestdeutschlands

Im Herbst 1911 führte der Stuttgarter Hauptlehrer Wilhelm Obermeyer (1861–1920) für seine Berufskollegen im heutigen Stuttgarter Stadtgebiet Gablenberg eine Reihe geologischer Exkursionen durch. Zu Beginn konnte er nicht ahnen, daß gerade hier, in der Nähe seines Wohnortes an einer neuangelegten Straße, unerwartete Funde fossiler Fährten aus dem Keuper, der Oberen Triaszeit Baden-Württembergs, auftauchen würden.

Obermeyer und seine Kollegen untersuchten Schichten des sogenannten Kieselsandsteines aus dem Mittleren Keuper, der beim Straßenbau angeschnitten worden war. Als die geologiebegeisterten Lehrer Platten, die an Schutthalden entlang der neuen Straße und an deren Ende aufgeschüttet waren, mit ihren Geologenhämmern spalteten, entdeckten sie eine »dreizehige Tierfährte«. Bis zum April des nächsten Jahres konnte Obermeyer 50 zum Teil sehr gut erhaltene Fährtenausfüllungen aus dem Gestein klopfen, einige Platten enthielten sogar mehrere Spuren. Die meisten Fährten zeigten deutlich drei Zehen, einige waren aber auch vierzehig. Obermeyer beschrieb die Fährten zum einen als »niedliche Formen von der Größe einer Kinderhand«, zum anderen als »kräftigere Formen von der Größe eines Straußes mit längerer Mittelzehe und deutlichem Abdruck der

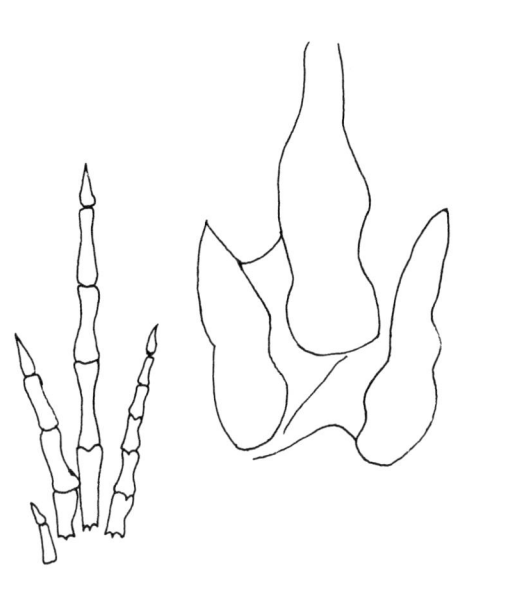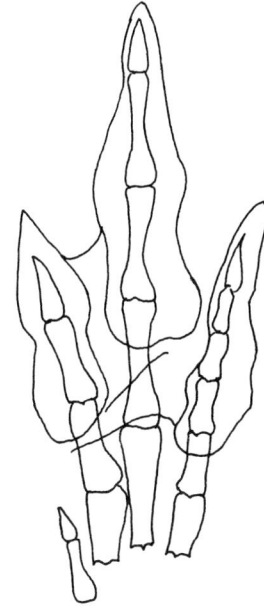

Das Fußskelett von *Procompsognathus,* vergrößert über eine Fährte vom Stromberg gelegt.

spitzen Krallen«. Der Erhaltungszustand der Fährten war zum Teil so vortrefflich, daß Obermeyer an einer Dreizeher-Fährte sogar solche Details wie die Abdrücke der Zehengelenke zu erkennen glaubte.

Die meisten der Dreizeher-Fährten befanden sich in einer harten, blaurot gefärbten Tonschicht, die wie ein Sandwich von zwei fünf Zentimeter messenden Kieselsandsteinschichten beidseitig bedeckt wurde. Beim Aufspalten der Steinplatten fielen die anhaftenden Kieselsandsteindeckel ab, und eigentümlich grünlich schimmernde plastische Fährtenformen kamen zum Vorschein. Ähnliche Gebilde sieht man heute, wenn Kinder mit ihren Sandförmchen am Strand »Kuchen« backen. Diese Formen jedoch stammten von Reptilfüßen, die vor 220 Millionen Jahren hier gelaufen waren. Dabei fiel Obermeyer auf, daß die plumperen Fährtentypen nicht in der dünnen Tonschicht, sondern in einer dickeren, bröckeligen vorkamen. Hier waren die triassischen Reptilien wohl in Bereiche vorgedrungen, in denen der Ufersand tiefer und weicher war, so daß die Tiere beim Begehen dieser Stelle tiefer in ihm einsanken und die Spuren in der Folge etwas zusammenflossen.

Eine der Obermeyerschen Platten aus Stuttgart-Gablenberg von etwa 0,7 Quadratmeter Größe wird heute noch in der Tübinger Universität aufbewahrt. Auf ihr sieht man die 12 Zentimeter große Spur eines Theropoden, während die kaum 2 Zentimeter Größe errei-

Im Frühjahr 1912
fand man bei Stutt-
gart dieses großartige
Zeugnis triassischen
Lebens: eine Fährten-
platte mit annähernd
100 Einzelfährten.

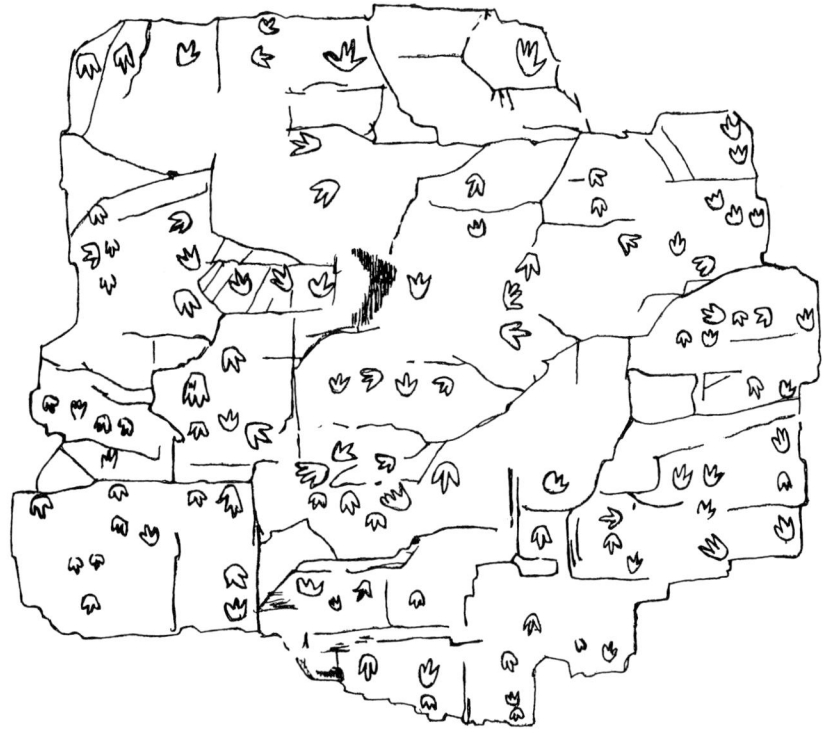

chenden Miniaturabdrücke von eidechsenähnlichen Reptilien stammen. Da weitere Grabungen die finanziellen Mittel Obermeyers
überstiegen und der Grund und Boden, auf dem weitere Funde zu
erwarten gewesen wären, der Stadt Stuttgart gehörte, meldete Obermeyer seine Funde dem Konservator des damaligen Königlichen
Naturalienkabinettes, Professor Eberhard Fraas. Ihm übergab er
auch die wissenschaftlich interessanten Fährten. Ende Mai 1912
wurde im Bereich des Ziergartens der »Villa Bosch« der Boden
abgehoben. In 2 Meter Tiefe konnte am 14. Juni eine etwa 6 Quadratmeter große Platte in Einzelstücken abgehoben werden, an deren
Unterseite sich eine der erstaunlichsten Fährtenansammlungen me-
sozoischer Reptilien zeigte, die je in Mitteleuropa gefunden wurde.
Man zählte mehr als 100 Einzelfußabdrücke der verschiedensten
Tiere, die meisten dreizehig, aber auch einige vierzehige. Obermeyer mußte auf Vergleiche mit Funden aus dem US-Bundesstaat
Connecticut zurückgreifen, aus der deutschen Trias war etwas Ähnliches bis jetzt noch nicht bekanntgeworden. Während die größeren
Vierzeherfährten wahrscheinlich nicht von Dinosauriern stammten,
sondern von anderen plumpen Reptilien, meinte Obermeyer, die

kleineren Dreizeherabdrücke einem nach Känguruhart hüpfenden
Theropoden von kaum mehr als 60 Zentimeter Körperlänge zuordnen zu können. Es ist das Verdienst von Professor Fraas, daß von
der einzigartigen Fährtenplatte eine Übersichtszeichnung angefertigt wurde, so daß dieses fossile Dokument der triassischen Fauna
auch heute noch zumindest optisch konserviert ist. Leider ist der
Großteil der Platte wie so viele andere Funde auch im Bombenhagel
des Zweiten Weltkriegs einem Brand zum Opfer gefallen. Lediglich
einige kleinere Reste sind von ihr noch der Nachwelt erhalten geblieben. Sie zeigen dreizehige Fährten, die nach heutigem Wissen von
Coelurosauriern stammen. Vergleichbare Fährtenplatten von der
Größenordnung des Obermeyerschen Fundes kamen aus der Trias
zwar nie wieder zum Vorschein, aber einzelne Triasfährten sind in
Württemberg immer wieder einmal sichergestellt worden, wie etwa
in Großbottwar zwischen Ludwigsburg und Heilbronn: 1972 wurde
aus der Gegend nordwestlich von Vaihingen das 13 Zentimeter lange
Trittsiegel eines Raubdinosauriers beschrieben.

Der Fleischfresser aus dem Bach

Dem schon erwähnten Diplomingenieur Frank-Otto Haderer aus
Aichwald östlich von Stuttgart gelang 1989 während einer Exkursion
der »Gesellschaft für Naturkunde in Württemberg« ein weiterer
bemerkenswerter Fährtenfund. Die Fundstätte liegt in einem der
Seitenbäche des Flusses Kocher, dem Rühlenbachtal bei Murrhardt,
zwischen Schwäbisch Gmünd und Schwäbisch Hall, nordöstlich der
Ortschaft Seifertshofen. Das Bachufer zeigt in seiner Gesteinsfolge
geologisch den Übergang des Unteren Stubensandsteins zu den
Oberen Bunten Mergeln. Genau an der Grenze der beiden Schichten, mitten im Bachbett liegend, fand sich eine 42 mal 47 Zentimeter
messende Platte von 7 bis 8 Zentimeter Dicke. Weil sie offensichtlich
lange im Wasser des Baches gelegen hatte, war sie allerdings äußerst
mürbe und zerbrach sofort bei der Bergung aus dem Bach und beim
Transport, so daß sie anschließend wieder zusammengefügt, geklebt
und imprägniert werden mußte.

Nachdem diese konservierenden Maßnahmen beendet waren,
konnte sich Haderer daranmachen, die Identität des Dinosauriers,
der die Fährte erzeugt hatte, möglichst genau zu bestimmen. Was er
vor sich liegen hatte, war lediglich das Relief eines linken Hinter-

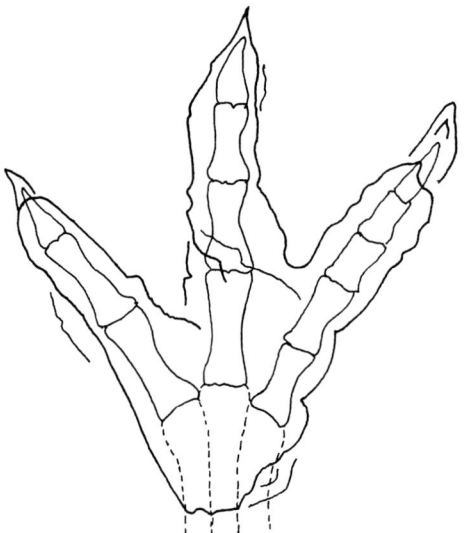

Einer der jüngsten Fährtenfunde aus der württembergischen Triaszeit. Er ähnelt dem kleinen Raubdinosaurier *Syntarsus* aus Südafrika und Nordamerika.

fußes von 15,5 Zentimeter Länge und 14 Zentimeter Breite. Die Dreizehigkeit ließ grundsätzlich entweder einen Vogelbeckendinosaurier zu, von dem man in Deutschland bis heute aus so frühen Zeiten so gut wie nichts kennt, oder – was wahrscheinlicher war – einen fleischfressenden Echsenbeckendinosaurier, einen Theropoden von geringer Größe. Fleischfresser mit vogelähnlich gebauten Füßen von geringer Größe kennt man aus der Trias. Aber *Procompsognathus* war für diese Fährte zu klein. Vergleichbare Theropoden sind der aus dem Südwesten der USA bekannte *Coelophysis* und der nahe verwandte *Syntarsus,* deren Fußskelette zu einer derartigen Fährte grundsätzlich passen würden.

Syntarsus ist etwas kleiner als *Coelophysis* und wurde 1969 aus Südafrika beschrieben, 20 Jahre später auch aus dem nordamerikanischen Bundesstaat Arizona. Er war ein kaum mehr als 1,50 Meter langer Hohlknochen-Dinosaurier, der ganz ähnlich wie *Procompsognathus* und *Liliensternus* zu den Ceratosauriern gezählt wird. Die nordamerikanische Art, *Syntarsus kayentakatae,* zeichnet sich wie manch andere Ceratosaurier durch einen sehr dünnen, über den Augen stehenden Doppel-Knochenkamm aus, der der afrikanischen Art aber fehlt.

Als Frank-Otto Haderer eine Nachbildung des Fußskelettes von *Syntarsus* über die Fährte aus dem Rühlenbachtal legte, bemerkte er, daß die Mittelfußknochen ähnlich nahe beieinander lagen und die Zehenabdrücke die gleiche, auffällig große Spreizung wie bei *Syntarsus* zeigten. An einer Zehe der Fährte befand sich sogar noch der

Rest des Abdruckes der scharfen Kralle, die sich in den Boden bohrte, als der Theropode auf seinen Hinterbeinen vorbeilief.

Die Fährten primitiver Fleischfresser aus der Trias sind zwar untereinander relativ ähnlich, aber dank der deutlichen Unterschiede zwischen der *Syntarsus*-Fährte und der *Procompsognathus*-Fährte besteht doch die Möglichkeit, daß bei uns in der Zeit der Oberen Trias drei verschiedene fleischfressende Dinosaurier gelebt haben, die alle zu den Ceratosauria zählen: der größere *Liliensternus,* der kleine *Procompsognathus* und daneben eine *Syntarsus*-verwandte Form von ebenfalls geringer Körpergröße. Dies wäre ein Beweis für den Erfolg jener frühen Raubdinosauriergruppe.[5]

Von der Trias zum Jura

Viele der fränkischen Dinosaurierfährten wurden zufällig oder beinahe nebenbei gefunden: Die Platte mit der Fährte von *Atreipus metzneri* entstammt beispielsweise einem nur kurzfristig geöffneten Aufschluß. Als man nach weiteren Fährten suchen wollte, waren nur noch einige Schotterhaufen von den vielversprechenden Platten übrig. Erst auf dem Hof eines Bauern, der die Sandsteinplatten zur Verbesserung seines Ackerbodens herausgebrochen und gelagert hatte, fanden sich weitere Platten mit schönen Fährten.

Ständig zugänglich sind die Steinbrüche westlich von Sassendorf bei Bamberg. Sie sind nicht nur durch Fossilfunde von Ammoniten oder Meerkatzen (auch: »Chimären«) bekannt geworden, sondern auch durch das älteste Laubblatt der Welt, das der Münchner Paläontologe Oskar Kuhn 1955 als *Sassendorfites benkerti* bekanntmachte.

In den Steinbrüchen um Sassendorf finden sich die Spuren einer geologisch interessanten Zeitenwende: von der Obersten Trias (Rhät genannt) hin zu den unteren Schichten des Lias, die im Jura Hettang und Sinemur heißen. Obwohl die Zeit zwischen Oberer Trias- und Unterer Jurazeit in Deutschland durch einen massiven Vorstoß des Meeres gekennzeichnet ist, befand sich bei Sassendorf wahrscheinlich ein kleiner Süßwassersee. Dieser war von Muscheln der Gattung *Anodonta* und von Ganoidfischen bewohnt. Seine Ufer säumten üppige Galeriewälder aus urtümlichen Pflanzen. Im feuchten Uferschlamm wurde auch die Fährte eines Dinosauriers konserviert. Als eines der wenigen Zeugnisse aus dem Grenzbereich zwischen Trias und Jura ist diese Fährte besonders wichtig. 1958 wurde sie von Oskar Kuhn *Coelurosaurichnus sassendorfensis* genannt. Sie ist deutlich größer als fast alle anderen fränkischen Dinosaurierfährten. Mit 25,6 Zentimeter Länge und 14,4 Zentimeter Breite übertrifft sie einen durchschnittlichen menschlichen Fuß an Länge. Die schlanken Zehen von *Coelurosaurichnus sassendorfensis* enden in deutlich entwickelten und spitzen Krallen. Oskar Kuhn, der bereits früher eine ähnliche Fährte am gleichen Fundort entdeckt hatte, glaubte, daß sich die Fährte bei schnellem Gang in den weichen Untergrund einprägte, da die Krallen sehr ausgeprägt, der Mittelfußbereich aber nur undeutlich überliefert worden ist. *Coelurosaurichnus sassendorfensis* scheint im »Rhätolias«, dem Übergangsbereich zwischen Trias und Jura, von einem mehr als menschengroßen Raubdinosaurier hinterlassen worden zu sein und ist der geologisch jüngste Dinosaurierfußabdruck aus den nordbayerischen Schichten.

Von den Sassendorfer Fährten einmal abgesehen, geizen die Gesteinsschichten aus dem Übergang von der Trias zum Jura mit Dinosaurierfunden. Daran mag das vorwärtsdrängende Meer schuld gewesen sein, das die auf dem Land gelegenen Lebensräume der Dinosaurier in Deutschland zunehmend einengte.

Ganze zwei Zähne von 2,5 Zentimeter, respektive 7,5 Millimeter Länge aus Württemberg sind neben der nordbayerischen Fährte der einzige Beweis, daß in Deutschland auch weiterhin Dinosaurier lebten. Die südwestdeutschen Zähne wurden früher als Prosauropodenzähne angesehen und deshalb als »*Plateosaurus ornatus*« bzw. »*Plateosaurus* (später »*Megalosaurus*«) *cloacinus*« bezeichnet. Aufgrund ihrer Form stammen sie aber eindeutig von fleischfressenden Dinosauriern. Seltsamerweise haben sich aus dieser geologischen Zeitspanne nur Fußabdrücke und Zähne von Raubdinosauriern erhalten, aber kein Hinweis auf ihre Beute, die Pflanzenfresser.

Zwischen dem Rhät und Toarc im ausgehenden Lias klafft eine Lücke von beinahe 20 Millionen Jahren, in der Dinosaurierfunde bis auf die beschriebenen Ausnahmen schlichtweg fehlen. Erst im Toarc sind Fossilien von Dinosauriern nachweisbar, jetzt aber mit ganz neuen Formen.

Die Dinosaurier der Jurazeit

Emausaurus: Ein Weg in Richtung der gepanzerten Dinosaurier

Die von Caspar David Friedrich (1774–1840) gemalten Kreidefelsen der größten deutschen Insel sind bekannter als die Insel Rügen selbst. Fossiliensammler schätzen die kreidezeitliche Meeresfauna aus Ammoniten, Armfüßern und anderen wirbellosen Tieren. Daß auf dem gegenüberliegenden Festland aus beinahe 100 Millionen Jahren älteren Gesteinsschichten aber auch spektakuläre Entdeckungen stammen, wurde erst 1990 bekannt, als ein weltweit einzigartiger Dinosaurierfund von dort vorgestellt wurde.

Begonnen hat die Geschichte dieses ersten Dinosaurierfundes aus Mecklenburg-Vorpommern bereits 1963. In einer Tongrube in der Nähe der Ostseestadt Greifswald sammelte damals der Geologie-Diplomand Werner Ernst Fossilien für seine Arbeit. Im Sommer des gleichen Jahres übergab der Leiter des Tagebaus, Werner Wollin, an den jungen Studenten einen Eimer, in dem neben einigen anderen Fossilien auch eine Geode, ein mandelförmiger Stein von 16,5 x 11 Zentimeter Größe, enthalten war. In dieser Steinknolle befanden sich fossile Knochen, die zum Vorschein kamen, als man die kalkige Hülle mit Ameisensäure ablöste. Im Greifswalder Universitätsinstitut für Paläontologie übernahm Professor Hans Wehrli (1902–1978) die Bearbeitung dieses Fundes, verstarb aber, bevor er das beste Teilstück, einen Schädel, untersuchen konnte.

Fast ein ganzes Jahrzehnt dauerte es, bis dieser einzigartige Fund im Frühjahr 1988 weiterbearbeitet wurde. Dr. Hartmut Haubold vom Geiseltal-Museum in Halle an der Saale mußte sich mit der

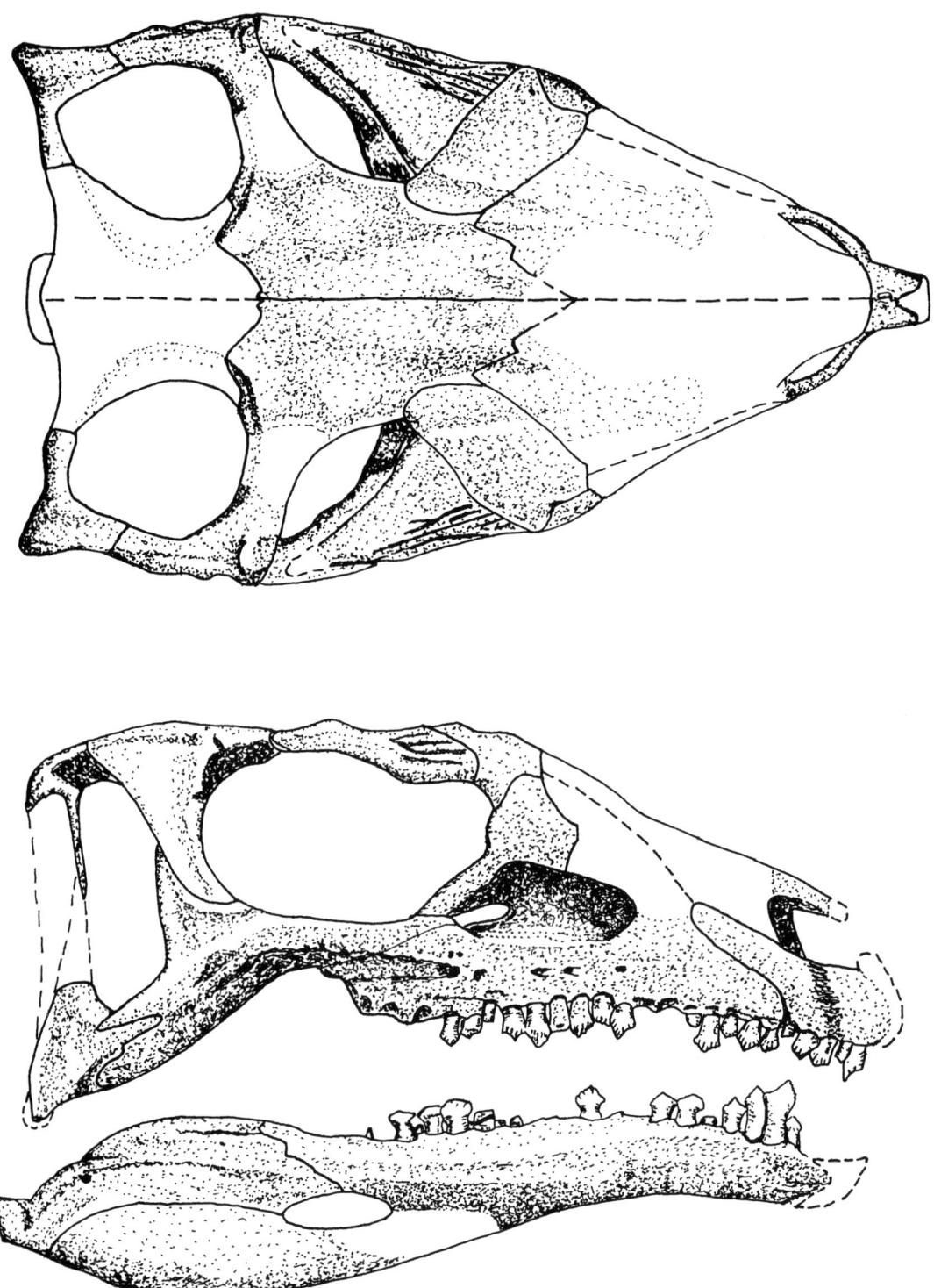

So könnte der Kopf des kleinen gepanzerten *Emausaurus ernsti* ausgesehen haben.

weiteren Erforschung des neuen Dinosauriers beeilen: Durch chemische Umwandlungsprozesse im Gestein begannen die Knochen und Zähne des Dinosauriers zu zerfallen.

Hartmut Haubold gelang es aber, die 51 Einzelknochen, die vom Schädel und von Teilen des Körperskeletts stammen, zu untersuchen und 1990 eine bildliche Rekonstruktion des neuen Dinosauriers vorzustellen. Er nannte das Tier *Emausaurus ernsti,* der Gattungsname verwies auf die Ernst-Moritz-Arndt-Universität in Greifswald. Mit dem Artnamen »ernsti« soll der Finder, Werner Ernst, geehrt werden. *Emausaurus* ist der bisher nordöstlichste Dinosaurierfund in Deutschland. Wie der nur von einem Wirbelknochen bekannte Raubdinosaurier *Megalosaurus* aus Ahrensburg und *Ohmdenosaurus liasicus* aus Württemberg lebte *Emausaurus* im ausgehenden Unterjura, dem Unteren Toarc, und ist damit etwa 194 Millionen Jahre alt. Die begleitende Fauna und Flora des norddeutschen Lias gleicht derjenigen, die bei *Ohmdenosaurus* gefunden wurde: Ammoniten, aasfressende Schnecken, Knochenfragmente von Plesio- und Fischsauriern, daneben auch Insekten, Holzstücke und zerkleinerte Pflanzenteile. Zur Zeit des Unteren Toarc wurde das Gebiet des heutigen Mecklenburg-Vorpommern zunehmend

Gegenüberliegende Seite: Der Schädel von *Emausaurus.* Von oben ist deutlich sein schmaler »Pflückschnabel« zu erkennen.

vom Meer überflutet. Der Bereich, in dem *Emausaurus* starb, lag nah am Festland in einer haffähnlichen Landschaft innerhalb eines wenig bewegten Meeresteils, an dessen Grund Sauerstoffarmut herrschte.

Einem glücklichen Zufall ist es zu verdanken, daß von *Emausaurus* ausgerechnet der 14 Zentimeter lange Schädel erhalten geblieben ist. Üblicherweise gehören annähernd vollständige Dinosaurierschädel zu den Ausnahmen, aber hier war es gerade umgekehrt, der Schädel war gut, das Körperskelett aber nur sehr unvollständig erhalten. Am Schädel erkannte Hartmut Haubold sehr bald, daß er es mit einem Vogelbeckendinosaurier zu tun hatte. Zwar fehlte ein zur Einstufung wichtiger Unterkieferknochen, das Praedentale, aber ein typisches Gefäßloch, das in es einmündet, war vorhanden. Neben dem Schädel sind noch 10 Rippen bzw. deren Fragmente, 6 Reste von Wirbelknochen, 4 Hand- und Fußknochen sowie 4 Hautpanzerplatten erhalten geblieben.

Zweifellos kann aber der Schädel am besten Auskunft darüber geben, was für ein Tier *Emausaurus* war und wie es sich ernährte. Die geringe Größe – die Augenhöhlen haben ganze 3,5 Zentimeter Durchmesser – des Schädels zeigt bereits, daß *Emausaurus* zu den kleinsten Vogelbeckendinosauriern gehört.

Wie alle anderen Ornithischier war *Emausaurus* ein pflanzenfressender Dinosaurier, was durch einen Blick auf seine Zähne bestätigt wird. Im Vorderteil des Oberkiefers (Praemaxillare) saßen jeweils 5 Zähne, im hinteren Oberkiefer- und in jedem Unterkieferast je 21 Zähne. Die Form der etwa eineinhalb Zentimeter hohen Zähne weicht nicht wesentlich von dem Schema ab, das für primitive Vogelbeckendinosaurier typisch ist, ja es gleicht sogar dem von fortschrittlicheren Ornithischiern wie *Iguanodon*. Die im Umriß betrachteten Zähne sind grob blattförmig, an ihren Kronenrändern ziehen sich bis zu 5 einzelne eingeschnürte Zacken, die Dentikel, hinab. Blickt man am hinteren Oberkiefer in Richtung Gaumen, so sind in zweiter bis fünfter Position bereits nachrückende Ersatzzähne zu sehen. Die Art und Weise, wie der Zahnaustausch vonstatten ging, erinnert schon sehr an das Muster, das von den späteren Platten- und Panzerdinosauriern (Stego- und Ankylosaurier) bekannt ist. Betrachtet man den Schädel von *Emausaurus* von oben, ist eine Besonderheit des Oberkiefers sehr deutlich zu erkennen: Der vorderste Schnauzenteil, das Praemaxillare, hebt sich als schmale »Nase« vom breiteren Bereich dahinter markant ab. Daß das Praemaxillare vom hinteren Oberkiefer so abrupt abgesetzt war, erklärt

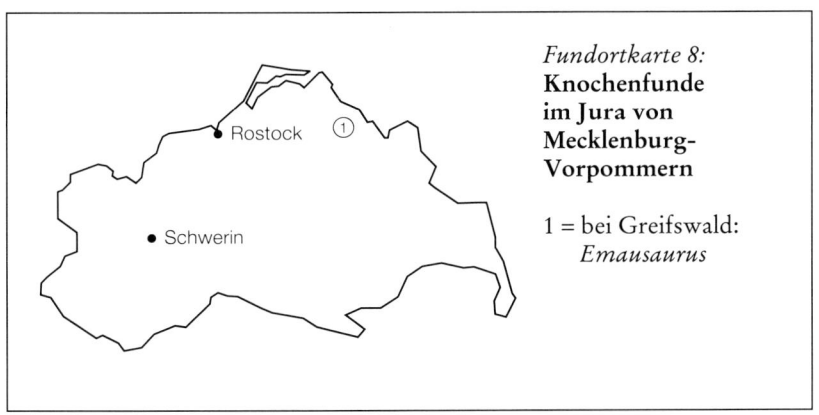

Fundortkarte 8:
**Knochenfunde
im Jura von
Mecklenburg-
Vorpommern**

1 = bei Greifswald:
Emausaurus

sich mit dem spezialisierten Nahrungserwerb dieser Art: *Emausaurus ernsti* kombinierte seinen »Pflückschnabel« im Oberkiefer mit dem an der Unterkieferspitze sitzenden hornüberzogenen Praedentale-Schnabel zu einem »Apparat«, mit dem kleine Pflanzenteile oder in kleinen Gruppen wachsende Pflanzen ausgewählt werden konnten. Mit den weiter hinten sitzenden Zähnen wurde die Nahrung zerschnitten und schließlich geschluckt. Welche Pflanzenkost eine derartige Spezialisierung erforderlich machte, ist auch deshalb vollkommen unklar, weil kein anderer Dinosaurier bisher eine vergleichbare Kieferstruktur aufweist. Auch der restliche Schädel von *Emausaurus* zeigt eine sehr ungewöhnliche Form. Er ist für einen Vogelbeckendinosaurier sehr breit, wobei das flache Schädeldach über den Augen von einem Wulst begrenzt wird und steil nach unten zum Unterkiefer hin abfällt.

All dies zeigt, daß *Emausaurus* trotz seines hohen geologischen Alters bereits weitgehend spezialisiert war. Obwohl im Gegensatz zum Schädel von *Emausaurus ernsti* nur wenig Knochen vom Körperskelett vorliegen, repräsentieren sie glücklicherweise doch wichtige Teile, so daß auch ein grobes Bild vom Körperbau entworfen werden kann. Von den Extremitäten ist nur ein Bruchstück, wahrscheinlich der körperferne Teil eines Speichenknochens (Radius), erhalten geblieben, der dennoch viel über *Emausaurus* erzählen kann. Haubold erkannte an der Epiphyse, der Fuge zwischen Knochenschaft und Knochenende, die noch nicht geschlossen war, daß dieses *Emausaurus*-Exemplar noch nicht voll ausgewachsen, vielleicht sogar noch jugendlich war. Zusammen mit den Mittelfuß- und Zehenknochen, dabei auch eine 2 Zentimeter lange Kralle, zeigte sich, daß die Extremitäten von *Emausaurus* unterschiedlich lang

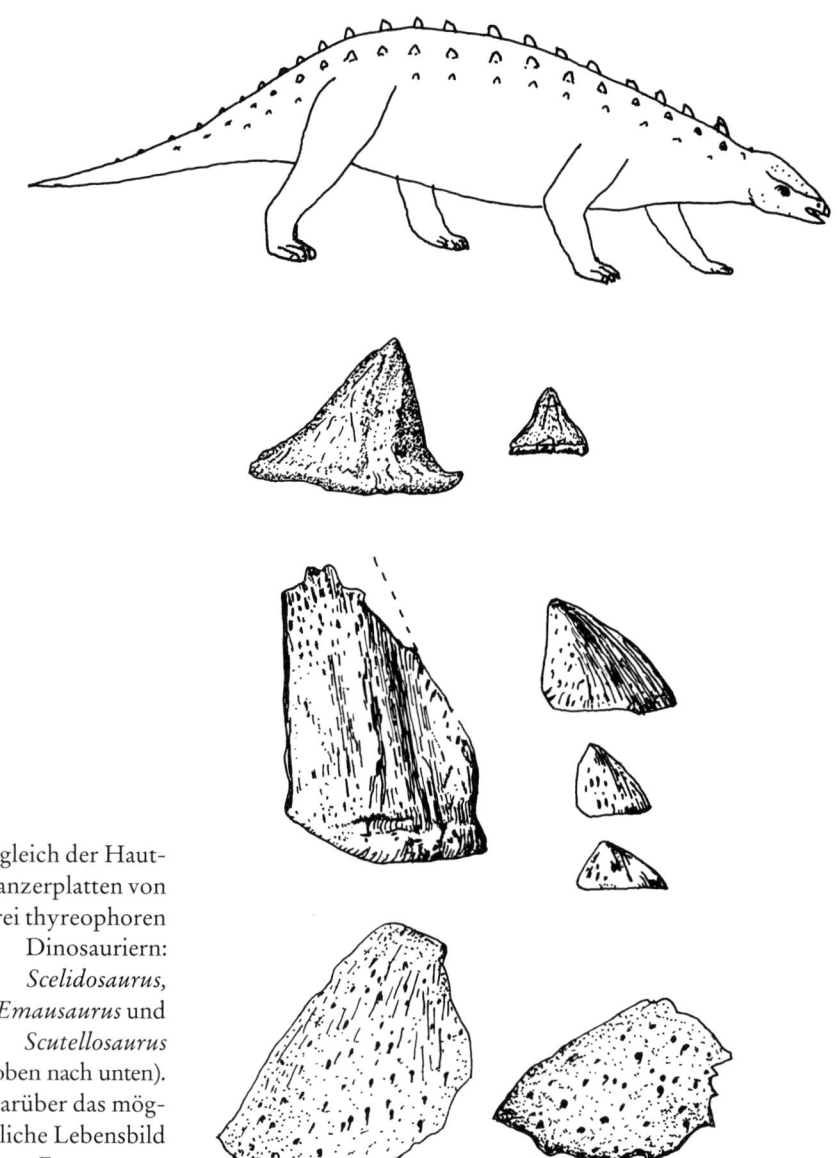

Vergleich der Haut-
panzerplatten von
drei thyreophoren
Dinosauriern:
Scelidosaurus,
Emausaurus und
Scutellosaurus
(von oben nach unten).
Darüber das mög-
liche Lebensbild
von *Emausaurus.*

waren, er aber dennoch sehr wahrscheinlich auf allen vieren lief.
Wegen seines geringen Alters war dieses Exemplar nur von geringer
Körperlänge: Haubold schätzt sie auf ganze 2 Meter, wobei Alttiere
nicht größer als 4 Meter wurden, für Dinosauriermaßstäbe also eher
bescheidene Ausmaße erreichten.

Eine Besonderheit und sicher die auffälligsten Knochen des Körperskeletts sind Hautknochenplatten (Osteoderme), von denen vier

Stück vorhanden sind, die allesamt unterschiedliche Größe und Aussehen aufweisen, also ein wenig Auskunft über die Körperoberfläche von *Emausaurus* geben können. In der Größe variieren die Hautknochenplatten von einem halben Zentimeter bis zu 4,5 Zentimetern. Die größte Platte, der die Spitze fehlt (mit der sie etwa 5,5 Zentimeter hoch gewesen wäre), erinnert an eine Stegosaurierplatte. Sie ist auf einer Seite fast eben, während die andere Seite nach außen gewölbt ist. Nicht zufällig fühlte sich Hartmut Haubold durch diese Platte an den chinesischen Stegosaurier *Huayangosaurus* erinnert, dessen Plattenmuster ähnlich aussah. Wie man an einem Saum am Fuß des Osteoderms erkennen kann, war die große Platte etwa einen halben Zentimeter tief in die Rückenhaut von *Emausaurus* eingesenkt. Beurteilt man diesen plattenähnlichen Hautknochen nach der Symmetrie, die bei mit Panzerplatten ausgestatteten Dinosauriern (Stegosaurier) vorkommt, dann saß er wohl auf der rechten Körperseite recht nahe dem höchsten Punkt des Rückens. Die anderen drei Osteoderme sind wesentlich kleiner und haben stachelförmige Gestalt. Sie sind schief kegelförmig gebaut, und ihre Position am Körper befand sich am ehesten seitlich am Rücken und im Schwanzbereich.

Die Panzerplatten von *Emausaurus* erinnern insgesamt eher an Stegosaurier als an Ankylosaurier. Vergleicht man *Emausaurus* mit anderen Dinosauriern, fallen sofort zwei Formen auf, die sehr ähnlich sind und auch aus dem Unteren Jura stammen: Der südenglische *Scelidosaurus* (»Gliedmaßenechse«), neuerdings durch Panzerplatten auch in Arizona nachgewiesen, und *Scutellosaurus* (»Schildechse«), ebenfalls aus dem nordamerikanischen Bundesstaat Arizona. Man stellt sie zu den sehr ursprünglichen Vogelbeckendinosauriern, deren besonderes Kennzeichen die beginnende Panzerung des Körpers ist. Während manche pflanzenfressende Dinosaurier vor Fleischfressern ihr Heil in der Flucht suchten und einen leichten Körperbau mit langen Laufbeinen entwickelten, schlug eine andere Dinosauriergruppe eine alternative Verteidigungsstrategie ein: passiver Schutz durch Stacheln, Dornen oder Platten, die an Rücken, Flanken und Schwanz wuchsen und Fleischfressern beim Hineinbeißen schmerzhafte Wunden zufügen konnten.

Der liassische Dinosaurier *Scutellosaurus lawleri* demonstriert, wie die Entwicklung begonnen haben könnte, da er zumindest zeitweilig auf den deutlich längeren Hinterbeinen lief. Die Ausbildung der Panzerung und deren zunehmende Schwere drückte in der

Tabelle 7: **Die drei am besten bekannten thyreophoren Dinosaurier**

Name	Länge	Geologisches Alter	Jahr der Beschreibung
Scelidosaurus harrisonii	3,50 m	Pliensbach (200 Mill. J.)	1861
Scutellosaurus lawleri	1,40 m	? Toarc	1981
Emausaurus ernsti	2,0 m (4 m)	Toarc (194 Mill. J.)	1990

Material:

Scelidosaurus: Nahezu kompletter Schädel, mehrere Skelette mit Panzerung, auch von jüngeren Exemplaren.

Scutellosaurus: Fragmentarischer Schädel und Skelette von mehr als zwei Individuen mit Hautpanzerplatten.

Emausaurus: Nahezu kompletter Schädel, einige Knochen vom Körperskelett, einige Hautpanzerplatten.

Folge die gepanzerten Dinosaurier immer mehr auf alle vier Beine nieder, und Stegosaurier und Ankylosaurier als Endpunkte dieses Evolutionsschritts liefen dann nur noch vierfüßig. Sowohl bei *Scutellosaurus* als auch bei *Emausaurus* muten die Panzerplatten eher stegosaurierhaft an. In seinem Gesamthabitus scheint *Emausaurus* aber am ehesten seinem englischen Pendant *Scelidosaurus harrisonii,* einem ca. 3,50 Meter langen Vierfüßer, geglichen zu haben, dem er auch in der Größe nahekommt. Bei *Scutellosaurus* entfallen im Gegensatz dazu von seinen 1,40 Metern Länge allein fast 90 Zentimeter auf den unglaublich langen Schwanz.

1915 schlug der ungarische Paläontologe Franz Baron von Nopsca vor, alle Horn-, Platten- und Panzerdinosaurier unter dem Oberbegriff »Thyreophora« (»Schildträger«) zusammenzufassen. Seit Mitte der achtziger Jahre unseres Jahrhunderts wird dieser

Begriff angewandt, die Wissenschaftler beschränken ihn allerdings nur noch auf Stegosaurier und Ankylosaurier und die sehr ursprünglichen Gattungen *Scelidosaurus* und *Scutellosaurus.* Gemeinsame Merkmale der Thyreophora sind eine besondere Ausbildung des Jochbeinknochens (Jugale) am Schädel und der Besitz von gekielten Knochenplatten, die sich auf der Körperoberseite in parallel liegenden Reihen anordnen. *Emausaurus* wurde von Hartmut Haubold ebenfalls in die Nähe der »schildtragenden Dinosaurier« gerückt, wenn er auch in manchen Skelettmerkmalen von ihnen abweicht.

Emausaurus hatte seine Panzerung als Schutz vor fleischfressenden Dinosauriern ausgebildet, denen der auf plumpen Gliedmaßen laufende Ornithischier sonst hilflos ausgeliefert gewesen wäre, weil er nicht die Schnelligkeit anderer Dinosaurier besaß. Warum der noch nicht voll ausgewachsene *Emausaurus* von Greifswald schon im Jugendalter sterben mußte und wie er vom Festland in das Meer kam, entzieht sich unserer Kenntnis. Genausowenig ist bekannt, wo dieser Pflanzenfresser lebte. Es bieten sich sowohl Inseln an wie auch die südlichen und nördlichen Festländer, die als »Fennoskandia« und »Herzynisch-Böhmische Masse« (von der ein Teil Jahrmillionen zuvor als »Vindelizisches Land« Lebensraum der Plateosaurier war) bezeichnet werden. Hartmut Haubold vermutet, daß ursprünglich das gesamte *Emausaurus*-Skelett möglicherweise über 50 Kilometer weit vom Lebensraum zum Einbettungsort transportiert wurde, erst durch Flüsse, dann durch Meeresströmungen. Nur weil die bei einem so jungen Dinosaurier noch recht lose zusammenhängenden Schädelknochen von Kalkschlamm, der später zur Geode wurde, eingeschlossen und umhüllt wurden, überdauerte der Schädel von *Emausaurus ernsti* die lange Zeitspanne von seiner Einbettung bis heute.

Ohmdenosaurus: Die lange Reise im Liasmeer

Am Fuße des Aichelberges an der Autobahn Stuttgart-München wird der Autofahrer von einem stilisierten Meereskrokodil auf einer großen Tafel zu einem Besuch der »Urweltfunde Holzmaden« eingeladen. Der Abstecher lohnt sich, denn das Gebiet um Holzmaden, Ohmden, Zell und Bad Boll in Württemberg, kann mit weltberühmten Funden aus dem Schwarzen Jura aufwarten, einer Zeit, die 190 Millionen Jahre zurückliegt. Eingebettet in dunkle Schieferplatten, die hier abgebaut und vielfältig wirtschaftlich verwendet werden, fanden und finden sich noch heute immer wieder hervorragend erhaltene fossile Meerestiere – Zeugen für jenen geologischen Zeitabschnitt, in dem hier langstielige Seelilien, gefräßige Fischsaurier, Meereskrokodile und eine Vielzahl anderer Tiere und Pflanzen lebten.

Wesentlich seltener als die Vertreter der unterjurassischen Meeresfauna findet man tierische Reste, die vom weiter entfernt gelegenen Festland stammen müssen. Sind schon Flugsaurier, die etwa bei Stürmen ins Meer geweht worden sind, rare Fundstücke, so kann man Dinosaurierfunde noch viel weniger erwarten, sie müssen zu den sehr seltenen Ausnahmefällen gezählt werden. Umso erstaunlicher ist es, daß gerade hier aus dem marinen Milieu ein Dinosaurierfragment überraschende Einblicke in die frühe Entwicklungsgeschichte der Sauropoda, der großen pflanzenfressenden Echsenbeckendinosaurier, gibt.

Gut erhaltene Funde dieses so fossilträchtigen württembergischen Landstrichs sind seit den dreißiger Jahren im Museum Hauff zu sehen, das 1971 modernisiert und 1992 durch einen Anbau vergrößert wurde. In einer der Glasvitrinen dieses Museums wurde ein Fossil ausgestellt, auf dessen Etikett »Oberarmknochen eines Plesiosauriers« zu lesen war. Plesiosaurier sind wegen ihres oft langen Halses und der zu Schwimmpaddeln umgewandelten Extremitäten neben den Fischsauriern typische Meeresbewohner der Jurazeit. Wer hätte also an der richtigen Zuordnung dieses Fundes aus dieser Gegend zweifeln sollen? Es bedurfte schon des kritischen und geschulten Auges eines auf fossile Reptilien spezialisierten Paläontologen, der erkannte, daß diese dunklen Knochen keineswegs zu einem Meeresreptil, sondern zu einem landbewohnenden Dinosaurier gehörten.

Dr. Rupert Wild vom Naturkundemuseum in Stuttgart gebührt das Verdienst, bei einem seiner Besuche im Grabungschutzgebiet Holzmaden im Museum Hauff erkannt zu haben, daß der vermeintliche Plesiosaurieroberarmknochen in Wirklichkeit der Teil des rechten Hinterbeines eines Dinosauriers war, der aus dem innen liegenden Unterschenkelknochen, dem Schienbein und Teilen der Fußwurzel bestand.

Rupert Wild stand nun vor der schwierigen Aufgabe, aus dem

unvollständig erhaltenen Hinterbein des Dinosauriers Schlüsse auf die Gattung oder Art und auf das Aussehen des lebenden Tieres zu ziehen. Er mußte das Tier verwandtschaftlich einordnen und die Frage zu beantworten suchen, wie dieses Hinterbeinfragment in das Meer gelangt war. Die wissenschaftlichen Recherchen lohnten sich in diesem Fall ganz besonders, da aus dem Oberen Lias – abgesehen von dem fraglichen *Megalosaurus*-Wirbel aus Ahrensburg – bisher noch keine Dinosaurier aus Deutschland bekannt waren.

Erste Hinweise auf das Alter der unerwarteten Entdeckung lieferte das Gestein, das unten an der Fußwurzel hing. Es ist ein grauschwarzer sogenannter Posidonienschiefer, in dem Rupert Wild viele kleine Fischreste entdeckte, mit deren Hilfe er das Alter des Gesteines bestimmen konnte; es ließ sich mit dem oberen Bereich des Schwarzen Jura (auch Unterer Schiefer genannt) und etwa 190 Millionen Jahren festlegen. Zu diesem geologischen Zeitpunkt findet man selten Wirbeltiere wie das Meereskrokodil *Pelagosaurus* oder den Flugsaurier *Dorygnathus,* wobei Meereskrokodile und Plesiosaurier ab dieser Schicht zum erstenmal auftauchen. Wie aber kam nun dieser Rest eines landbewohnenden Dinosauriers in den von Meerestieren und -pflanzen beherrschten Posidonienschiefer, in dem sich die Überreste mariner Fauna und Flora abgelagert haben? In Holzmaden und in der Gemeinde Ohmden, in der einer der alten, jetzt zugeschütteten Schieferbrüche den Dinosaurierfund beherbergt hatte, waren schon früher Zweige und Äste von Cycadeen (Pflanzen aus der Gruppe der Nacktsamer, auch »Palmfarne« genannt), Schachtelhalme und sogar bis zu 10 Meter lange Stämme von Nadelbäumen (Koniferen) gefunden worden: Beweise dafür, daß das Gebiet zur Zeit des Unterlias in Landnähe gelegen haben mußte. Wo genau aber befand sich damals die Küste, und welchen Weg hatte der Knochen bis hierher zum Fundort zurückgelegt?

Bei der genauen Untersuchung des Knochens fiel Rupert Wild eine Besonderheit auf, die einen Ansatz zur Lösung der Frage nach der Herkunft des Knochens zu geben versprach. Jeweils am unteren und am oberen Ende des Schienbeines waren zwei Gruben, Aushöhlungen zu sehen, die der Fachmann als Korrosionskonkavitäten bezeichnet. Sie konnten nur entstehen, wenn der Knochen längere Zeit der Erosion, also der Wirkung von Wind und Sand, Temperaturunterschieden und Niederschlägen ausgesetzt war. Da sich diese Erosionsaushöhlungen jeweils nur am oberen und unteren Ende des Schienbeinknochens finden ließen, schloß der Stuttgarter Paläonto-

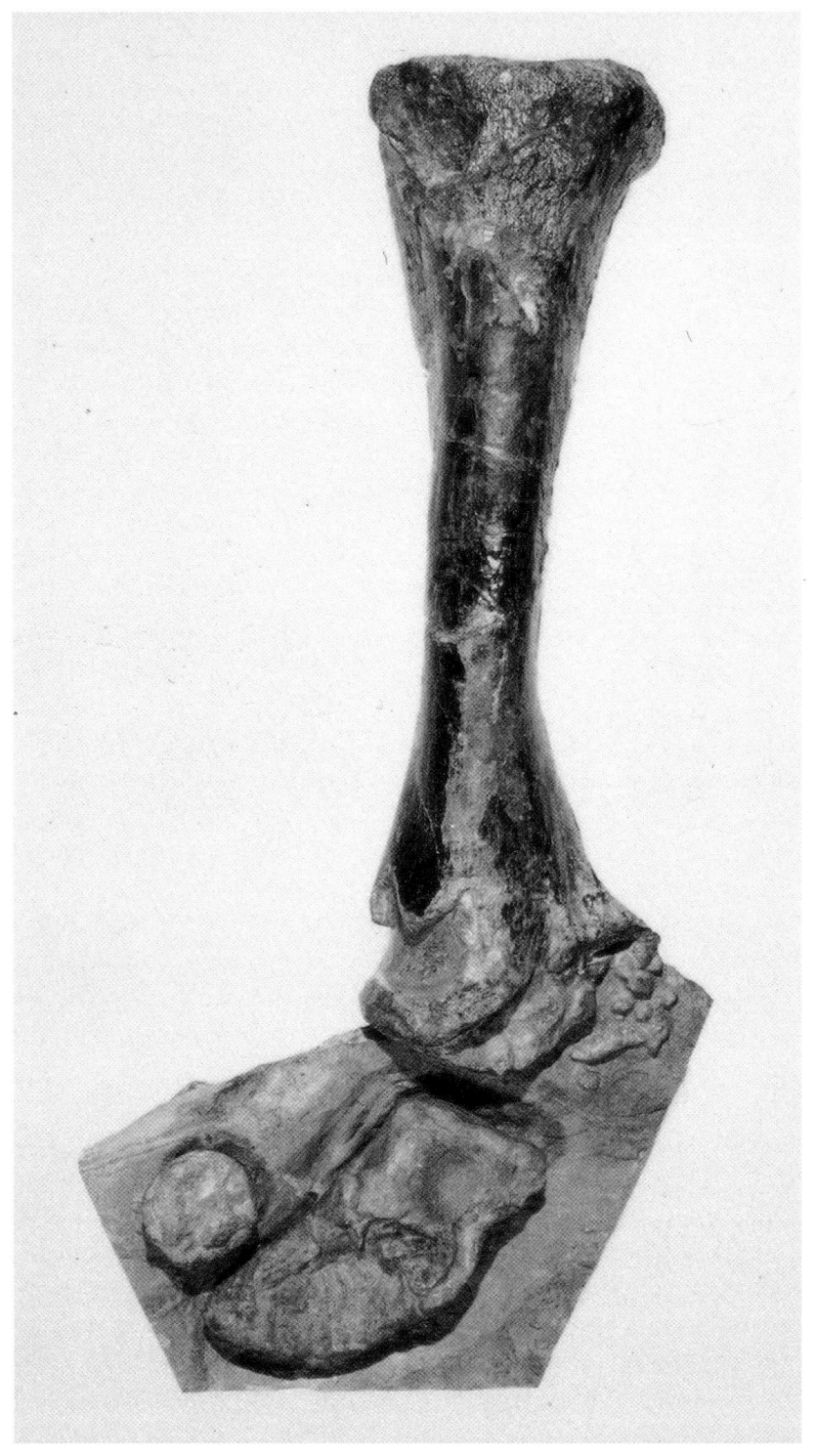

Ohmdenosaurus liasicus. Rechter Unterschenkel und Fußwurzel eines urtümlichen Sauropoden von nur 4 Metern Länge aus dem Schwarzjura von Ohmden in Württemberg.

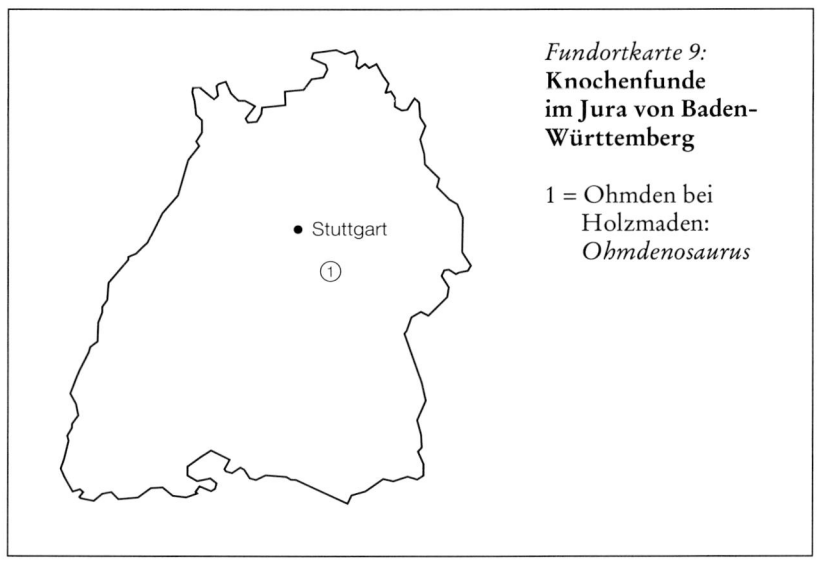

Fundortkarte 9:
**Knochenfunde
im Jura von Baden-
Württemberg**

1 = Ohmden bei
    Holzmaden:
    Ohmdenosaurus

• Stuttgart

①

loge, daß der Knochen wahrscheinlich für einige Zeit im Schlamm oder im Sand so eingebettet lag, daß er zwar seitlich vom Sediment umschlossen wurde, die freiliegenden Gelenkenden aber der zerstörerischen Witterung preisgegeben waren. Theoretisch hätten die Erosionsmarken auch unter Wasser entstehen können. Da aber bisher weder bei einem Land- noch bei einem Meereswirbeltier aus den Posidonienschiefern Mitteleuropas derartiges beobachtet werden konnte und außerdem bekannt ist, daß damals direkt über dem Meeresboden so gut wie keine kräftigen Strömungen herrschten, kann man davon ausgehen, daß die Erosionsmarken an Land entstanden sind. Als der nach seinem Fundort 1978 von Dr. Wild *Ohmdenosaurus* benannte Dinosaurier starb, wurde sein Kadaver wahrscheinlich im Bereich eines Flußdeltas an die Küste transportiert, und dort könnten sich Fleisch- bzw. Aasfresser seiner bemächtigt haben. Da das rechte Hinterbein doch von beachtlichem Gewicht gewesen sein muß, konnten dies keine kleinen Tiere bewerkstelligt haben, es mußten mindestens größere Plesiosaurier oder kräftige Meereskrokodile gewesen sein, die das Hinterbein samt anhaftendem Fleisch verschleppten. Da die nächste Küstenlinie nach geologischen Erkenntnissen immerhin etwa 100 Kilometer entfernt südöstlich von Holzmaden lag, hat der Knochen eine lange Reise unternommen.

Irgendwo im Meer sank das abgefressene Hinterbein, noch durch Sehnen zusammengehalten, auf den Meeresboden. Die restlichen

147

Durch einen Nebel-
schleier getrennt sind
die beiden Sauro-
poden *Ohmdenosau-
rus liasicus* (unten)
und *Brachiosaurus
altithorax* (hinten),
die zu unterschied-
lichen Zeiten lebten!
Fast 40 Millionen
Jahre dauerte es, bis
aus so kleinen For-
men wie dem nur
4 Meter langen
Ohmdenosaurus
Riesensauropoden
wie *Brachiosaurus*
(der in Afrika, Nord-
amerika und Portugal
gefunden wurde und
25 bis 30 Meter lang
und 12 bis 16 Meter
hoch wurde) hervor-
gingen. Nur zum
Größenvergleich sind
hier beide auf einem
Bild dargestellt.

Weichteile faulten weg, wobei auch die fleisch- und aasfressende
Schnecke *Coelodiscus,* die fossil im Gestein am Knochen gefunden
wurde, Fleischreste mit ihrer rauhen Zunge (Radula) abgeraspelt
haben dürfte. Ohne den Zusammenhalt durch Fleisch und Sehnen
zerfiel das Hinterbein endlich ganz, Wadenbein und Zehenknochen
lösten sich ab, Schienbein und Fußwurzelknochen aber wurden im
Sediment eingebettet und konnten so im Laufe der Jahrmillionen
fossil werden.

Was für eine Art von Dinosaurier war nun *Ohmdenosaurus
liasicus?* Es ist ein glücklicher Zufall, daß gerade Teile des Fußgelenks
von *Ohmdenosaurus* erhalten geblieben sind, denn an ihnen lassen
sich Informationen über die Identität und Verwandtschaftsbeziehungen dieses Dinosauriers ablesen. Rupert Wild kam nach seinen
vergleichenden Untersuchungen zu dem Schluß, daß *Ohmdenosaurus* ein Echsenbeckendinosaurier (Saurischier) und, genauer noch,
ein Elefantenfußdinosaurier (Sauropode) war, ein geologisch sehr
alter Vorläufer jenes späteren Riesengeschlechtes unter den Dinosauriern, das Arten von bis zu weit mehr als 30 Meter Länge hervor-
bringen sollte. Mit Größenrekorden kann *Ohmdenosaurus* aber
selbst nicht aufwarten, ganz im Gegenteil, mit nur 3 bis 4 Meter
geschätzter Gesamtlänge gehört er zu den kleinsten Vertretern seiner
Sippe. In einigen Merkmalen erinnert der Lias-Sauropode noch an
die Dinosauriergruppe, die 30 Millionen Jahre früher den Platz der
Sauropoden eingenommen hatte, die Prosauropoden. Leider haben
wir keine Ahnung, was zwischen dem Oberen Nor in der Trias und
dem Mittleren Toarc im Jura geschehen ist und wie der Übergang
von Prosauropoden wie *Sellosaurus* und *Plateosaurus* zu urtümlichen Sauropoden wie *Ohmdenosaurus* vonstatten ging.

Sicher ist, daß *Ohmdenosaurus* im Gegensatz zu den Prosauropoden ständig auf vier Beinen ging, denn aus den Proportionen des
Schienbeines läßt sich ein offensichtlich sehr kräftiger Körperbau
ablesen, der eine zweibeinige Fortbewegungsweise unmöglich
machte. Geht man von dem 50 Zentimeter hohen Hinterbeinrest aus,
würde *Ohmdenosaurus* einem ausgewachsenen Menschen gerade bis
zur Hüfte gereicht haben.

1990 hat John S. McIntosh, ein aus Middletown, USA, stammen-
der Spezialist für Sauropoden, *Ohmdenosaurus* in eine Familie sehr
primitiver Sauropoden eingereiht, die Vulcanodontidae. Diese sehr
ursprünglichen Sauropoden mit dem an Science-Fiction-Figuren
erinnernden wissenschaftlichen Namen sind bis jetzt aus Südafrika,

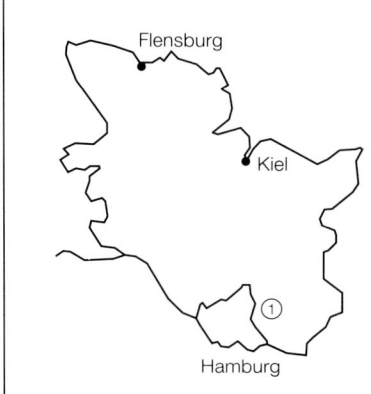

Fundortkarte 10: **Knochenfunde im Jura Schleswig-Holsteins**

1 = Ahrensburg bei Hamburg: Ein mittelgroßer Raubdinosaurier: *Megalosaurus*

Indien und China bekannt und mit *Ohmdenosaurus* nun wahrscheinlich auch aus Deutschland. John S. McIntosh meint, daß das Schienbein von *Ohmdenosaurus* sehr demjenigen von *Vulcanodon* selbst, einem etwa 6,50 Meter langen »Ur-Sauropoden« aus Simbabwe, gleicht, obwohl auch gewisse Unterschiede bestehen, wie sie zwischen zwei Gattungen erwartet werden können. Leider kennt man von keinem der Vulcanodontier Schädel, so daß die Gestalt der Kiefer und die genaue Ernährungsweise im dunkeln liegen, aber Pflanzenkost erscheint am wahrscheinlichsten. Keinesfalls waren die Vulcanodontidae Fleischfresser, wie ursprünglich angenommen wurde, weil man bei der indischen und der afrikanischen Gattung jeweils gesägte fleischfresserähnliche Zähne gefunden hat. Diese Zähne sind einem Theropoden ausgefallen, als er sich an den Pflanzenfresserkadavern zu schaffen machte.

Wenn auch das, was uns von *Ohmdenosaurus liasicus* fossil erhalten geblieben ist, recht dürftig erscheint, so wissen wir dadurch immerhin, daß in Deutschland zur Zeit des Oberlias urtümliche Kleinsauropoden, Vorläufer der Riesensauropoden, der größten Landwirbeltiere aller Zeiten, gelebt haben.

Der Wirbelknochen aus der Ahrensburger Liasknolle

Drei Jahre vor seinem Tod am 4. April 1969 erschien 1966 einer der letzten wissenschaftlichen Aufsätze des zeitlebens so kreativen Tübinger Saurier-Experten Friedrich von Huene. In ihm beschäftigte er sich mit einem Fossil, das ihm Professor Ulrich Lehmann von der Universität Hamburg zur Begutachtung geschickt hatte.

In einer braun-orange gefärbten, abgerundeten Gesteinsknolle war ein dunkler Knochen entdeckt worden. Die Kiesgrube, aus der er kam, liegt im Forst Hagen bei Ahrensburg (Schleswig-Holstein), nahe am nordöstlichen Stadtrand von Hamburg. Noch heute ist sie für ihre Fossilien aus der Zeit des Unteren Jura bekannt. Die sogenannten »Ahrensburger Liaskugeln« enthalten sowohl fossile Tiere als auch Pflanzen aus dieser Zeit: Ammoniten, Fische, Schnecken, Muscheln, auch Hautzähnchen von Haien oder Knochen von Meeresreptilien, zum Beispiel von Plesiosauriern oder Fischsauriern, wurden schon entdeckt. Dies alles sind Reste mariner, also meeresbewohnender Tiere. Bisweilen gesellten sich aber auch Funde fossiler Landpflanzen wie Schachtelhalm oder Zapfen und Äste von Araukarien dazu, die nahelegten, daß damals, zur Zeit des Lias im Toarc, vor etwa 190 Millionen Jahren, auch Land in der Nähe ge-

Auf den kräftigen Hinterbeinen laufend und mit scharfen Zahnreihen ausgestattet: so könnte der Raubdinosaurier ausgesehen haben, von dem der Wirbelknochen aus Ahrensburg stammt.

Wirbelknochen eines mittelgroßen Raubdinosauriers aus dem Unteren Jura, der in Ahrensburg (Schleswig-Holstein) unweit Hamburgs gefunden wurde.

wesen sein muß. Dieses existierte im Norden als »Baltischer Schild«, von dessen Küsten die Pflanzen und nun auch – wie Friedrich von Huene herausfand – der dunkle Knochen stammen mußte.

Huene ließ durch den Knochen hindurch einen Schnitt anlegen und kam zu dem Schluß, daß es sich um den Wirbel eines Dinosauriers handeln müsse, genauer gesagt um den Wirbel eines fleischfressenden Dinosauriers von mittlerer Größe. Wie fast alle anderen Reste, die man in Deutschland von größeren Raubdinosauriern gefunden hat, wurde auch dieser Knochen einem Megalosaurier zugerechnet. Es ist aber sehr unwahrscheinlich, daß die Gattung *Megalosaurus* vom Anfang des Jura bis in die tiefe Kreide gelebt haben soll.

Heute beurteilt man die Einschätzung von Friedrich von Huene kritisch, da der Wirbel nicht sehr gut erhalten ist und deswegen nur sehr bedingt auf die Identität des dazugehörigen Tieres geschlossen werden kann. Immerhin besteht die Wahrscheinlichkeit, daß zur Zeit des ausgehenden Unteren Jura auf dem nördlich gelegenen Festland derartige mittelgroße Raubdinosaurier gelebt haben. Sicher könnten neue Funde darüber bessere Auskunft geben als dieser Wirbelknochen aus der Ahrensburger Liasknolle.

Der Stegosaurier aus dem Wiehengebirge

Die Dinosaurier des zu Ende gehenden Unteren Jura, von denen wir mit dem Ahrensburger Raubdinosaurier, dem Kleinsauropoden *Ohmdenosaurus* und dem gepanzerten Vogelbeckendinosaurier *Emausaurus* sicherlich nur einen kleinen Ausschnitt kennen, starben irgendwann aus, hatten aber vorher den Grundstein für die nächsten Dinosauriergenerationen gelegt. Aus ihnen entwickelten sich die großen Fleischfresser (Carnosaurier), die riesigen Sauropoden des Oberjura, und auch die Stegosaurier, die mit ihren Knochenplatten und -stacheln im Mittleren Jura die Erde zu bevölkern begannen.

Noch vor einem Jahrzehnt lag zwischen dem Liasende vor 188 Millionen Jahren und den oberjurassischen Landschaften, in denen so berühmte fossile Lebensgemeinschaften wie die von Solnhofen existierten, im Fossiliennachweis der Dinosaurier eine riesige Lücke von beinahe 35 Millionen Jahren. Mit anderen Worten: Aus dem gesamten Dogger, dem Mittleren Jura, kannte man aus Deutschland keinen einzigen Dinosaurier.

Im steilen Hang dieses Steinbruchs im Wiehengebirge wurden 1982 mehrere Knochen des ersten Stegosauriers aus Deutschland entdeckt.

153

Diese unbefriedigende Situation sollte sich erst im Juli 1982 ändern, als die Jugendgruppe des »Naturwissenschaftlichen Vereins von Bielefeld und Umgebung« das zwischen Osnabrück und Minden gelegene Wiehengebirge besuchte. Hier, am Nordhang der bis zu 300 Meter hohen Hügel, wollten die Jugendlichen verschiedene Steinbrüche aufsuchen, in denen sie Fossilien vermuteten. Wie es der Zufall wollte, machte sich noch eine weitere nordrhein-westfälische Jugendgruppe von der »Bündener Geologischen Interessengemeinschaft« in diesem Terrain kundig. Ein weiterer Zufall führte dazu, daß die Teilnehmer der beiden naturwissenschaftlich-geologischen Wochenendexkursionen im gleichen Steinbruch aktiv und auch fündig wurden. Da dies aber nicht zeitgleich geschah, wußten beide Gruppen nichts voneinander.

Im Steinbruch erwies sich vor allem ein steiler, rutschiger Hang als fundreich: Manche der dort entdeckten, spiralig aufgewundenen Ammonitengehäuse waren in einem sehr guten Erhaltungszustand. In der Ausbeute jenes Wochenendes befanden sich aber auch andere Fossilien, mit denen die jungen Fossiliensammler wenig anfangen konnten: Lange und relativ dünne Stäbe, die an zu Stein gewordene Schilfstengel erinnerten. Trotz ihrer Erfahrung beim Fossiliensammeln war den Hobby-Paläontologen vorher noch nie etwas Vergleichbares zu Augen gekommen, so daß sie beschlossen, den Rat eines erfahrenen Wissenschaftlers einzuholen. Noch am gleichen Abend besuchten sie Dr. Martin Büchner, den Leiter des Bielefelder Naturkundemuseums. Büchner, gerade mitten in Urlaubsvorbereitungen, begutachtete die rätselhaften Fossilien, die ihm die Jugendlichen vorgelegt hatten, und kam zu dem Schluß, daß es sich dabei um Knochen eines fossilen Wirbeltieres handeln müsse, ohne allerdings die Zugehörigkeit zu einem bestimmten Tier festlegen zu können. Wegen der möglichen Bedeutung der Funde verständigte er das nach dem Gesetz zuständige Amt für Bodendenkmalpflege in Münster. Bereits zwei Tage später traf sich die Bielefelder Jugendgruppe mit einem Mitarbeiter des Amtes, um ihm ihre Funde und den Steinbruch, aus dem sie stammten, zu zeigen.

Erst ein halbes Jahr später kam es zu einem Kontakt zwischen den beiden Vereinsgruppen, die den Steinbruch im vierzehntägigen Rhythmus besucht hatten, ohne voneinander etwas zu wissen. Jetzt konnten sie ihre gemeinsamen Funde und ihre Erfahrungen austauschen, was zur Folge hatte, daß man eine gemeinschaftlich durchgeführte Nachsuche ins Auge faßte. Alle waren davon überzeugt, daß der steile Hang im Steinbruch noch weitere Fossilien freigeben würde.

Am 1. November 1983 räumten die Hobby-Fossiliensammler im Steinbruch zunächst den überdeckenden Verwitterungsschutt zur Seite und stießen tatsächlich bald auf weitere Knochen. Nach einigen Stunden Arbeit waren bis zum Abend bereits mehrere Quadratmeter einer Schicht freigelegt, auf der ein Feld mit scheinbar wirr durcheinanderliegenden Knochen, vermischt mit Ammoniten, offenlag. Der damals 19jährige Chemielaborantenschüler Ralf Metzdorf aus Bielefeld, der sich schon seit geraumer Zeit für Fossilien interessierte, ging sehr professionell vor: Er fotografierte nicht nur die Ausgrabungen, sondern dokumentierte auch die Lage der fossilen Knochen in einer Feldskizze. Dadurch läßt sich auch heute noch die exakte Fundsituation rekonstruieren. Die Funde dieses Tages wurden zum Teil dem Naturkundemuseum in Bielefeld übergeben, zum anderen Teil wanderten sie aber in Privatsammlungen, in denen sie sich auch heute noch befinden.

Die Knochenfunde werden bestimmt

Gewißheit, daß es sich bei ihren Fundstücken tatsächlich um Knochen und nicht etwa um versteinertes Treibholz handelte, erhielten die Fossiliensucher erst durch Martin Büchner, der einen Dünnschliff anfertigen ließ, wobei in der hauchdünn geschnittenen Steinscheibe unter dem Mikroskop die typische Zell- und Wachstumsstruktur eines Knochens sichtbar wurde.

Um die Identität der Knochen zu bestimmen, wurde bereits 1983 der Stuttgarter Wirbeltier-Paläontologe Rupert Wild zu Rate gezogen. Zwar bestätigte er, daß es sich um Knochen eines Sauriers handeln müsse, da aber noch keine Präparation erfolgt war, konnte er die Knochen nicht von allen Seiten betrachten und etwaige Merkmale bestimmen.

Der 1982 maßgeblich an der Amateur-Grabung beteiligte ehemalige Schüler Ralf Metzdorf hatte inzwischen seine Berufspläne geändert und erhielt am Westfälischen Museum für Naturkunde in Münster eine Anstellung als Grabungshelfer. Im Jahr 1986 wurden dann alle Knochen aus dem Wiehengebirge nach Münster gebracht, wo sie von Ralf Metzdorf freipräpariert und damit von ihren steinernen Hüllen befreit wurden. Jetzt konnten die Knochen weit besser un-

Rund 750 Kilometer von den bisherigen Fundpunkten in der Normandie und in Südostengland entfernt, ist der Stegosaurierfund aus dem Wiehengebirge bis jetzt der östlichste in Europa.

tersucht werden als 1982, und so machte sich Metzdorf im Frühjahr des gleichen Jahres auf den Weg nach Stuttgart zu Rupert Wild. Und nun gelang diesem auch die Bestimmung der Knochen: ein an der Spitze abgebrochener, ursprünglich spitzkonischer Knochen, der fast an die Schultüte eines Erstkläßlers erinnerte, führte Wild zur richtigen »paläontologischen Schublade«. Was hier vor ihm lag, war zweifellos der Stachel eines Plattendinosauriers. Damit erschien es wahrscheinlich, daß zumindest Teile der restlichen Knochenfunde ebenfalls von einem *Stegosaurus*-Skelett stammten. Dies war eine aufregende Entdeckung, da während der immerhin mehr als 150 Jahre alten Dinosaurierforschung in Deutschland noch kein einziger Hinweis auf diese gepanzerten Vogelbeckendinosaurier aufgetaucht war. Nicht einmal Fährten kannte man bisher von diesen jurassischen Leviathanen, und nun gehörte der erste Dinosaurierfund aus dem Mitteljura Deutschlands gleich zu dieser bei uns bisher noch nicht nachgewiesenen Dinosaurierunterordnung!

Zur Zeit der Entdeckung des ersten Stegosauriers war *Emausaurus ernsti* noch nicht beschrieben, aber heute wissen wir, daß die Entwicklung zu den Stegosauriern des Mitteljura im ausgehenden Unterjura ihren Anfang nahm.

156

Ralf Metzdorf wollte noch weitere Gewißheit über diesen wichtigen Fund erhalten und unternahm deshalb im Januar 1988 eine Reise nach England. Dort ließ er sich im berühmten Londoner naturgeschichtlichen Museum von der Saurier-Spezialistin Dr. Angela Milner die in England gefundenen Stegosaurierreste zeigen. Besonders interessierte ihn auch das Skelett des 4 Meter langen *Kentrosaurus aethiopicus.* Dieser 1909 in Ostafrika entdeckte Stegosaurier besaß spitze Stacheln, die in zwei Reihen seinen Rücken hinabliefen. Die Form dieser Rückenstacheln erinnerte Ralf Metzdorf sehr an die des Stegosauriers aus dem Wiehengebirge.

Eigenartigerweise waren die Skelette der in England gefundenen Stegosaurier nicht selten mit denjenigen eines sehr großen Fisches namens *Leedsichthys problematicus* wie in einem Puzzle vermengt.

Auch in dem westfälischen Steinbruch hatte Ralf Metzdorf Knochen gesehen, die zu einem ganz ähnlichen Fischriesen gehören mußten. Der englische *Leedsichthys* war ein 10 bis 20 Meter langer Fisch, der ähnlich wie heutige Bartenwale und Walhaie mit Hilfe seiner 40 000 nadelspitzen Zähnchen Kleinstlebewesen aus dem Meereswasser filtrieren konnte. Mehrfach kam es zu Verwechslungen von *Leedsichthys*- und Stegosaurierteilen: Kiemenbögen waren als Stacheln und Teile des Schädeldaches als Stegosaurierplatten fehlinterpretiert worden. Selbst Kapazitäten wie Friedrich von Huene oder der englische Paläontologe John W. Hulke waren derartigen Verwechslungen aufgesessen, die sich oft erst viele Jahrzehnte später bei erneuten Untersuchungen klären ließen. Eine erneute Reise von Ralf Metzdorf, die ihn im Januar 1992 in das Museum der Universität von Cambridge führte, zeigte ihm, daß manche der ursprünglich als Stegosaurierknochen angesprochenen Fossilien in Wirklichkeit zu dem Riesenfisch gehören könnten; sogenannte Sehnenknochen scheinen demnach Teile der Fischflossen gewesen zu sein.

Die Zusammenschwemmung von Knochen landbewohnender Dinosaurier mit denen eines riesigen Meeresbewohners wirft die Frage auf, wie die Landschaft zu jener Zeit aussah, als der Stegosaurier lebte.

1989 führte Dr. Wolfgang Riegraf im Auftrag des Naturkundemuseums in Münster die letzte Grabung nach weiteren Stegosaurierresten durch. Auf einer sehr umfangreichen Abgrabungsfläche konnten während der 14tägigen Kampagne allerdings nur noch wenige Knochensplitter des ehemaligen Skelettes geborgen werden, die zudem auch schon durch die Verwitterung gelitten hatten. Wolfgang Riegraf hat sich aber auch mit den Todesumständen und der Umwelt des Stegosauriers beschäftigt. Nach den geologisch-paläontologischen Untersuchungen befand sich in der Region, in der der Stegosaurier gefunden wurde, vor ca. 165 Millionen Jahren zur Zeit des Callovium im Mittleren Jura ein Meer. Nach seinem Tod scheint der Stegosaurier in einen flacheren Bereich dieses Meeres gefallen oder von einem Fluß dorthin transportiert worden zu sein.

Merkwürdig ist dabei das Fehlen des Schädels, von dem sich bis heute nichts finden ließ, auch keine isolierten Zähne, was dafür sprechen würde, daß der Stegosaurier möglicherweise bereits als Leiche ohne Kopf in das Meer gelangte. Erst als die Gase aus seinem Körper entwichen waren, konnte er auf den Meeresboden sinken. Vielleicht war er aber auch mumifiziert und trieb auf das Meer hinaus, wobei er relativ nah an der Oberfläche im Wasser schwamm. Nach seinem Zerfall wurden die Einzelknochen des Skelettes von leichten Meeresströmungen verteilt. Daß solche Strömungen existierten, läßt sich am Fundort an den Gehäusen der Belemniten, Tintenfischen verwandten Kopffüßern, ablesen, die alle in einer Richtung orientiert sind. Auch die Skizze der Fundsituation, die Ralf Metzdorf angefertigt hat, belegt derartige Verfrachtungen, da sie zeigt, daß der Stegosaurierkadaver auf einer Fläche von circa 30 x 30 Meter innerhalb mehrerer Rinnen abgelagert worden ist. Auf dem Boden dieses flachen Meeresabschnittes wuchsen unterschiedliche Muscheln und Austern, über denen die Spiralgehäuse der Ammoniten im Wasser trieben. Da auch Zähne des Haifisches *Hexanchus* und zwei Wirbel eines wahrscheinlich meereslebenden Krokodils zur Fauna der Callovium-See gehörten, ist es nicht ausgeschlossen, daß sich diese Fleischfresser am Stegosaurierkadaver gütlich taten.

Die Identität des Stegosauriers aus dem Wiehengebirge

Natürlich möchte man gerne wissen, welcher Stegosauriergattung der Neufund aus dem Mitteljura Nordrhein-Westfalens angehört. Dafür muß ein Spezialist aber Dutzende von Stunden auf das Studium der Knochen verwenden. Ob die Menge der Einzelknochen überhaupt ausreicht, sie einer bereits bekannten Gattung zuzurechnen, oder ob lediglich die Tatsache festgestellt werden kann, daß im Mittleren Jura mindestens eine Stegosauriergattung in Deutschland

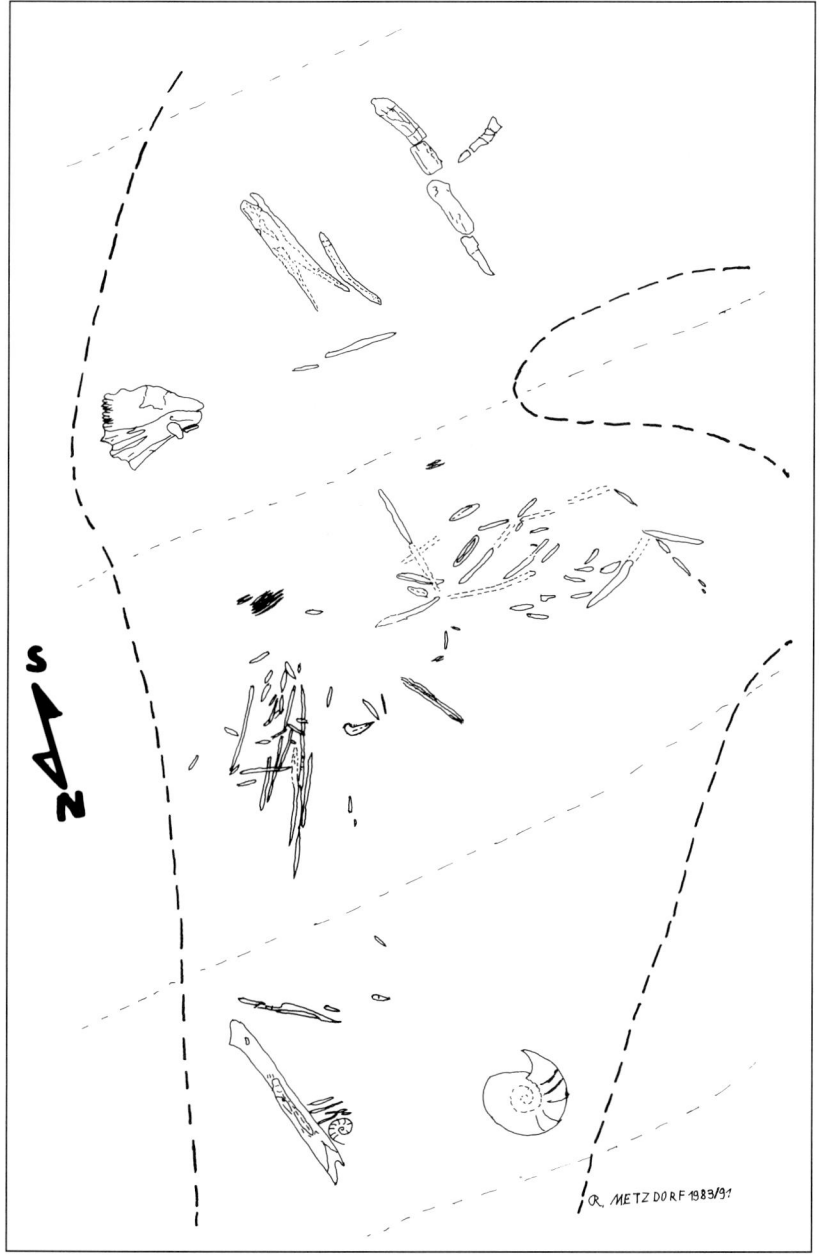

Vermischt mit Ammoniten und Knochen eines Riesenfisches sind die Reste des Stegosauriers vom Wiehengebirge, die 1982 von Ralf Metzdorf gefunden wurden.

gelebt hat, bleibt noch offen. Derzeit scheint ziemlich sicher, daß der Stegosaurier aus dem Wiehengebirge innerhalb der nächsten Jahre von Peter Galton untersucht werden wird. Galton ist nicht nur ein Spezialist für Prosauropoden, er hat sich unter anderem auch ausführlich mit europäischen Plattendinosauriern befaßt. Eine Schwie-

Gegenüberliegende Seite:
Gerade ein Jahrzehnt ist es her, daß die wenigen Reste des Stegosauriers aus Deutschland im Wiehengebirge gefunden worden sind. Sehr wahrscheinlich ähnelte dieser deutsche Plattendinosaurier dem zeitgleich in England und Frankreich lebenden, etwa 6 Meter langen *Lexovisaurus*. Neben den Rückenplatten verfügte *Lexovisaurus* über Schwanzstacheln und zwei über den Schulterblättern sitzende Stacheln. *Lexovisaurus* war wie alle anderen Vertreter dieser gepanzerten Vogelbeckendinosaurier ein harmloser Pflanzenfresser.

rigkeit, die ihn bei der Arbeit erwarten wird, liegt in der Aufsplitterung des Knochenmaterials. Nicht nur aus den Magazinen des Münsteraner Museums, sondern auch aus wenigstens sieben Privatsammlungen müssen alle Reste des westfälischen Dinosauriers an einen Ort gebracht werden. Dazu gehören die interessanten Stacheln und Reste von flachgedrückten Rippen, die aber auch von großen Pliosauriern stammen könnten, die damals zu den beherrschenden Meeressauriern zählten. Auch Teile von größeren Extremitätenknochen scheinen zu dem Stegosaurier zu gehören.

Mehrere Jahre werden vergehen, bis festgestellt werden kann, zu welcher Gattung der Stegosaurier aus dem Wiehengebirge gestellt werden kann; entweder er fügt sich in eine der bereits bestehenden europäischen Stegosauriergattungen ein, oder er muß einer neuen Gattung oder Art zugerechnet werden.

Im europäischen Jura sind solche Vogelbeckendinosaurier, die wegen ihres »zweiten Gehirns« (eine Nervenverdickung) in der Beckenregion berühmt sind, mit drei Gattungen vertreten: *Craterosaurus*, *Dacentrurus* und *Lexovisaurus*. Der sieben Meter lange *Dacentrurus* und der sehr wenig bekannte *Craterosaurus* scheiden für eine Zuordnung wohl aus, weil sie geologisch jünger sind. *Lexovisaurus durobrivensis* kennt man dagegen vom Unteren Callov bis zum Kimmeridge, und er ist damit, geologisch gesehen, ungefähr gleich alt wie der Fund aus dem Wiehengebirge. Auch die Länge von etwa 5 bis 6 Metern, die man aus den Einzelknochen des deutschen Stegosauriers rekonstruieren kann, fügt sich in das Größenschema von *Lexovisaurus* ein. *Lexovisaurus* wurde 1887 zum erstenmal gefunden; seit dieser Zeit ist er mehrfach in Südengland und in Nordfrankreich nachgewiesen worden. Der bisher östlichste Fundpunkt befand sich allerdings bei Caen in der Normandie, rund 750 Kilometer vom deutschen Fundort entfernt. Damit ist der Stegosaurier aus dem Wiehengebirge der bisher östlichste Fund eines Plattendinosauriers in Europa.

Nicht nur was die geographische Fundsituation anbelangt, ist der Wiehengebirgsfund bemerkenswert, sondern auch wegen seines geologischen Alters. Da er aus dem Mittleren Callovium stammt, kann er als einer der weltweit ältesten Stegosaurierfunde gelten. Die bis jetzt bekannten ältesten Stegosaurier Europas kommen aus dem Unteren Bathon Englands, sind also etwa 174 Millionen Jahre alt. Etwas jünger sind die Funde des chinesischen *Huayangosaurus*, der im Bathon-Callov lebte. Der deutsche Fund dürfte mit 165 Millionen

Jahren nur etwa 10 Millionen Jahre jünger als der älteste europäische Stegosaurier sein. Der populärste Stegosaurier, der bis zu 9 Meter lange *Stegosaurus* selbst, lebte im Kimmeridge-Tithon Nordamerikas und ist mit 150 Millionen Jahren deutlich jünger.

Wie sah der deutsche Stegosaurier aus?

Obwohl die Identität des Stegosauriers aus Deutschland noch nicht feststeht, ist es sicher nicht verkehrt, anhand des nahe verwandten oder sogar mit ihm identischen *Lexovisaurus* sein wahrscheinliches Aussehen zu rekonstruieren. Nach allem, was die Paläontologen heute wissen, besaß *Lexovisaurus* eine Doppelreihe von Knochenplatten an Hals und Rücken, die im Bereich der Schwanzwurzel in Stacheln übergingen; ganz ähnliche hat man im Steinbruch gefunden. Wegen dieser Stacheln hatte man zunächst an ein Tier wie *Kentrosaurus* oder diesen selbst gedacht, der allerdings viel mehr dieser Spitzstacheln besessen hat als *Lexovisaurus.* Da man *Kentrosaurus* aber bis heute nur aus Ostafrika kennt, hätte ein Fund, so weit von Afrika entfernt, erhebliche biogeographische Probleme aufgeworfen. Wie hätte man die Tausende von Kilometern und das Meer zwischen den beiden Fundorten erklären können?

Die Stacheln, sofern sie wirklich zu *Lexovisaurus* oder einem ähnlich primitiven Stegosaurier gehören, scheinen im Bereich des hinteren Rückens, der Schwanzwurzel und der mittleren Schwanzabschnitte befestigt gewesen zu sein. Peter Galton hat sich 1990 um eine Rekonstruktion von *Lexovisaurus* bemüht, die sich auch auf neueste Funde aus England und Frankreich stützt, und der auch das *Lexovisaurus*-Lebensbild in diesem Kapitel zugrunde liegt. Demnach besaß *Lexovisaurus* zwei große, bis zu 1,20 Meter lange Stacheln, die aus einer jeweils breiten Ansatzfläche über den Schulterblättern wuchsen. Noch vor wenigen Jahren nahm man an, daß diese Stacheln über den Hüften saßen (»Para-Sacral-Stacheln«). Nachdem man sie aber bei einem chinesischen Stegosaurierskelett noch im Verband mit den Schulterblättern gefunden hat – und die Stegosaurier allesamt einen sehr konservativen Körperbau zeigen –, scheinen auch die europäischen Stegosaurier Schulterstacheln besessen zu haben.

162

Die Lebensweise der Stegosaurier

Obwohl man aus Europa und auch vom deutschen Fund keine Schädel von Stegosauriern kennt, kann man davon ausgehen, daß auch die urtümlichsten Stegosaurier schon auf pflanzliche Nahrung spezialisiert waren. Anders als ihre Verwandten unter den Vogelbeckendinosauriern, die zum Teil mit kräftigen Zähnen und sehr effektiven Kauapparaten ausgestattet waren, hatten die Stegosaurier ein eher schwaches Gebiß, das auf eine Nahrung schließen läßt, die von der anderer Vogelbeckendinosaurier deutlich abwich. Dr. David Weishampel aus Baltimore hat 1984 vermutet, daß sich die Stegosaurier von den fleischigen Teilen der Blütenstände von Blumenpalmfarnen (Benettiteen) und von Früchten der Palm- und Samenfarne ernährt haben. Allgemein wird heute angenommen, daß die Stegosaurier eher Bewohner höher gelegener, trockenerer Landstriche waren, wo sie mit anderer Nahrung als die tieflandbewohnenden Dinosaurier zurechtkommen mußten. Obwohl manche Wissenschaftler glauben, daß sich die Stegosaurier auf die Hinterbeine aufrichteten, um an höherwachsende Nahrungsquellen zu gelangen, werden sie die meiste Zeit vierfüßig laufend Pflanzen bis zu einem Meter Höhe abgeweidet haben.

Eine interessante Frage ist die nach dem Sinn der Stacheln und Platten der Stegosaurier. Die auf den ersten Blick logisch erscheinende Annahme, daß sie zur Verteidigung gegen Fleischfresser dienten, kann nicht ganz richtig sein. So sind die Rückenplatten etwa bei *Lexovisaurus* trotz ihrer Größe sehr dünn; ihre Knochenstruktur ist sehr porös, sie scheinen gut durchblutet gewesen zu sein, so daß ihnen inzwischen eher eine Funktion zur Regelung der Körpertemperatur (»Kühlfächer«) zugesprochen wird. Die Platten könnten aber auch als Schau- und Imponierapparat gedient haben, vergleichbar heutigen Vögeln, die mit bunten Federn oder aufblasbaren Kehlsäcken zu beeindrucken suchen. Die Platten von *Lexovisaurus* und anderer Stegosaurier waren zu Lebzeiten des Tieres wohl von Haut überzogen, die durchaus bunt gewesen sein könnte. Die am Ende des Schwanzes sitzenden Stachelpaare und die zwei Schulterstacheln scheinen dagegen aktiv und passiv gegen Raubdinosaurier als Verteidigungswaffen eingesetzt worden zu sein.

Ob bei uns in Deutschland die in Literatur und Film oft gezeigten Kämpfe zwischen Stegosauriern und Raubdinosauriern, wie in den USA zwischen *Stegosaurus* und *Allosaurus,* stattgefunden haben,

wissen wir nicht. Im Gegensatz zu den wehrhaften ausgewachsenen Stegosauriern waren ihre Jungtiere aber sicherlich durch Theropoden gefährdet.

Der Fund des ersten deutschen Stegosauriers beweist einmal mehr, wie wenig man über die deutsche Dinosaurierfauna im Grunde weiß. Umso erfreulicher war es, daß diese Entdeckung eine schon lange bestehende Lücke im Jura schließen half und die Hoffnung auf weitere, noch unbekannte Dinosaurierfunde verstärkt hat.

Ein neuer Sauropode aus dem Malm Nordbayerns

In der zweiten Hälfte der Jurazeit, besonders aber im Oberen Jura, waren die Sauropoden, die pflanzenfressenden Echsenfußdinosaurier, die »Könige unter den Dinosauriern«. Hervorgegangen aus kleineren Formen, vergleichbar dem liassischen *Ohmdenosaurus,* entwickelten sie sich bald zu den größten pflanzenfressenden Tieren, die die Erde je gesehen hat. Aus Afrika, Südamerika, China und den Vereinigten Staaten kennt man im Oberjura Sauropoden von über 30 Meter Länge, die bis an die 50 Tonnen Gewicht gehabt haben müssen.

In Deutschland sind bis jetzt noch keine Skelette von Sauropoden aus dem Oberjura gefunden worden, und bis vor kurzem waren die Fährten von Barkhausen der einzige Hinweis darauf, daß auch bei uns zu dieser Zeit Sauropoden gelebt haben.

Doch wie der Stegosaurier aus dem Wiehengebirge erst jüngst unser Wissen über die Dinosaurier im Callovium erweiterte, gewährt der Fund eines Sauropodenknochens einen kleinen Einblick in das Oxfordium vor 156 bis 163 Millionen Jahren.

Gegen Ende des Jahres 1978 entdeckten die Kronacher Brüder Dr. Friedrich und Hans Martin auf der freigelegten Sohle eines Steinbruches zwischen den nordbayerischen Städten Kronach und Kulmbach scheibenartige Fossilien. Die Brüder sammelten schon seit 30 Jahren in ihrer Freizeit Fossilien. Zu ihren besten Funden aus der oberfränkischen Trias- und Jurazeit gehören Ammoniten, Krebse oder Seelilien, aber auch Wirbeltiere wie die Dachschädlerlurche (Stegocephalen).

Derzeit wird die Bearbeitung der Kronacher Funde in Stuttgart

Gegenüberliegende Seite:
Mit wenig mehr als 10 Meter Gesamtlänge war *Cetiosauriscus,* der auch in der Schweiz und in England gefunden wurde, ein ziemlich kleiner Sauropode der Oberen Jurazeit. Eines seiner Kennzeichen war der lange, peitschenähnliche Schwanz, den alle Mitglieder der Sauropodenfamilie Diplodocidae besaßen. Erst vor wenigen Jahren wurden in Nordbayern die ersten fossilen Knochen eines *Cetiosauriscus*-ähnlichen Sauropoden entdeckt, der auch die Fährten in Barkhausen verursacht haben könnte.

von Rupert Wild abgeschlossen. Durch Vergleiche konnte er herausfinden, daß wenigstens ein Wirbelknochen von einem Sauropoden stammt. Am ehesten ähnelt er einem Wirbel des Sauropoden *Cetiosauriscus* (»Walähnliche Echse«). Friedrich von Huene hat diesen Sauropoden, der vor 180 bis 150 Millionen Jahren in Europa weit verbreitet war, 1927 beschrieben. Von *Cetiosauriscus* kennt man bis jetzt aus England und der Schweiz vier Arten. Einer der ganz großen Sauropoden war *Cetiosauriscus* nicht. Mit einem mäßig langen Hals erreichte er »nur« 10 bis 15 Meter. Der ziemlich lange und peitschenartig auslaufende Schwanz ist ein typisches Kennzeichen der Sauropodenfamilie Diplodocidae, der so berühmte Echsenfußdinosaurier wie *Diplodocus* und *Apatosaurus* (früher *Brontosaurus*) und auch *Cetiosauriscus* angehören. Obwohl man bis heute keinen einzigen Schädel eines *Cetiosauriscus* kennt, nehmen die Paläontologen an, daß er dem von *Diplodocus* oder *Apatosaurus* ähnelte, also eher lang und niedrig war. Mit seinem nicht allzulangen Hals konnte *Cetiosauriscus* Pflanzen nur bis zu Höhen von wenigen Metern abweiden.

Ob die Kronacher Dinosaurierwirbel genau zu *Cetiosauriscus* oder zu einem ihm nahe verwandten Sauropoden gehören, ist noch nicht gesichert. Doch weiß man durch diese Funde, daß zu Beginn des Oberjura in Deutschland mittelgroße Sauropoden lebten. Etwas höher im Jura, im frühen Kimmeridge, kennt man aus der niedersächsischen Ortschaft Barkhausen Fährten, die Sauropoden verursacht haben, deren Größe zu *Cetiosauriscus* passen würde. Ob die Barkhausener Sauropoden allerdings mit den Kronacher Sauropoden identisch waren, bleibt vorerst nur Spekulation.

Die Sauropoden vom *Cetiosauriscus*-Typ scheinen nicht die einzigen Dinosaurier gewesen zu sein, die die oberfränkische Juralandschaft bewohnt haben. Ein weiterer Wirbelknochen vom gleichen Fundort bereitet Rupert Wild bei der Einstufung weit mehr Probleme. Möglicherweise gehört er zu einem Dinosaurier der anderen großen Gruppe, den Vogelbeckendinosauriern (Ornithischia).

Erst weitere Entdeckungen könnten zeigen, welcher Vogelbeckendinosaurier hier lebte. Trotz intensiver Nachsuche wurden jedoch in dem mittlerweile zugefüllten Steinbruch keine weiteren Knochen gefunden, die diese Frage hätten beantworten können.

Barkhausen: Doppelt so groß wie ein Elefant

Wenn man von der Norddeutschen Tiefebene aus nach Süden fährt, erhebt sich am Horizont eine Hügelkette, das schon erwähnte Wiehengebirge. In seinen Steinbrüchen treten Gesteine der unterschiedlichsten Erdzeitalter an die Oberfläche. Die jüngste Entdeckung in den Schichten des Mittleren Jura war der Stegosaurier aus dem Callovium, doch das Wiehengebirge ist wegen anderer Dinosaurierfunde wesentlich bekannter. Vor rund 70 Jahren wurden östlich von Osnabrück, im Ortsteil Barkhausen der Gemeinde Bad Essen, Fährten von Dinosauriern gefunden. Anders als die vergleichbaren Fährten von Münchehagen stammen sie aber nicht aus der Unteren Kreide, sondern aus dem Unteren bis Mittleren Kimmeridge vor circa 156 bis 153 Millionen Jahren, gehören also in den Malm, den Oberjura.

Vor der Entdeckung der Münchehagener Fährten waren dies die bedeutendsten Dinosaurierfährtenfunde Deutschlands, und bis heute sind sie hierzulande die einzigen ihrer Art aus der zweiten Jurahälfte geblieben.

In einem stillgelegten Steinbruch des nördlichen Wiehengebirges machte 1921 der Gießener Professor Walter Klüpfel eine aufregende Entdeckung. Im lieblichen Tal der Hunte, eines kleinen Flüßchens, das hier das Gebirge nach Norden verläßt, fand er die Fährten von vorzeitlichen Tieren. Walter Klüpfel sollte für die Deutsch-Luxemburgische Bergwerk- und Hütten-AG in Dortmund geologische Untersuchungen über Eisenerzlagerstätten durchführen. Wie so oft, war seine Entdeckung nur ein zufälliges Nebenprodukt einer ganz anderen Arbeit. Als Nichtfachmann übergab Klüpfel die nähere Untersuchung der von ihm entdeckten Fährten dem ausgewiesenen Spezialisten für fossile Fährten, dem Bückeburger Max Ballerstedt (1887–1945), der hier zum erstenmal mit einer jurassischen Fährte konfrontiert wurde.

Noch im selben Jahr, 1921, besuchte Ballerstedt Barkhausen, um sich ein eigenes Bild von der Entdeckung des Ingenieurs zu machen. Er konnte nicht nur bestätigen, daß im Steinbruch Bathauer »Spuren eines vorsintflutlichen Tieres« zu sehen seien, sondern schrieb an den Steinbruchbesitzer einen Brief, in dem er diesem mitteilte, daß es sich bei dem Gebilde an der Südwand seines Steinbruches um eine »eigenartige, wissenschaftlich sehr beachtenswerte Spur eines großen,

Runde Fußabdrücke
von Sauropoden des
Oberen Jura in einem
Steinbruch bei Bark-
hausen.

plumpen Schrecksauriers« handle. Ballerstedt erkannte zwar, daß die Gesteine in den Oberen Jura gehörten, datierte sie aber auf nur 7 bis 10 Millionen Jahre Alter.

Ballerstedt führte weiter aus, daß die Gesteinsschicht, auf der die Fährte entlangführt, damals die Erdoberfläche bildete, aber noch kein fester Stein, sondern ein stark kalkhaltiger Schlamm am Gestade des Jurameeres war. Nach der Darüberlagerung immer weiterer Sand- und Schlammschichten wären aus diesen nach Austrocknung und Härtung jene Steinschichten geworden, die jetzt im Steinbruch Stück für Stück abgetragen würden.

Obwohl damals erst eine Fährte sichtbar war, bezeichnete sie Max Ballerstedt bereits als ein wissenschaftlich wichtiges Naturdenkmal. Er konnte nicht ahnen, daß noch wesentlich mehr Fährten auf der Steinbruchwand zum Vorschein kommen würden.

Von den damals sichtbaren sechs Einzelfährten meinte Baller-stedt, daß sie nicht normal ausgebildet seien, weil »beim Nieder-setzen des Fußes dieser auf dem schlammigen Grund ins Glitschen gekommen ist«. Dadurch, so glaubte er, seien die Spuren nicht unwesentlich in der Länge verzerrt. Er hoffte aber, daß die weitere Aufdeckung der Spur auf dem mittleren und oberen Teil der Fels-

platte den normal ausgebildeten Verlauf erkennen lassen würde. Auch war er davon überzeugt, daß die Fährte im oberen Teil der Felsplatte, seit sie durch den Gesteinsabbau freigelegt wurde, nicht verwittert war, sondern nur deswegen undeutlich hervortrat, weil das die Fährteneindrücke ausfüllende Gestein noch vorhanden sei. Es sollte versucht werden, die Fährteneindrücke im Gestein in der gesamten Ausdehnung der Felsplatte freizulegen, dann werde man auch eine Vorstellung von der Gangweite des über die Platte gelaufenen Tieres bekommen. Nach der Größe der Fährten schätzte Max Ballerstedt, daß der Dinosaurier aus dem Steinbruch etwa doppelt so groß gewesen sein mußte wie der größte heute lebende Elefant.

Als später die darüberliegenden Gesteinsschichten abgebaut wurden, zeigte sich, daß insgesamt beinahe 50 Einzelfährten vorhanden waren, darunter sogar solche von einem anderen Typus mit drei sichtbaren Zehenabdrücken.

Anfangs wollte man die Fährten bergen, ließ diesen Plan wegen der Gefahr der Zerstörung aber wieder fallen und fertigte von der zuerst entdeckten Trittsiegelgruppe 1926 eine Gipsform an. 1960 wurden auch von der dritten Fährtengruppe mit dem Dreizeher für das Naturwissenschaftliche Museum in Osnabrück und das Landes-

Fährten von pflanzen- und fleischfressenden Dinosauriern, die 1921 im Huntetal bei Barkhausen entdeckt wurden.

169

museum in Hannover Abgüsse hergestellt. 1974 wurde dann noch ein weiterer Abguß gemacht, der in der nahegelegenen Gaststätte Spieker, beim »Saurierwirt«, zu sehen ist.

Die Konservierung der Fährtenplatte stellte sich als schwieriges Unterfangen heraus, da unter der Gesteinsplatte eine labile Schicht liegt, die durch Witterungseinflüsse, wie zum Beispiel Frost, sehr zerstörungsanfällig ist. Nicht umsonst wird sie als »Bröckelton-stein« bezeichnet. Da durch die witterungsbedingte Erosion auch die Wind und Wetter ausgesetzten Fährten in Mitleidenschaft gezogen wurden, sah man sich gezwungen, finanziell aufwendige Maßnah-men zu ihrer Konservierung einzuleiten. 1976 wurden Restaurie-rungsarbeiten vom Landkreis Osnabrück durchgeführt, bei denen an der Oberfläche der Fährtenplatte 17 Bohrlöcher angebracht wur-den. In diese ließ man Zementmilch einfließen, die sich mit der labilen Bröckeltonschicht verband. Durch Härtung entstand so eine solide Zementblock-Unterlage von bis zu 5 Meter Dicke. Auch die Fährtenoberfläche, in deren Spalten und Fugen Algen ihre zerstöre-rische Wirkung entfalten konnten, wurde durch Spezialhärter kon-serviert.

Neben den Bemühungen, die Fährten der Nachwelt zu erhalten, wurde der Steinbruch auch zu einem Freilichtmuseum ausgebaut, indem erläuternde Tafeln für die Besucher aufgestellt wurden. Betritt man heute an einem heißen Sommertag den Kessel des Steinbruches, in dem sich die Fährtenwand erstreckt, kann man sich nur schwer des Eindrucks erwehren, daß durch die üppige Vegetation am oberen Rand gleich ein Dinosaurier seinen Kopf strecken müßte.

Die erste Frage, die sich jeder Besucher des Freilichtmuseums stellt, ist, ob die Dinosaurier denn hier bergauf gelaufen sind, da die Gesteinsplatten in einem Winkel von 60 Grad zum Betrachter ge-neigt sind, so daß man die drei Fährtenkomplexe fast senkrecht vor Augen hat. Doch es waren gebirgsbildende Erdkräfte am Ende der Kreidezeit, die das 10 Meter lange und 6 Meter hohe Gesteinspaket mit den Dinosaurierfährten so emporgekippt haben.

Betrachtet man die Fährtenfolge einmal genauer, so sieht man, daß sie sich in drei voneinander unterscheidbare Teilfährtenbereiche gliedern läßt. Die in Richtung des Eingangs liegende Gruppe, die 1921 zuerst entdeckt worden war, rührt von einem einzelnen elefan-tenfüßigen Dinosaurier her, der mit etwa 1,50 Meter Schrittlänge gelaufen ist. Die ungefähr 35 Zentimeter großen, ovalen Hinterfuß-abdrücke traten dabei in die kleineren und etwas runderen Vorderfußstapfen. Auf 3 Meter Länge haben sich 8 Einzelabdrücke erhalten. Da sich in den Fährten keine Zehen- oder Klauenabdrücke abzeichnen, war es schwierig zu klären, in welche Richtung die Dinosaurier gelaufen waren. Was lag näher, um die Bewegungsrichtung eines elefantenfüßigen Tieres zu ermitteln, als einen heutigen Elefanten für einen Test einzusetzen? So ließ man in der Tat im Mai 1979 im Osnabrücker Zoo einen kleinen Afrikanischen Elefanten über einen feuchtlehmigen Untergrund gehen, mit dem die Bodenverhältnisse der Jurazeit nachempfunden wurden. Die durch die Elefantenfüße aufgeworfenen Lehmwülste zeigten, wie die Dinosaurier gelaufen sein mußten, denn auch sie hatten an den Vorderrändern der Fährten vergleichbare Wülste aufgewölbt.

Die zweite Fährtenfolge gleicht im wesentlichen der ersten, ist aber nicht so gut erhalten und deshalb möglicherweise zeitlich schon vor der ersten Fährte entstanden.

Wie die ersten beiden Gruppen orientiert sich auch die dritte Fährtengruppe nach Nordosten, das heißt, die Sauropoden sind scheinbar die Fährtenplatte »hinabgelaufen«. Als Besonderheit gesellen sich hier zu den Sauropodenabdrücken noch 63 Zentimeter lange Fährten von dreizehigen Dinosaurierfüßen dazu.

Zusammen mit weiteren, allerdings undeutlicheren Abdrücken sind, wie schon gesagt, so insgesamt beinahe 50 Einzelfußabdrücke zu sehen.

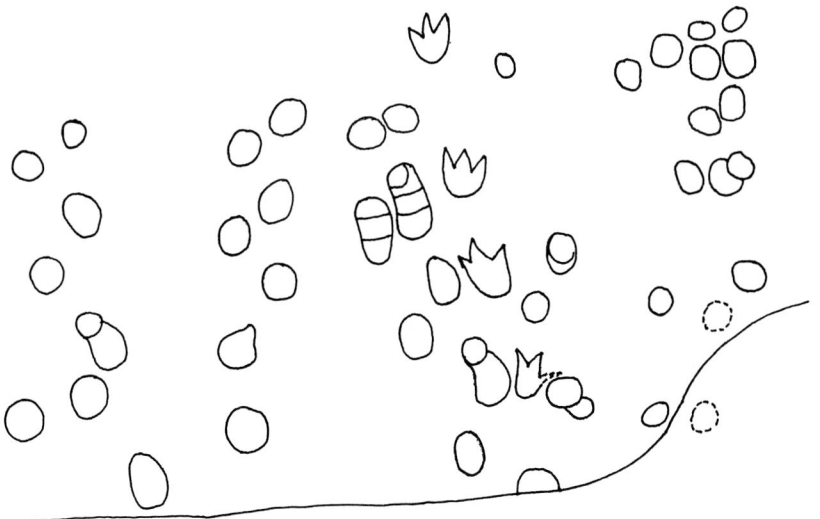

Die Einzelfährten der Fährtenplatte im Barkhausener Steinbruch wurden vor rund 154 Millionen Jahren von fleisch- und pflanzenfressenden Dinosauriern hinterlassen.

Die Paläontologen Matthias Kaever von der Universität Münster und der aus Paris stammende Albert S. de Lapparent haben sich zu Beginn der siebziger Jahre erneut mit der Frage beschäftigt, von welchen Dinosauriern die Fährten stammen. Aufgrund der Größe der runden Fährten gingen sie davon aus, daß es sich zweifelsfrei um pflanzenfressende Sauropoden handeln müsse, wobei aber nicht klar zu entscheiden sei, ob es sich um ausgewachsene oder jugendliche Tiere gehandelt habe. Sauropoden, wie der bereits erwähnte *Cetiosauriscus* mit einer Gesamtlänge von 10 bis maximal 15 Metern, lebten im Mittleren bis Oberen Jura Europas und könnten durchaus Erzeuger der Barkhausener Fährten gewesen sein. Andererseits ist aber nicht auszuschließen, daß hier etwa 13 Meter lange halbausgewachsene Tiere einer Art vorüberzogen, die weit länger als 20 Meter wurde. Obwohl an den Fährten keine Details auf Zehen oder Krallen verwiesen, die eine Abgrenzung von anderen, sehr ähnlichen Sauropodenfährten erlaubt hätten, gaben ihnen die beiden Wissenschaftler einen eigenen Namen: »*Elephantopoides barkhausensis*«, also »Elefantenähnliche Fährte aus Barkhausen«. Von manchen Paläontologen wurde die Entscheidung, solche mit anderen Fährten verwechselbare Trittsiegel wissenschaftlich derartig zu benennen allerdings nicht akzeptiert.

Die Fährte des dreizehigen Dinosauriers wurde von Matthias Kaever und Albert S. de Lapparent »*Megalosauropus teutonicus*« (»Teutonischer Großechsenfuß«) getauft. Die immer wieder mit dem Raubdinosaurier *Megalosaurus* in Verbindung gebrachte Fährte könnte allerdings von jedem anderen großen Theropoden herrühren. Leider gibt es in Deutschland aus dieser Zeit keine Skelettfunde, die zeigen könnten, welcher Fleischfresser seine Fußabdrücke im weichen Boden der Jurazeit hinterlassen hat.

Zunächst war angenommen worden, daß der Fleischfresser den Sauropoden nachgestellt habe; ähnliche Szenen von Pflanzenfressern, die von Raubdinosauriern verfolgt werden, sind aus den USA bekannt, wie sich an Fährten dort ablesen läßt. Doch in Barkhausen war die Laufrichtung des Fleischfressers eine ganz andere, da sie entgegengesetzt, nach Südwesten die Wand abwärts verlief. Die Barkhausener Fährten scheinen deshalb keine Momentaufnahme des oberjurassischen Lebens zu sein, sondern stellen eher eine Langzeitaufnahme dar. Diese Annahme wird unter anderem auch dadurch gestützt, daß auf dem gleichen »Weg«, den der Raubdinosaurier ging, zuvor und auch danach Sauropoden in die entgegengesetzte

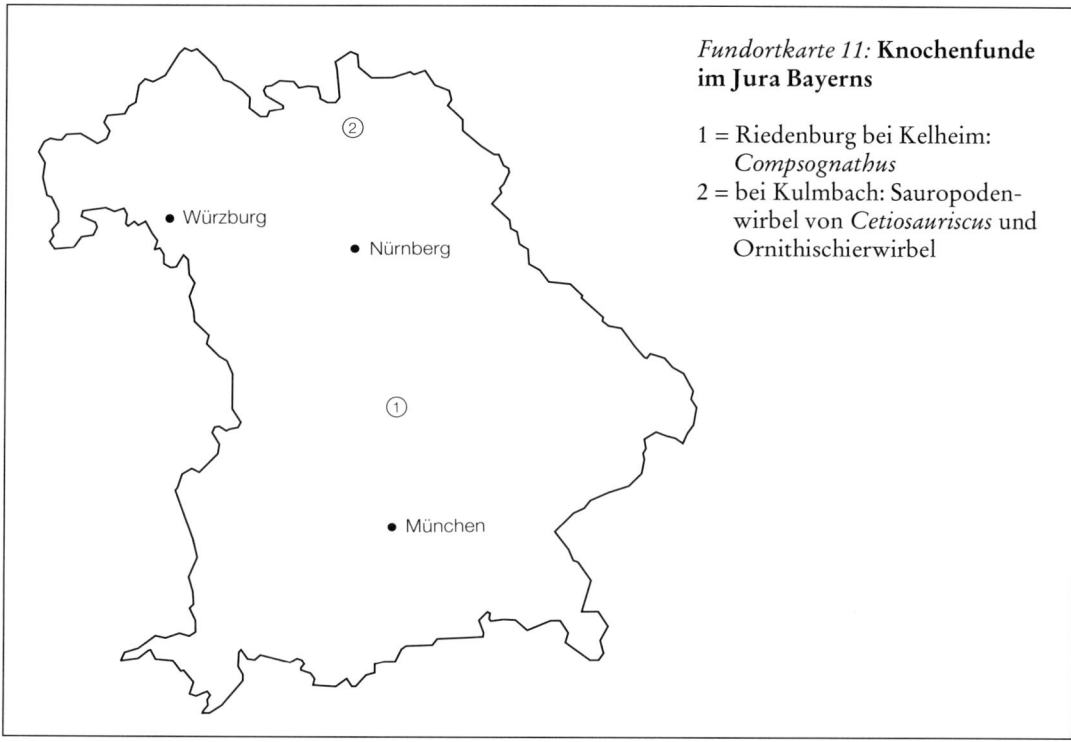

Richtung liefen. Die unterschiedlichen Dinosaurier, deren Fährten sich auf der Gesteinsplatte eingeprägt haben, haben sich vielleicht nie von Angesicht zu Angesicht gegenübergestanden. Was sich hier fossil erhalten hat, scheint vielmehr, wie es einmal formuliert wurde, ein »fossiler Wildwechsel« gewesen zu sein.

Die Sauropoden und der Theropode lebten in einer Landschaft, die sich zum Teil aus geologischen Erkenntnissen, aber auch aus Funden im benachbarten Gestein rekonstruieren läßt. Demnach lag das Gebiet des Wiehengebirges im Oberjura am südlichen Rand einer flachen Meeresbucht, der »Westlichen Niedersächsischen Bucht«, deren Wasser das Ufer zeitweilig überflutet haben muß. Am feuchten Ufer, in dem die Dinosaurier ihre Fährten hinterlassen haben, liefen wahrscheinlich auch kleine Insekten umher, deren Spuren sich auf der Fährtenplatte nachweisen ließen, genauso wie Eindrücke von Regentropfen, die ab und zu den Boden benetzten. Von den Pflanzen, die den Sauropoden als Nahrung dienten, blieben kleine Bruchstücke wie Knospen, Schuppen von Zapfen oder Blattfragmente erhalten, letzte Überreste der damaligen Ginkgobäume und Palmfarne.

Der Zwergdinosaurier *Compsognathus*, ein Zeitgenosse des Urvogels *Archaeopteryx*

Vor rund 150 Millionen Jahren, in dem geologischen Zeitabschnitt, der Kimmeridge genannt und dem Oberen Jura zugeordnet wird, befand sich an der Stelle der heutigen südlichen Frankenalb eine ganz andere Landschaft. Statt sanfter Hügel, Wälder und Felspartien hätte man ein Meeresgebiet angetroffen, das einer tropischen See geglichen hätte. Zentraleuropa lag im Oberen Jura wesentlich südlicher als heute: Zwischen 25 und 30 Grad nördlicher Breite ragten am nordwestlichen Rand des Urweltmeeres Tethys kleinere und größere Inseln aus dem Meer. Im Bereich der südlichen Frankenalb hatten Algen und Schwämme riffartige Gebilde aufgebaut, zwischen denen sogenannte »Wannen« lagen, Meereslagunen, die sich vor einem weiter südlich liegenden Korallenriff erstreckten. Das Meereswasser in den Wannen war zumindest zeitweise äußerst salzhaltig und sauerstoffarm und wurde dadurch für jedes Lebewesen, das dort hineingeriet, zu einer tödlichen Falle.

Doch nicht nur die Landschaft unterschied sich sehr von dem vertrauten heutigen Bild, auch das Klima glich eher demjenigen, das wir zum Beispiel aus Indien kennen. Die meiste Zeit lag die Landschaft um die Solnhofener Lagune unter der brennenden Sonne in einem subtropischen bis tropischen Klima. Fossile Reste von Landpflanzen aus dieser Zeit stammen etwa von der niedrigwüchsigen Konifere *Brachyphyllum* oder von dem Farnsamer *Cycadopteris*. Manche der Pflanzenarten schützten sich durch eine verdickte Wachshaut (Cuticula) vor übermäßiger Verdunstung oder speicherten Feuchtigkeit in einem fleischig verdickten Stamm (sogenannte »Stamm-Sukkulenz«). Diese Schutzvorrichtungen deuten auf ein insgesamt trocken-warmes Klima hin, bei dem auch die Temperatur des Meerwassers auf 26 Grad steigen konnte.

Nur selten wurde diese Trockenheit von monsunartigen Regenperioden unterbrochen, die mit der vorherrschenden großräumigen Luftströmung aus Südosten herangezogen kamen. Wie heute in Bangladesch oder Indien gingen diese Monsune mit Sturm, Gewitter und dem Abregnen gewaltiger Niederschlagsmengen innerhalb kurzer Zeit einher. Die dabei auftretenden Stürme und plötzlichen Flutwellen wurden den auf dem weiter nördlich gelegenen Mitteldeutschen Festland und den Inseln lebenden Tieren oft zum Verhängnis.

Eine fiktive Momentaufnahme vom oberjurassischen Strand soll dies veranschaulichen: Aus südöstlicher Himmelsrichtung aufziehende Wolkengebirge signalisierten den Beginn der monsunartigen Regenzeit. Im rosafarbenen Widerschein der aufquellenden Haufenwolken ließen sich kleine Flugsaurier von warmen Aufwinden über die Lagune tragen. Aber schon bald begannen in der dunklen Wolkenkulisse erste gelbe Blitze zu zucken, und dumpfer Donner grollte.

Diese drohenden Wetterzeichen schienen einen kleinen Dinosaurier nicht zu bekümmern, der gerade den Abhang eines sandigen Hügels heruntergelaufen kam. Er war hungrig, und so warf er unvermittelt den Kopf herum, als eine Bewegung in dem engen Graben, der zum Strand führte, sein Interesse erregte. Neugierig lief der kaum hühnergroße Raubdinosaurier auf seinen langen Hinterbeinen näher und bemerkte, daß sich eine Eidechse vor ihm unter einen flachen Stein geflüchtet hatte. Nur ihr langer Schwanz paßte nicht in das Versteck. Vor Erregung über eine mögliche Beute schlug der Fleischfresser mit seinem Schwanz von einer Seite zur anderen. Im erwartungsvoll geöffneten Mund wurden kleine, scharfe Zahnreihen sichtbar. Die vermeintlich leichte Beute hatte sich aber unter dem Stein verkeilt und war nicht herauszubekommen. Wütend kratzte der Dinosaurier mit den Krallen seiner Füße an dem Stein.

Mittlerweile waren die drohenden Gewitterwolken näher gekommen. Der von ihnen ausgehende Sturm trieb eine gefährliche Flutwelle vor sich her, die sich dem Strand näherte. Diese Ereignisse bemerkte der hungrige Dinosaurier freilich nicht, da seine Aufmerksamkeit vollkommen durch die Jagd in Anspruch genommen wurde. Jetzt gelang es ihm endlich, nach mehreren vergeblichen Versuchen die zappelnde Echse mit dem Maul an ihrem langen Schwanz aus dem Versteck zu ziehen. Mit Hilfe der bekrallten Hinterfüße hielt sie der Dinosaurier nach Art heutiger Raubvögel fest und verschlang sie. Doch nun stürzte eine Riesenwelle mit weißschäumender Krone krachend auf den Strand. Der Wasserberg flutete den schmalen Graben, erfaßte den kleinen Dinosaurier, riß ihn mit sich und spülte ihn in das übersalzene Wasser der Lagune. In das tiefere Wasser gerissen, ertrank er. Nach einigen Tagen trieb die Leiche des kleinen Dinosauriers, von Fäulnisgasen aufgebläht, als Zeuge des vergangenen tragischen Geschehens an der Wasseroberfläche. Als dann nach einiger Zeit die Gase entwichen waren, sank der Körper auf den Boden der Lagune, wurde dort in einen zähflüssigen, kalkhaltigen

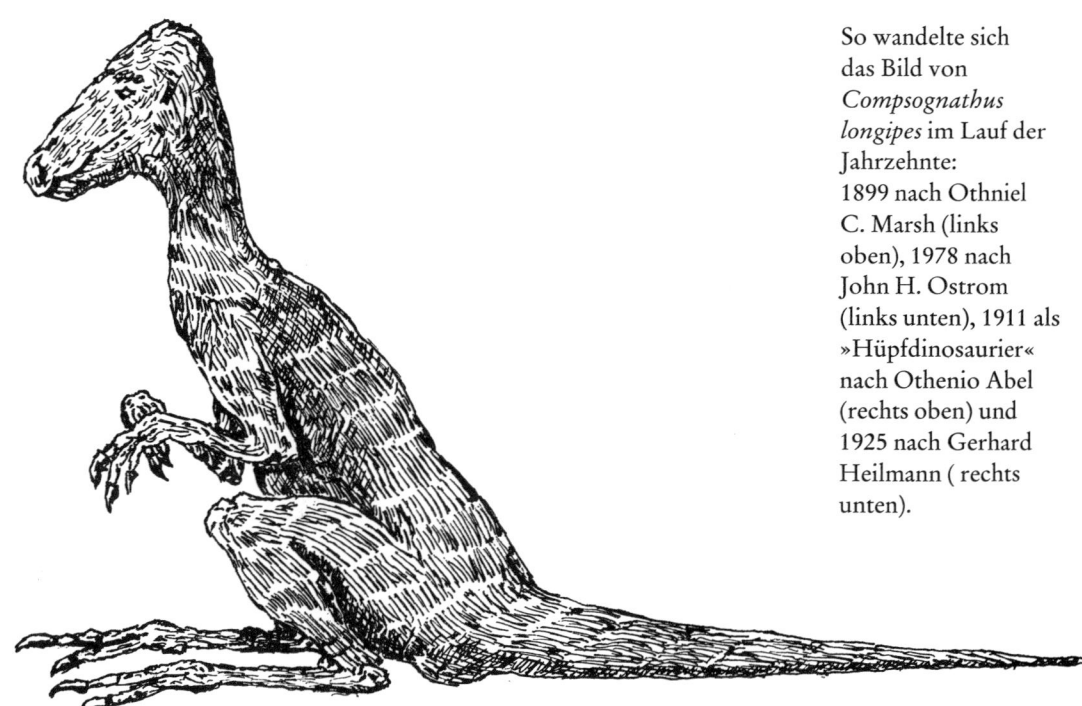

So wandelte sich
das Bild von
*Compsognathus
longipes* im Lauf der
Jahrzehnte:
1899 nach Othniel
C. Marsh (links
oben), 1978 nach
John H. Ostrom
(links unten), 1911 als
»Hüpfdinosaurier«
nach Othenio Abel
(rechts oben) und
1925 nach Gerhard
Heilmann (rechts
unten).

Gegenüberliegende Seite:
Eine lithographische Druckplatte mit dem Motiv des Skelettes von *Compsognathus.* Am Ende des 19. Jahrhunderts ließ sie der große amerikanische Paläontologe Othniel C. Marsh anfertigen, sie wurde aber erst 1978 von Professor John H. Ostrom im Peabody Museum wiederentdeckt.

Schlamm eingehüllt und später von immer neuen Schlammschichten überdeckt. In diese »steinernen Leichentücher« wurde jedes zu Boden gesunkene tote Tier gehüllt. Da in dem giftigen Wassermilieu der Lagune weder Aasfresser lebten, die sich von den Kadavern ernährten und dabei ihre Knochen verschleppten, noch Mikroorganismen die organische Substanz zersetzen konnten, blieb das Skelett des Zwergdinosauriers relativ vollständig und in seinem natürlichen Zusammenhang erhalten.

Nur durch so ein zufälliges Ereignis wie einen Sturm blieb einer der wenigen Bewohner des sich weiter nördlich an die Lagunen und Riffe anschließenden Festlandes aus jener Zeit fossil erhalten. Sicherlich gab es daneben noch andere Dinosaurier, von denen wir aber bis heute nichts wissen.

Neben dem kleinen Raubdinosaurier ist nur noch ein ursprünglicher Vogel, der Urvogel *Archaeopteryx lithographica*, als landlebendes Tier fossil überliefert. Interessanterweise sind die Entdeckungsgeschichte und das Schicksal dieser beiden fossilen Tiere eng miteinander verknüpft.

Die Entdeckung und Erforschung von *Compsognathus*

»Herr Dr. Oberndorfer ist in neuerer Zeit so glücklich gewesen, in dem lithographischen Schiefer von Kelheim abermals einen Saurier aufzufinden, durch welchen eine sehr ausgezeichnete neue Gattung repräsentiert wird, der ich den Namen *Compsognathus* beilege … Die im Vorstehenden beschriebene Eidechse, der ich den Namen *Compsognathus longipes* (»Langbeiniger Zartkiefer«) beilegte, ist eine höchst ausgezeichnete Form. Was sie besonders charakterisiert, ist der langgestreckte schmächtige Schädel mit langem dünnen Schnauzentheil, der überaus lange und nach Art eines Vogels bogenförmig krümmbare Hals, die kurzen Vorderbeine, die nur halb so lang sind als die hintern, die überaus langen Unterschenkel, die dreimal so lang sind als der Vorderarm, mit gleichfalls sehr langen und dabei kräftigen Hinterfüßen, die eigenthümlichen Sitzbeine und der robuste und dabei, allem Anscheine nach, sehr lange Schwanz. Durch diese Merkmale ist die neue Gattung wesentlich von allen anderen verschieden, mögen sie aus dem lithographischen Schiefer oder aus anderen Formationen herstammen. Daß sie in manchen Stücken an die Flugechsen erinnert, ist schon in der Beschreibung

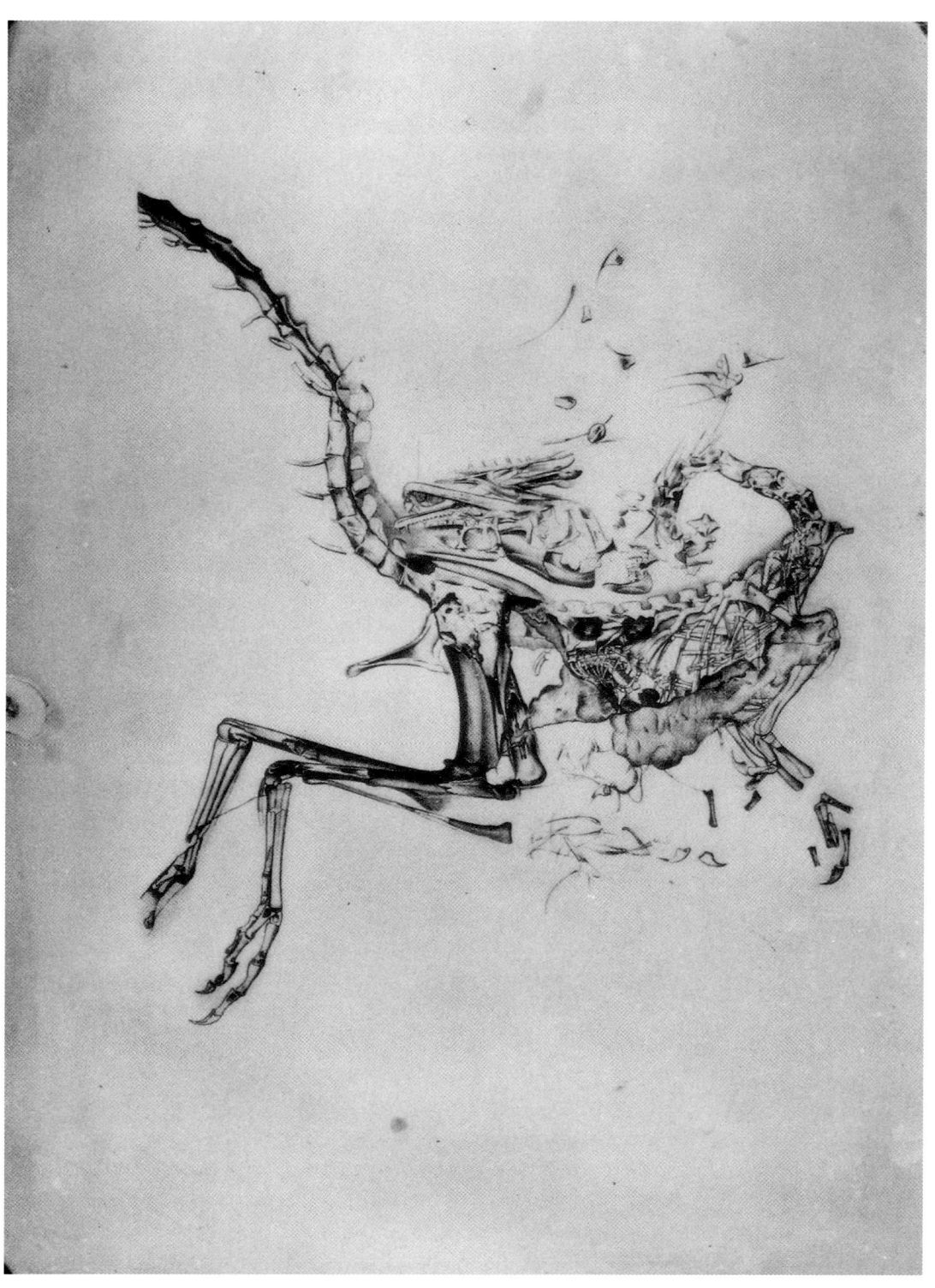

angedeutet worden; eine nähere Verwandtschaft zwischen beiden besteht aber nicht.«

Mit diesen Worten beschrieb 1859 der Münchner Zoologieprofessor Johann Andreas Wagner (1797–1861) in den Abhandlungen der Königlich-Bayerischen Akademie der Wissenschaften die fossilen Reste eines Reptiles, die 1858 von dem aus Kelheim an der Donau stammenden Gerichtsarzt und Sammler Joseph Oberndorfer gefunden worden waren. Der genau Fundort ist bis heute unbekannt geblieben, da ihn Oberndorfer aus Angst vor konkurrierenden Sammlern offensichtlich geheimgehalten hatte. Als wahrscheinlichster Fundort gilt ein Steinbruch in Jachenhausen bei Riedenburg (nahe Kelheim), von dem auch eines der sechs Urvogelexemplare stammt.

In seiner Beschreibung erkannte Andreas Wagner allerdings nicht, daß es sich bei *Compsognathus* um einen Dinosaurier handelte, er bezeichnete ihn vielmehr als Eidechse. Die geringe Größe und die Zartheit des Körperbaus mögen zu dieser Fehldeutung beigetragen haben. Die damals schon bekannten mesozoischen Echsen wie *Megalosaurus, Iguanodon* oder *Hylaeosaurus* waren ja gerade wegen ihrer unglaublichen Größe zur Gruppe der Dinosaurier zusammengefaßt worden, wie sollte da ein gerade hühnergroßes Reptil mit zartem Knochenbau dazupassen?

Mit dem Fund von *Compsognathus* lag erstmals in der Geschichte der Paläontologie überhaupt ein praktisch vollständiges Dinosaurierskelett vor – bis zu diesem Zeitpunkt waren überwiegend einzelne Knochen, Schädel und isolierte Zähne gefunden worden. Bis in unsere Tage hat *Compsognathus* seine Stellung als einer der besterhaltenen Klein-Raubdinosaurier weltweit halten können. Die Steinplatte mit seinem Skelett ist im Lichthof der Bayerischen Staatssammlung für Paläontologie und historische Geologie in München ausgestellt. Bis zum Jahr 1972 war dieses Skelett das einzige, dann wurde in Südfrankreich bei Nizza ein zweites *Compsognathus*-Skelett gefunden. Bei ihm scheint es sich um die gleiche Art – *Compsognathus longipes* – zu handeln, obwohl es deutlich größer ist als das bayerische Exemplar und auch mit einem neuen Artnamen belegt wurde.

Trotz des französischen Neufundes bleibt das deutsche *Compsognathus*-Exemplar einer der wichtigsten Dinosaurierfunde. Abgesehen von seiner für einen Dinosaurier beachtlichen Kleinheit ist es auch wegen seiner Vollständigkeit einzigartig. Daneben kann noch

Nur ganze 7,5 Zentimeter lang ist der Kopf von *Compsognathus,* und seine Hand soll nur zwei Finger besessen haben. Rechts daneben sein vogelähnliches Fußskelett.

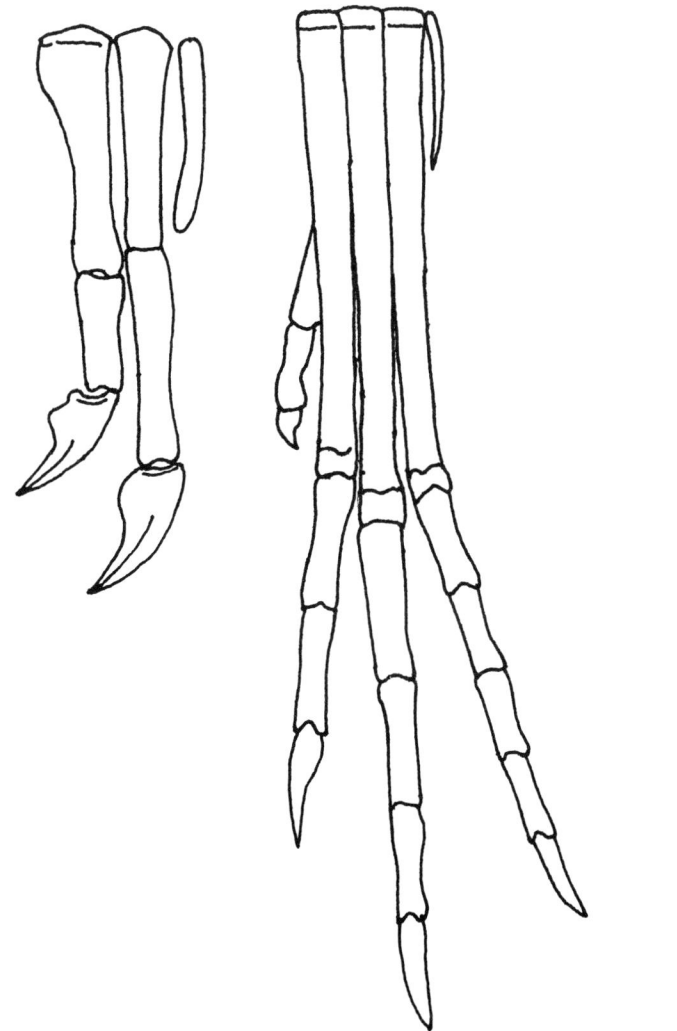

eine weitere Reihe von Gründen für seine Bedeutung angeführt werden. So glaubte man, an ihm Einzelheiten wie einen Hautpanzer, Muskelabdrücke, ja sogar einen Embryo im Leib oder dazugehörige Eier zu erkennen.

Auch die lange Zeit vermutete nahe Verwandtschaft von *Compsognathus* mit dem zeitgleich lebenden Urvogel *Archaeopteryx* rückte den Fund aus dem Altmühltal in das Licht des öffentliches Interesses. Zwei der bisher insgesamt sieben *Archaeopteryx*-Exemplare wurden sogar lange Zeit als *Compsognathus* fehlgedeutet. Der 1951 bei Eichstätt entdeckte *Archaeopteryx* wurde erst 1970 als solcher erkannt, und auch das vorletzte der bisher sieben entdeckten *Archaeopteryx*-Exemplare lag jahrelang als angeblicher *Compsognathus* in einer Privatsammlung. Erst bei genauer Betrachtung ließen sich auch an diesem erst 1987 entdeckten »Solnhofener Exemplar« Federn erkennen, die die Vogelnatur des Tieres bestätigen. Noch 1985 hielt der britische Astronom Sir Fred Hoyle das in London aufbewahrte *Archaeopteryx*-Exemplar von 1861 für eine Fälschung und meinte, es wäre ein *Compsognathus* mit nachträglich aufgetragener Befiederung von heutigen Vögeln. Dieser bisher letzte Angriff auf die Identität des Rätseltieres »*Archaeopteryx*« konnte von den Paläontologen des Naturhistorischen Museums in London freilich Punkt für Punkt widerlegt werden, aber er zeigt, wie umkämpft die Position des Urvogels in der Evolutionsgeschichte schon immer war und auch noch ist.

Der bayerische *Compsognathus*-Fund hat seit 1859 immer wieder Paläontologen fasziniert und zur Bearbeitung angeregt. Bei dieser Popularität ist es umso erstaunlicher, daß es beinahe 120 Jahre dauerte, bis die erste umfassende und wissenschaftlich korrekte Beschreibung dieses Fundes vorlag. Sie wurde 1978 von dem amerikanischen Saurier-Spezialisten John H. Ostrom nach einem einjährigen Forschungsaufenthalt in München veröffentlicht. Professor Ostrom, einer der führenden Saurier-Spezialisten der Welt, der danach auch noch *Procompsognathus* untersuchte, war für diese Aufgabe besonders qualifiziert, da er sich intensiv mit dem Verwandtschaftsverhältnis der Dinosaurier zu den Vögeln und speziell zu *Archaeopteryx* beschäftigt hatte.

Compsognathus und *Archaeopteryx* – ein historischer Exkurs

Der in vielen Skelettpartien, insbesondere des Fußes, sehr ähnliche Bau von *Compsognathus* mit dem Urvogel und die dadurch angenommene möglicherweise enge Verwandtschaft von beiden spielten von Anfang an gleich nach der Entdeckung dieser fossilen Wirbeltiere eine wichtige Rolle. Sie wurde sogar in eine Diskussion mit geschichtlicher Dimension einbezogen. Etwa zur gleichen Zeit, im Jahre 1859, veröffentlichte der Engländer Charles Darwin (1809 bis 1882) seine Theorie von der »Entstehung der Arten«, populär als Evolutionstheorie bezeichnet, die in der Folge das Lager der Wissenschaftler in begeisterte Anhänger und fanatische Gegner spaltete. Der Zeitpunkt des Fundes von *Compsognathus* fiel so zufälligerweise in diese Ära größter naturwissenschaftlicher Umwälzungen, die scheinbar zunächst nur auf die Biologie beschränkt blieben, bald aber selbst auf Gesellschaft, Politik und Religion ausstrahlten. Dazu kam noch, daß der Fund des Urvogelexemplares von 1861 als Beweis für die Richtigkeit der Darwinschen Theorien herangezogen wurde: Dieses Tier zeigte zum einen eine Reihe von Reptilmerkmalen, zum anderen Eigenschaften, die eindeutig den Vögeln eigen waren, es war also im Darwinschen Sinne ein echtes »missing link« – ein Bindeglied zwischen Reptilien und Vögeln.

Darwin selbst war über die beiden »Kronzeugen« seiner Theorie, *Compsognathus* und *Archaeopteryx,* sehr erfreut und schrieb folgerichtig in eine der deutschen Ausgaben seines Buches über die Entstehung der Arten den Satz: »… der Abstand zwischen Reptilien und

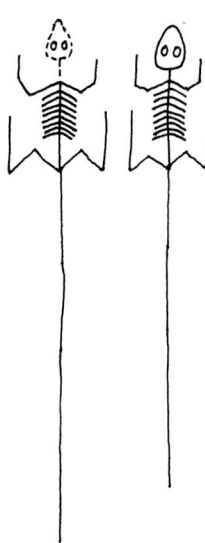

Die Beute des kleinen Raubdinosauriers: links ein winziger Kieferknochen von kaum 2 Zentimeter Länge und Fußknochen einer langschwänzigen Eidechse, *Bavarisaurus macrodactylus,* deren Proportionen nach John H. Ostrom (Schemabild oben links) sehr mit denen der heutigen Rennechse (Schemabild oben rechts) übereinstimmen.

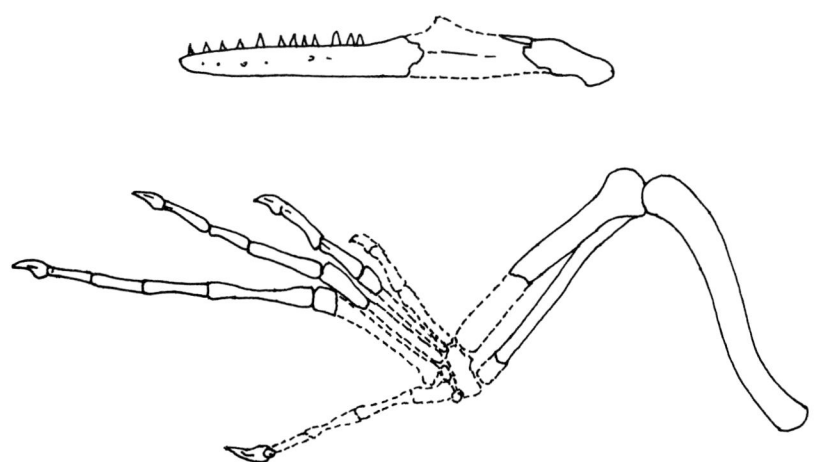

Vögeln wurde durch *Archaeopteryx* und *Compsognathus* in unerwarteter Güte verringert ...«

Der kränkelnde und scheue Darwin hatte in der Öffentlichkeit einen wortgewaltigen Streiter für seine Sache, den Londoner Wissenschaftler Thomas Huxley (1825–1895). Seine scharfzüngigen Streitgespräche mit Darwins Gegnern trugen ihm schon bald den Spitznamen »Darwins Bulldogge« ein. Thomas Huxley zeigte bereits frühzeitig Interesse an dem kleinen Dinosaurier vom Kontinent, und nach seiner Untersuchung von *Compsognathus* bemerkte er: »Beim Anblick der Formgestaltung dieses seltsamen Reptils kann man unmöglich daran zweifeln, daß es in aufrechter, zumindest halb aufgerichteter Haltung gehüpft oder geschritten ist, ganz nach Art des Vogels, dem es aufgrund seines langen Halses, seines winzigen Kopfes und seiner kleinen Vordergliedmaßen bemerkenswert ähnlich gesehen haben muß!«

Nachdem Huxley auch noch *Archaeopteryx* untersucht hatte, kam er bei dem Vergleich mit *Compsognathus* zu dem Schluß, daß hier die idealen Bindeglieder zwischen zwei Wirbeltierklassen – Reptilien und Vögeln – vorlagen; eines davon war ein reptilähnlicher Vogel, das andere ein Reptil mit Vogelmerkmalen. Auch in seinen klassisch gewordenen Vorlesungen in den Jahren 1868 und 1870 ging Huxley auf dieses Phänomen ein und äußerte die Vermutung, daß die Vögel letztlich auf Dinosaurier zurückzuführen seien. Nach einer Reihe von Veränderungen, von denen eine Entwicklungsstufe in Gestalt des *Compsognathus* vorläge, wären aus den Reptilien die Vögel hervorgegangen.

Es dauerte nicht lange, bis die revolutionären neuen Gedanken aus Europa auch auf die Neue Welt übersprangen. In Nordamerika waren es vor allem die zwei bedeutenden Wirbeltier-Paläontologen Othniel C. Marsh (1831–1899) und Edward Drinker Cope (1840–1897), die sich mit den Beziehungen der Dinosaurier zu den Vögeln auseinandersetzten.

Noch vor seinem wissenschaftlichen Konkurrenten und persönlichen Feind Marsh bemerkte Cope 1867 die Ähnlichkeit manch fossiler Reptilien, zu denen er vor allem *Compsognathus* zählte, mit den Vögeln. Die Einordnung des Dinosaurierfundes aus Bayern bereitete Cope aber große Schwierigkeiten; einmal wollte er ihn den Pinguinen zuordnen, dann wieder zu den Straußen stellen.

Zehn Jahre später, 1877, äußerte sich auch Othniel C. Marsh zur Verwandtschaft von Vögeln und Dinosauriern. Zunächst bestätigte er Huxleys Erkenntnisse und meinte dann, daß durch die Entdeckkung vogelähnlicher Reptilien und reptilhafter Vögel eine bedeutende Lücke in der Entwicklungsreihe geschlossen worden sei. Damit sei eines der Hauptargumente von Gegnern der Evolutionstheorie entkräftet worden. Marsh bezeichnete *Compsognathus* und *Archaeopteryx* als »Trittsteine für den Skeptiker, auf denen jener vom Evolutionstheoretiker über die seichte Furt geführt werden könne, die man einst als unüberwindbaren Meeresarm angesehen hatte!«.

Eine überraschende Entdeckung

Im Jahr 1881 besuchte Othniel C. Marsh, der von 1866 bis 1899 am Peabody Museum in Yale (USA) arbeitete, München, um den Zwergdinosaurier im Original anzusehen und untersuchen zu können. Kurze Zeit später muß im Auftrag von Marsh von *Compsognathus* eine Lithographie, ein Steindruck, angefertigt worden sein, denn 1961 fand Professor Ostrom in einem abgelegenen Winkel des Peabody Museums in Yale eine schwere Druckplatte aus Solnhofener Plattenkalk. Auf der polierten Oberfläche des Steines war von einem unbekannten Künstler eine anatomisch genaue Abbildung des Münchner *Compsognathus*-Skeletts eingeätzt worden.

Aber warum befand sich diese Platte in den Vereinigten Staaten, und warum war sie noch nie eingefärbt und zum Druck benutzt worden? John Ostrom konnte sich diese Fragen nur mit der Annahme erklären, daß die Platte ursprünglich für eine von sechs geplanten Monographien über Dinosaurier vorgesehen war, die Marsh vor fast 100 Jahren veröffentlichen wollte. Vor seinem Tod 1899 gelang dem großen Wirbeltier-Paläontologen aber nur noch die Fertigstellung eines einzigen dieser Werke, und so blieb die für spätere Teile vorgesehene *Compsognathus*-Steinplatte unbenutzt.

Ostrom fand in der Yaler Kunststudentin Heddi Seibel eine Künstlerin, die mit der alten Methode des lithographischen Druckes vertraut war. Sie stellte für ihn eine limitierte Auflage von 155 numerierten *Compsognathus*-Lithographien her, die für je 50 Dollar verkauft wurden.

So endete nach beinahe 100 Jahren der »Museumsschlaf« der Marsh'schen *Compsognathus*-Lithographieplatte.

Embryo oder Mageninhalt?

Othniel C. Marsh, im ausgehenden 19. Jahrhundert wohl der weltweit führende Dinosaurier-Experte, bemerkte bei seiner Untersuchung des *Compsognathus*-Skelettes eine weitere Eigentümlichkeit: Zwischen den Rippen des Raubdinosauriers lagen Knochen, die eindeutig nicht zu *Compsognathus* selbst gehören konnten, da sie von einem wesentlich kleineren Tier stammten. Marsh folgerte aus diesem Befund, daß die Skelettreste der Beweis dafür waren, daß *Compsognathus* und Dinosaurier allgemein keine Eier legten, sondern lebendgebärend waren. Diese Ansicht blieb unwidersprochen, bis sich 12 Jahre später eine der damaligen Kapazitäten für fossile Reptilien, der ungarische Paläontologe Franz Baron von Nopsca, mit dem vermeintlichen Jungtier in der Bauchhöhle von *Compsognathus* näher beschäftigte. Dabei kam Nopsca zu dem Schluß, daß es sich keineswegs, wie Marsh behauptet hatte, um einen Embryo oder gar ein in kannibalischer Absicht gefressenes Tier der gleichen Art handeln könne. Letzteres wäre nicht abwegig gewesen, da von dem aus Arizona (USA) stammenden Ceratosaurier *Coelophysis* eindeutig kannibalisches Freßverhalten nachgewiesen ist.

Aber Nopsca hatte herausgefunden, daß die zarten Knochen im ehemaligen Bauchraum Reste eines eidechsenähnlichen Tieres darstellten, also die Nahrung dieses *Compsognathus*-Exemplars waren.

Nopscas Behauptung konnte erst 1978 definitiv durch John Ostrom bestätigt werden. Wie bei einer kriminalistischen Beweisführung hatte sich John Ostrom Stück für Stück um die Identifizierung des Mageninhaltes von *Compsognathus* bemüht. Er zeichnete die Knochen, bestimmte ihre Zugehörigkeit im Skelettverband, rechnete aus, wie das Verhältnis der Länge von Vorder- zu Hinterfußknochen war, wie lang der Schwanz war, ob es an dessen Schwanzwirbeln Sollbruchstellen gab (die sogenannten Autotomiestellen, an denen heutige Eidechsen ihren Schwanz bei Gefahr abbrechen und abwerfen können) und welchem schon bekannten fossilen Reptil aus Solnhofen sich all diese Fakten zuordnen ließen. Dabei kam er zu dem Ergebnis, daß die Knochen zu der Echse *Bavarisaurus macrodactylus* (»Großfingrige Bayernechse«) gehören mußten. *Bavarisaurus* konnte aufgrund seiner im Vergleich zu den Hinterbeinen sehr viel kürzeren Vordergliedmaßen keine baumbewohnende Echse sein, sondern glich den heutigen Basilisken oder Tejus. Die Tejus haben in der Neuen Welt die Stellung in der

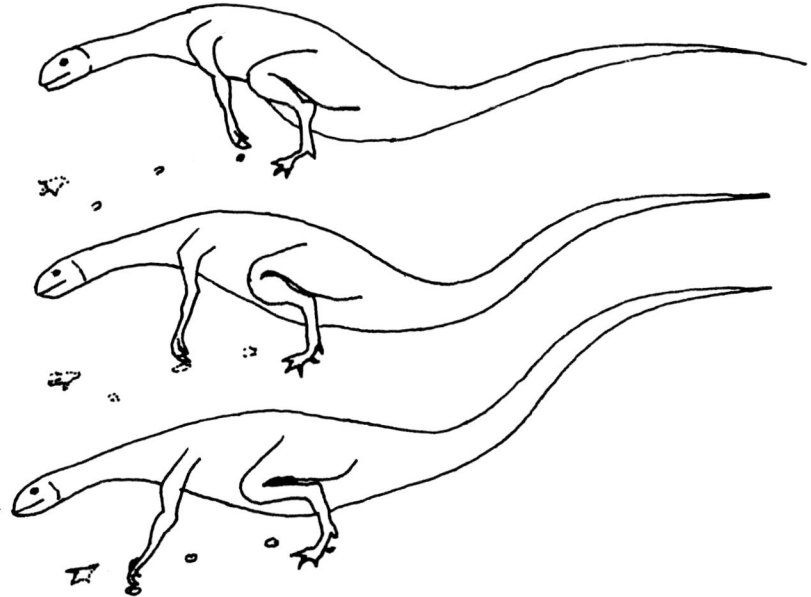

So wollte Martin Wilfarth die seltsame Fährte (siehe S. 186) erklären: durch einen hüpfenden Dinosaurier.

Tierwelt, die bei uns in der Alten Welt die Eidechsen (Lacertidae) vertreten.

Wegen der vergleichbaren Körper- und Schwanzproportionen sah John Ostrom in der heute lebenden Sechsstreifigen Rennechse *(Cnemidophorus sexlineatus)* ein Pedant zu dem Beutetier im Magen von *Compsognathus*. Die Rennechse lebt im Südosten der USA auf sandigen Böden. Wenn sie mit unglaublicher Geschwindigkeit über Felder und Straßen huscht, um von einem ihrer Verstecke zum nächsten zu gelangen, kann man ihrer kaum habhaft werden, weil sie, wie der deutsche Herpetologe Dr. Heinz Wermuth einmal schrieb, »... die Angewohnheit hat, ganz plötzlich in ihrem Lauf zu verhalten, während unsere Augen unwillkürlich die eingeschlagene Fluchtrichtung des Tieres weiter verfolgen«. Auch John Ostrom hat meist vergeblich versucht, die Rennechse mit der Hand zu fangen. Ausgerechnet diesen langschwänzigen Typus eines rennechsenverwandten Reptils hatte er nun nach langwierigen Analysen als Mageninhalt des kleinen Raubdinosauriers *Compsognathus* nachgewiesen. Da die Jäger nicht langsamer als die Beute sein konnten, lag es nahe, daß *Compsognathus* und seine entfernten Verwandten wie *Coelurus* oder *Ornitholestes* die ökologische Nische schnellerer und wendigerer Jäger übernommen hatten. Wenn wir auch nie die näheren Umstände beim Fang dieses Kleinreptils erfahren werden, zeigt sich doch, daß zumindest manche Dinosaurier weit vom Klischee des plumpen Reptils entfernt waren.

Gegenüberliegende Seite:
Diese Fährte sollte der kleine Raubdinosaurier *Compsognathus* im Schlamm der Solnhofener Lagune hinterlassen haben.

Eine Szene aus der Zeit des Oberen Jura. Dies war die Zeit der großen Sauropoden, die nun ihre Blüte erreichten. Aus Barkhausen (Niedersachsen) kennt man Fährten dieser in Gruppen dahinziehenden Echsenbeckendinosaurier. Die 10 bis 15 Meter langen Pflanzenfresser suchten wohl am Rand von Gewässern nach Freßbarem. Während die gewaltigen Sauropoden das Land beherrschten, eroberten andere Wirbeltiere die Luft: Flugsaurier wie *Rhamphorhynchus* (links) oder erste, primitive Vögel wie *Archaeopteryx* (rechts), der in seinem Körperbau noch viele Merkmale seiner Vorfahren, fleischfressender Dinosaurier (Theropoden), besaß. Einer dieser Theropoden war der nur rund 70 Zentimeter kleine *Compsognathus* (rechts unten), von dem uns sein fossiler Mageninhalt bekannt ist: kurz vor seinem Tod hatte er eine langschwänzige Eidechse der Gattung *Bavarisaurus* gefressen.

Panzerung und Eier?

Aber nicht nur der vermeintliche Embryo, der sich als Nahrungsrest entpuppte, erregte das Interesse der Forscher. Der deutsche Dinosaurierspezialist Friedrich von Huene gab 1901 bekannt, daß er an *Compsognathus* Teile eines Hautpanzers entdeckt habe. Sechseckige Panzerplatten aus Horn hätten demzufolge den kleinen Dinosaurier wenigstens am Schwanz und am Nacken bedeckt. Am Rücken, wo man eine derartige Panzerbedeckung am ehesten hätte erwarten können, fanden sich jedoch keine solche Platten.

Der mit von Huene befreundete Franz Baron von Nopsca wies bereits 1903 nach eigenen Untersuchungen eine mögliche Hautpanzerung von *Compsognathus* als unrealistisch zurück, meinte aber, feine Abdrücke von Haut und Muskelfasern entdeckt zu haben.

Wieder blieb eine Klärung dieser Streitpunkte bis 1978 aus; John Ostrom konnte trotz verschiedenartigster Beleuchtung der Steinplatte und auch nach genauester Analyse keine Hinweise auf einen Hautpanzer finden. Bestenfalls konnten sich in dem feinkörnigen Solnhofener Kalkstein leichte Muskelabdrücke abgezeichnet haben, ähnlich wie sich auch die feinen Federn des Urvogels *Archaeopteryx* oder Flughautumrisse von Flugsauriern erhalten haben.

Die lange Liste der Besonderheiten, die am *Compsognathus*-Skelett beobachtet werden konnten, wurde 1983 um die bisher letzte Variante bereichert: Bestimmte Gebilde auf der Steinplatte veranlaßten den Würzburger Diplom-Geologen Matthias Mäuser, die provokante Frage zu stellen, ob es sich dabei nicht um Eier von *Compsognathus* handle.

Zehn dunkle Halbkugeln, die auf der Platte unterhalb des Brustkorbes und zu Füßen von *Compsognathus* zu sehen sind, sollten möglicherweise Eier gewesen sein. Bei der Interpretation dieser Gebilde war man bisher immer davon ausgegangen, daß es sich um Kelche der freischwimmenden Seelilie *Saccocoma* handelte, die in diesen Gesteinen häufig auftritt. Dieser Meinung hatte sich auch John Ostrom angeschlossen, aber Matthias Mäuser stellte fest, daß die Gebilde einen größeren Durchmesser als die Kelche der Seelilie aufwiesen, an den Halbkugeln keinerlei Andeutungen von Armen zu sehen seien und die fünfstrahlige Einteilung, die für den Seelilienkelch typisch ist, in keinem Fall vorhanden sei. Weitere Deutungsmöglichkeiten für die Gebilde als Blasen aus Verwesungsgasen oder als Koprolithen (versteinerter Kot) schieden aus, und so blieben nur

Eier als wahrscheinlichste Erklärung übrig. Hätte Matthias Mäuser mit seiner Behauptung recht, dann würde es sich bei dem Münchner *Compsognathus*-Exemplar um ein ausgewachsenes weibliches Tier handeln, und damit wäre dieser Dinosaurier tatsächlich der weltweit kleinste Vertreter der Schreckensechsen.

Unser heutiges Bild von *Compsognathus*

Seit seiner Entdeckung im Jahr 1858 ging das kleine *Compsognathus*-Skelett durch die Hände zahlreicher namhafter Paläontologen aus Europa und Übersee. Sie alle bemühten sich, das berühmte Fossil genau zu beschreiben und in allen Einzelheiten zu untersuchen. Dank ihrer Bemühungen zeichnete sich nach und nach ein immer klarer werdendes Bild des kleinen Raubdinosauriers ab. Ohne Fehler und Irrtümer ging dieser Prozeß aber nicht vonstatten. So rekonstruierte der österreichische Paläontologe Othenio Abel (1875–1946) *Compsognathus* 1911 als eine Art »Miniaturkänguruh«, und seine Deutung als hüpfender Dinosaurier hielt sich bis in unsere Tage (wie übrigens auch bei *Procompsognathus*). Dabei hat in den letzten Jahrzehnten eine große Anzahl gut erhaltener fossiler Fährten von Raubdinosauriern jeglicher Körpergröße den Beweis erbracht, daß sich kein einziger von ihnen hüpfend fortbewegt haben konnte. Aus den Daten, die fossile Fährten liefern, und aus Berechnungen, die vom Skelettbau herrühren, haben verschiedene Forscher die Laufgeschwindigkeiten der Dinosaurier ermittelt; der Australier Tony Thulborn kam dabei für *Compsognathus* auf 16 bis 26 km/h, ein Tempo, das dem Jura-Dinosaurier genug Leichtfüßigkeit verlieh, um Insekten oder schnellaufende Echsen erbeuten zu können. Daß *Compsognathus* ein räuberisches Tier war, bestätigt nicht nur sein fossil erhalten gebliebener Mageninhalt, sondern auch ein Blick auf seine Kiefer: In Ober- und Unterkiefer stecken jeweils etwa 18 leicht nach hinten gekrümmte Zähne, die an den Vorderseiten bisweilen Sägekanten aufweisen. Dennoch läßt sich anhand anatomischer Merkmale am Schädel ablesen, daß der »Biß« von *Compsognathus* nicht allzu kräftig gewesen sein kann, größere Beute konnte er also wohl nicht schlagen.

Der nur 7,5 Zentimeter lange Schädel von *Compsognathus* fällt durch seine sehr leichte Bauweise auf. Er wird von großen Öffnungen beherrscht, und auch die Augenhöhlen sind sehr groß. Selbst im

Vergleich zur Körpergröße ist der Schädel verhältnismäßig groß – für manche Paläontologen ein Hinweis darauf, daß dieses Tier noch jugendlich war.

Zur Fortbewegung benutzte *Compsognathus* nur die längeren und schlanken Hinterbeine. Seine Vordergliedmaßen sind für einen Theropoden ungewöhnlich kurz und kräftig geraten; die Länge seiner Arme beträgt nur 37 % der Beinlänge. Die Arme enden in Händen, die nach John Ostroms Studie seltsam aussahen: Nur Finger Nr. 1 und Nr. 2 sind vorhanden, von Finger Nr. 3 ist nur ein schlanker Knochenstab übrig geblieben, und die Finger Nr. 4 und Nr. 5 fehlen ganz. Bis dahin war eine zweifingrige Hand nur von einer anderen Dinosaurierfamilie bekannt, den Tyrannosauridae. Damit deutet sich aber keine engere Verwandtschaft mit den kreidezeitlichen Riesenfleischfressern an, denn die Fingerglieder sind bei *Compsognathus* ganz anders gebaut. Die Krallen an Finger Nr. 1 und Nr. 2 fallen ebenfalls aus dem gewohnten Schema für Raubdinosaurier, da sie flach und nicht gekrümmt sind, wie bei anderen Theropoden. Das bedeutet, daß mit diesen Händen keine Beute festgehalten werden konnte.

War *Compsognathus longipes* wirklich der kleinste Dinosaurier der Welt, so wie dies in fast jedem Buch über Dinosaurier zu lesen ist? Mit 70 Zentimeter Gesamtlänge (wobei der fehlende Schwanzrest ergänzt wird) ist *Compsognathus* kaum größer als eine Hauskatze, und seinen Kopf trug er nicht höher als etwa 30 Zentimeter.

Der zarte Bau seines Skelettes machte *Compsognathus* auch zu einem Leichtgewicht von nur 3 bis 3,5 Kilogramm. Schätzungen, die ihm kaum 1000 Gramm zubilligen, dürften aber als unrealistisch einzustufen sein. Obwohl *Compsognathus* zur »Fliegengewichtsklasse« unter den Dinosauriern zählte, übertrifft er nach Berechnungen des amerikanischen Forschers Nicholas Hutton mit seinem Gewicht immer noch 70 % aller heute lebenden Säugetiere (man denke an die kleinen Nagetiere). Amerikanische Wissenschaftler, die 1987 das Knochenwachstum von *Compsognathus* und anderen kleinen Dinosauriern mit dem moderner Vögel wie Haushuhn oder Truthahn verglichen haben, kamen zu dem Schluß, daß der deutsche *Compsognathus* fast oder ganz ausgewachsen war. Dem steht die Größe des französischen Exemplares gegenüber, die fast 50 % mehr beträgt, womit es etwa 1,05 Meter lang ist.

Das französische und das deutsche *Compsognathus*-Exemplar zeigen zwei erstaunliche Übereinstimmungen: Bei beiden Tieren ist der Kopf nach hinten auf den Rücken gekrümmt. Bewirkt haben das offensichtlich die durch die Austrocknung verkürzten Hals- und Nackensehnen. Bei beiden Tieren ist der Schwanz an derselben Stelle, hinter dem 6. Wirbelknochen, abgebrochen.

Obwohl *Compsognathus* einer der bestbekannten Klein-Raubdinosaurier ist, kann er in keine der schon vorhandenen Theropodenfamilien eingeordnet werden. Er zeigt gleichzeitig Merkmale der kleinen Coelurosaurier und der großen Carnosaurier. Deshalb wurde er in eine eigene Familie gestellt, die Compsognathidae, deren einziger Vertreter er selbst ist.

Dank des guten und recht vollständigen Erhaltungszustands des *Compsognathus*-Skelettes konnte in den letzten Jahren in der Bayerischen Staatssammlung für Paläontologie und historische Geologie in München der kleine Dinosaurier wieder »zum Leben erweckt« werden. Basierend auf der Untersuchung von John Ostrom und unter der Anleitung von Dr. Peter Wellnhofer schuf die Präparatorin Renate Liebreich zweimal eine dreidimensionale Darstellung von *Compsognathus longipes:* Einmal eine Skelettnachbildung in Originalgröße mit Zähnen, die aus Nägeln nachgestaltet wurden, und zum zweiten eine Mimoplastik, die das Tier so zeigt, wie es zu Lebenszeit ausgesehen haben könnte. Das farbig bemalte Modell hatte bereits einen Auftritt in einer vierteiligen Fernsehserie über Dinosaurier, die in den letzten beiden Jahren in mehreren europäischen Ländern, im Sommer 1992 auch im Zweiten Deutschen Fernsehen, ausgestrahlt wurde.

Viele Detailfragen, wie klein etwa ein *Compsognathus* nach dem Schlüpfen aus dem Ei gewesen sein muß und wovon sich so ein Winzling ernährt haben mag, kann man leider noch nicht beantworten. Vielleicht zeigen aber eines Tages neue Funde dieses faszinierenden Jura-Räubers auch weitere Einzelheiten aus seinem Leben.

Auf falscher Fährte

Etwa zu der Zeit, als *Archaeopteryx* und *Compsognathus* gefunden beziehungsweise beschrieben wurden, 1861 und 1862, fand man Fährten, die scheinbar zu *Compsognathus* gehörten. So lieferten etwa die Plattenkalke von Pfalzpaint im Altmühltal und andere Orte ganze Fährtenabfolgen. Nach allgemeiner Meinung sollte die Fährtenfolge *Kouphichnium lithographicum* aus sechs aufeinanderfolgenden Sprüngen bestehen, und nach jedem Absprung wurde die

Spur eines nachschleifenden Schwanzes unterbrochen. Hier war er also, der direkte Beweis dafür, daß manche Dinosaurier, insbesondere die langbeinigen Hohlknochendinosaurier, sich hüpfend fortbewegten und beim schnellen Sprung ihren Schwanz auf den Boden schlagen ließen. Othenio Abel beschrieb 1922 anschaulich den Solnhofener Strand der bayerischen Oberjurazeit und beschäftigte sich auch mit der fraglichen Fährte: »Der Hinterfuß des Tieres, das die als *Kouphichnium lithographicum* zu unterscheidende Fährte eingedrückt hat, war dreizehig, und die Spreizung der Zehe ist dieselbe, die wir in den Hinterfüßen von Dinosauriern und Vögeln finden.« Abel folgerte weiter, daß die Spur wohl nicht von einem Urvogel oder Flugsaurier herrühre, sondern vielmehr von einem kleinen Dinosaurier wie *Compsognathus.* Wenn sich dieser im feuchten Sand, auf schlammigen Strandabschnitten oder an Bachrändern und Tümpeln fortbewegte, hätte er seine Fußabdrücke hinterlassen. Viele Artikel und Diskussionen zeigten, daß unter den Paläontologen keine Einigkeit herrschte. Manche, wie Otto Jaekel, tendierten eher in Richtung Vögel, indem sie glaubten, daß hier ein vogelähnliches Tier seine Zehen in regelmäßigen Intervallen in den feuchten Untergrund gedrückt hätte, so wie dies heute noch etwa bei Möwen am Strand beobachtet werden kann. 1929 beschrieb Otto Jaekel sogar einen neuen Urvogel nur nach seiner Fährte: *Archaeornis bavarica* (»Bayerischer Altvogel«).

Andere Wissenschaftler, die meinten, ein Dinosaurier hätte hier seine dreizehigen Füße in den Boden »gestempelt«, taten sich mit der geringen Größe der Fährten schwer. Selbst für das noch nicht voll ausgewachsene Exemplar des Zwergdinosauriers *Compsognathus* waren sie noch zu klein geraten, aber auch dieser problematische Punkt ließ sich einfach dadurch erklären, daß ein sehr junger *Compsognathus* oder ein nahe verwandter, noch wesentlich kleinerer Dinosaurier hier gehüpft sei.

Der am 5. Dezember 1893 in Bernburg (Anhalt) geborene und in Halle an der Saale tätige Paläontologe Martin Wilfarth schaltete sich 1937 mit einem unglücklichen Erklärungsversuch in die Diskussion ein, der wie manche andere seiner Hypothesen als belächelte Randbemerkung in die Wissenschaftsgeschichte einging. So wollte er nach seiner Theorie der »Großgezeiten« alle Dinosaurier als Wattbewohner und untergetauchte »Atemschnorchler« zu Küstenbewohnern umdeuten. Auch für *Compsognathus* hatte er eine Rolle als »Strandguträuber« bereit.

Zwar stimmt Wilfarth der Abelschen Theorie zu, daß die *Kouphichnium*-Fährte von einem Klein-Raubdinosaurier erzeugt worden war, aber die seltsamen Schrittfolgen erklärte er mit einer Theorie, die einen Miniaturdinosaurier von ganzen 30 Zentimetern Länge zum Verursacher hatte. Wilfarth stellte sich vor, daß dieser Dinosaurier seine Arme wie Krücken benutzte, sie nach dem Sprung vor den auftreffenden Füßen aufgesetzt und so den Schwung der Vorwärtsbewegung aufgefangen habe. Dann wäre eine weitere Vorwärtsbewegung der Arme erfolgt, wobei sie etwas weiter gespreizt wurden und sich der Körper des Tieres nach vorne neigte. Um den wesentlich längeren und kräftigeren Hinterbeinen den Sprung zu ermöglichen, mußten die Arme ein weiteres, drittes Mal nach vorn gesetzt und im Sediment abgestützt werden, wobei sie nach Wilfarths Überzeugung so weit auseinandergestellt wurden, daß die Hinterbeine zwischen ihnen hindurchschwingen konnten. Der gesamte Vorgang müsse ähnlich abgelaufen sein wie beim langsamen »Hüpfgang« eines Kängurus, das sich dabei auf seinen Schwanz und die Vorderpfoten stützt. Wilfarth vermutete, daß der Dinosaurier den von ihm vermuteten »Krückengang« nur ausnahmsweise benutzte, bei eiligem Lauf aber auf den Hinterbeinen gerannt sei.

Beinahe acht Jahrzehnte narrte die »Solnhofener Geisterfährte« die Wissenschaftler. Dabei hatte es lediglich einen einzigen, aber entscheidenden Denkfehler gegeben, der die besten Paläontologen auf die »falsche Fährte« gelockt und sie für die Realität blind gemacht hatte: Die Fährte war ausnahmslos richtungsverkehrt gelesen worden! Die Bewegungsrichtung der vermeintlichen Fuß- und Handabdrücke lief genau entgegengesetzt wie von allen angenommen worden war, und es war auch kein Urvogel oder Kleinstdinosaurier am Solnhofener Strand entlanggehüpft, ja nicht einmal ein Wirbeltier hatte die Fährte verursacht, sondern ein wirbelloses Tier namens *Limulus*. Diese Pfeilschwanzkrebse, entfernte Verwandte unserer Spinnen, waren zur Eiablage an das Ufer gekrochen, so wie sie es auch heute noch an manchen Küsten tun, und bisweilen hatte sie dabei der zähe Schlamm festgehalten. Im Todeskampf hatten ihre Spaltfüße die scheinbaren Urvogel- oder *Compsognathus*-Fährten hinterlassen, die nach vorn gerichtet erschienen. In Wirklichkeit war der Pfeilschwanzkrebs aber genau andersherum gekrochen. Die endgültige Auflösung dieses Fährtenrätsels mit obenstehender Erklärung gelang zwischen 1939 und 1940 dem amerikanischen Paläontologen Kenneth E. Caster.

Die Dinosaurier der Kreidezeit

Dinosaurierfährten der nordwestdeutschen Unterkreidezeit

Während die Dinosaurierfunde aus der Trias hauptsächlich aus dem südlichen Deutschland kamen, im Jura sowohl Süd- als auch Norddeutschland als Dinosaurierfundstätten auftreten, stammen die kreidezeitlichen Funde bis jetzt ausschließlich aus Landschaften der nördlichen Mittelgebirge. Genaugenommen sind es sogar nur zwei Bereiche, die sowohl Knochen- als auch Fährtenfunde gebracht haben: In Niedersachsen sind es die Rehburger Berge und die Bückeberge, in Nordrhein-Westfalen das Sauerland bei Brilon.

Seit mehr als 100 Jahren kennt man sowohl aus den Rehburger Bergen südlich des Steinhuder Meeres als auch aus den Bückebergen mit dem vorgelagerten Harrl westlich von Hannover eine Vielzahl unterschiedlichster Dinosaurierfährten und seltener auch Knochenfunde.

1851 wurden in England die ersten Fährtenfunde in Unterkreideschichten, dem sogenannten »Wealden« (das der südostenglischen Landschaft »Weald« seinen Namen verdankt), entdeckt. Nur knappe 30 Jahre später fand 1879 der Geologe Carl Eberhard Friedrich Struckmann (1833–1898) aus Hannover in den Steinbrüchen des Wölpinghauser Berges in den Rehburger Bergen dreizehige Fußspuren, fast gleichzeitig entdeckte der Geologe Heinrich Grabbe aus Liekwegen ebensolche Fährten in den Steinbrüchen des Bückeberges.

Nach dem Stand der heutigen Geologie gehört das »norddeutsche Wealden« in die Tiefe Unterkreide, das Berrias, und ist damit rund

140 Millionen Jahre alt. In dieser sogenannten Bückeburg-Forma-
tion erstreckte sich im südlichen Niedersachsen ein großes Binnen-
seegebiet, das »Niedersächsische Becken«, dessen Süßwasser nur
selten durch eine im Osten gelegene Verbindung Kontakt zum
salzigen Meereswasser bekam. In dem gewaltigen »Binnenmeer«
lagerten sich Tone und Sande ab, die schon seit Jahrzehnten als
Obernkirchner und Rehburger Sandstein in Brüchen abgebaut werden. Zahlreiche Gebäude in dieser Gegend sind aus diesem Sandstein
gebaut. Da zwischen den Sandsteinen Kohleflöze eingelagert sind,
die ebenfalls abbauwürdig waren, weiß man, daß es zur Zeit der

Unteren Kreide in Norddeutschland warm war und eine üppige Vegetation wucherte; aus Baumstämmen und Blättern von Ginkgobäumen, Farnen, Palmfarnen und Schachtelhalmen entstand im Laufe von Jahrmillionen die Steinkohle. Wie die zahlreichen Fährten beweisen, fanden auch die Dinosaurier in diesem Klima günstige Lebensbedingungen vor. Echsenbeckendinosaurier, wie Sauropoden und Theropoden, beherrschten weiterhin die Landfauna, aber der bevorstehende Aufstieg der Vogelbeckendinosaurier läßt sich durch die Häufigkeit ihrer Fährten schon belegen.

Der Nestor der Bückeburger Fährtenforschung: Max Ballerstedt

Obwohl sich viele Wissenschaftler und Amateur-Paläontologen mit den Dinosaurierfährten der Bückeberge beschäftigt haben, überragt sie Max Ballerstedt doch alle. Zwischen 1905 und 1925 erschienen von ihm mehrere Aufsätze, in denen er sich mit diesem Thema beschäftigte. Sein Engagement blieb aber nicht auf die Theorie be-

Fährtenplatte aus Obernkirchen im »Geomatikum« Hamburg. Sie zeigt mehrere Fährten unterschiedlicher Ausrichtung, die dreizehige Vogelfußdinosaurier in der Unteren Kreidezeit erzeugt haben.

schränkt; im Laufe seines Lebens hat er an die 200 Dinosaurierfährten entdeckt und gesammelt.

Sein »Revier« waren die Steinbrüche des Harrls und der Bückeberge, die ihm Jahr für Jahr reiche Beute einbrachten. Die Bückeburger Bürger sahen ihn oft, wenn er abends von den Harrlbrüchen, den Obernkirchner Sandsteinbrüchen oder dem Schauensteiner Bruch zurückkehrte, beladen mit Werkzeugen und kiloschweren Fundstücken, die er entweder im Rucksack oder im Leiterwagen zu seiner Wohnung transportierte.

Der am 20. Juni 1857 in Bückeburg als Sohn eines Hofpredigers geborene Max Ballerstedt hatte in Marburg und Berlin Mathematik und Naturwissenschaften studiert und war danach 14 Jahre Oberlehrer am Bückeburger Gymnasium »Adolfinum« gewesen. Sein Landesherr, der Fürst Adolf Georg, nach dem das Bückeburger Gymnasium benannt war, verlieh Max Ballerstedt 1907 den Professorentitel. Zu Ostern 1912 mußte Ballerstedt wegen zunehmender Schwerhörigkeit vorzeitig in den Ruhestand gehen, was ihn aber nicht davon abhielt, sich weiter mit den seltsamen Riesenfährten zu befassen.

Seit Beginn des Jahrhunderts hortete Max Ballerstedt seine Sammlung steinerner Zeitzeugen aus der Periode vor 140 Millionen Jahren in seiner Privatwohnung. Als diese aber im Laufe der Jahre dafür zu klein wurde, deponierte er die zentnerschweren Krokodilschädel, Schildkröten, Sauriertritte und die Blöcke mit dem Skelett des Vogelbeckendinosauriers *Stenopelix valdensis* im Gymnasium von Bückeburg.

In dieser Bildungsstätte erschien Ballerstedt seine Sammlung so gut aufgehoben wie in einem Museum. Kurz vor seinem Tod im Jahre 1940 schenkte er sie dem »Adolfinum«. Die wertvollen Fossilien überdauerten auf alten Tischen des Schulbodens den Zweiten Weltkrieg. Nach Kriegsende kippten englische Soldaten die für sie nutzlosen »Steine« auf den Boden, weil sie die Schultische für andere Zwecke benötigten. Dort blieben die Ballerstedtschen Fossilien lange Jahre liegen. Erst in den sechziger Jahren erinnerte man sich wieder daran, hauptsächlich aber wohl, weil das Staatliche Hochbauamt beanstandet hatte, daß die Steine zu sehr auf die Deckenbalken des Gymnasiums drückten. Daraufhin zimmerte der Betreuer der Sammlung, der Biologielehrer Dr. Hillrich Bernhards, Tragegestelle und schleppte die Versteinerungen vier Stockwerke tiefer in den Mopedkeller. Dort blieben sie bis 1976 weithin unbeachtet. Als

1971 Dr. Bernhards verstorben war, fand sich niemand mehr, der bereit war, die Sammlung weiterzubetreuen. Erst nachdem der Landkreis Schaumburg-Lippe dem Geologisch-Paläontologischen Institut der Universität Göttingen die Sammlung als Dauerleihgabe überließ, gelangte die zweitgrößte Privatsammlung Europas in die Hände von Wissenschaftlern, die sie restaurierten und katalogisierten.

1987 kehrte dann ein Teil der Sammlung in das »Adolfinum« zurück, wo sie der Mainzer Geologe Dr. Heinrich Berthold nach eineinhalbjähriger Vorbereitung als populärwissenschaftliche Ausstellung präsentierte. Farbig rekonstruierte Lebensbilder von Sauriern und Landschaften, auch der Leguanzahndinosaurier, die in den Bückebergen so häufig ihre Fußspuren hinterlassen hatten, zeigen seitdem Schülern und Besuchern der Ballerstedtschen Sammlung die Fauna und Flora der Unterkreidezeit.

Noch heute lebt die Nichte von Max Ballerstedt, Frau Hildegard John, geborene Ballerstedt, in Göttingen. Sie schildert ihren Onkel als kräftigen Pfeifenraucher, der sich auch für Wetterkunde und archäologische Funde interessierte. Als sie größer wurde, begann auch sie sich mit den Ballerstedtschen »Saurierpfoten« zu beschäftigen und lauschte den plastischen Erzählungen ihres Onkel Max, mit denen er seine Entdeckungen, aber auch die Lebensweise der Dinosaurier, so wie er sie sich vorstellte, beschrieb.

Bis heute unveröffentlicht ist, daß Max Ballerstedt aufgrund seiner Fährtenanalysen davon überzeugt war, daß sich die Dinosaurier keineswegs so plump und langsam fortbewegt hatten, wie dies die Wissenschaftler seiner Zeit immer wieder darstellten. Max Ballerstedt war sogar davon überzeugt, daß die Dinosaurierskelette in den Museen falsch aufgestellt seien, eine Aufstellung, die ihrer Bewegungsart überhaupt nicht entsprechen würde. Dieser kritische Ansatz zur Betrachtung der korrekten Gliedmaßenstellung der Dinosaurier wurde erst mehr als ein halbes Jahrhundert nach Ballerstedt Allgemeingut. Mit der Ende der sechziger Jahre einsetzenden »Dinosaurierrenaissance«, die von jungen Paläontologen, wie dem Amerikaner Robert T. Bakker und anderen, ausgelöst wurde und die zu einem bis heute anhaltenden vermehrten Interesse an den Dinosauriern führte, wurden auch bis dahin allgemein anerkannte Vorstellungen aufgegeben. Heute sieht man in den Dinosauriern nicht mehr echsenähnlich kriechende Riesenreptilien, sondern weit agilere Tiere mit einer Organisationsstufe zwischen Reptilien, Vögeln und Säu-

Max Ballerstedt
(1887–1945),
1932 in seinem
Garten in Bückeburg.

201

getieren. Auch Robert T. Bakker und die kritischen Paläontologen der letzten 20 Jahre gingen von einer falschen Montierung der Museumsexponate aus, weil sie meinten, daß die in den Gelenken geknickten Gliedmaßen nicht der tatsächlichen Steh- und Gehweise der Dinosaurier entsprechen würden.

Um die von der offiziellen Lehrmeinung abweichende Theorie ihres Onkels publik zu machen, hatte Hildegard John nach ihrem Zoologiestudium in Göttingen eine Zusammenkunft zwischen der damals führenden Koryphäe auf diesem Gebiet und Max Ballerstedt arrangiert. Bedauerlicherweise entwickelte sich der geplante Dialog sehr einseitig, da der Zoologieprofessor nur seine eigenen Überzeugungen verkündete und an Max Ballerstedts Überlegungen gar nicht interessiert war. Ballerstedt kehrte daraufhin deprimiert nach Hause zurück. Hildegard John gab jedoch nicht auf und erzählte ihrem eigenen Zoologiedozenten Dr. Henke von der Hypothese ihres Onkels, der sich diese daraufhin von Ballerstedt selbst berichten ließ. Als ihn Ballerstedt überzeugt hatte, forderte ihn der Zoologe auf, seine Hypothesen zu veröffentlichen. Aber Ballerstedt gelang es nicht, seine Theorien zu Papier zu bringen. Auch eine im Hintergrund sitzende Sekretärin war damit überfordert, aus Ballerstedts Darlegungen ein lesbares Manuskript zu erstellen. So wurde leider nichts aus der Veröffentlichung der Ballerstedtschen Theorien zur »Bewegungsart der Dinosaurier«. Wahrscheinlich hätte Ballerstedt nach einer solchen Publikation als derjenige gegolten, der das heutige Bild der Dinosaurier zumindest grob vorskizziert hatte. Mittlerweile erkannten auch andere Wissenschaftler diese Fakten, und dementsprechend wurden die Dinosaurierskelette in den Museen dann später richtig aufgestellt.

Trotzdem bleibt unumstritten, daß Max Ballerstedts Erkenntnisse über die Bückeburger Dinosaurierfährten nicht nur für die damalige Zeit richtungweisend waren.

Gab es in den Bückebergen einen fossilen »Riesenstrauß«?

Gegen Ende des Jahres 1904 gelang Max Ballerstedt am großen Steinbruch am Harrl eine überraschende Entdeckung: Neben den »normalen« Fährten mit 3 oder 4 Zehenabdrücken hatte er eine einzelne Fährte geborgen, die lediglich 2 Zehenabdrücke zeigte.

Max Ballerstedt war sich sicher, daß diese Fährte von einem

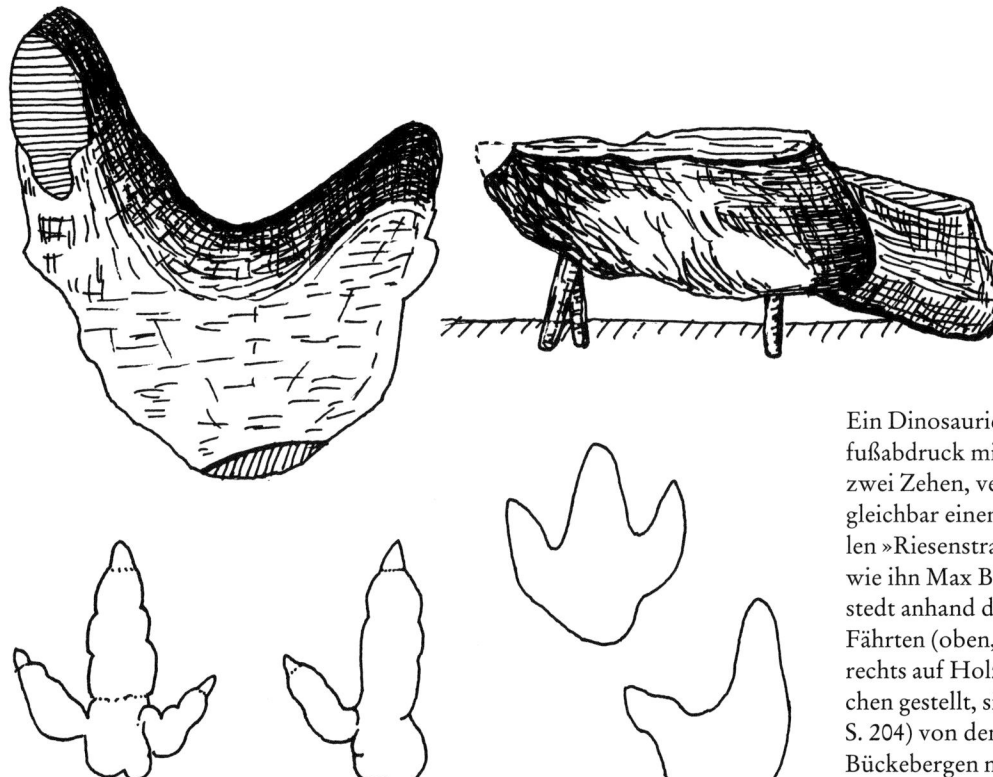

Ein Dinosaurier-
fußabdruck mit nur
zwei Zehen, ver-
gleichbar einem fossi-
len »Riesenstrauß«,
wie ihn Max Baller-
stedt anhand der
Fährten (oben, oben
rechts auf Holzstück-
chen gestellt, siehe
S. 204) von den
Bückebergen nach-
weisen wollte.
In Wirklichkeit hatte
ein *Iguanodon* nur
zwei seiner sonst übli-
chen drei Zehenab-
drücke hinterlassen,
wie man dies auch bei
Fährten des heutigen
Laufvogels Emu
beobachten kann
(unten links).

großen, zweizehigen Tier stammen mußte, da er an der Fährte selbst nirgendwo eine Bruchstelle entdecken konnte. Bald kam eine weitere Zweizeherfährte am Bückeberg zum Vorschein. Diese Entdeckung war neu, denn noch nie zuvor waren nach Ballerstedts Wissen fossile Zweizeherfährten entdeckt worden. Bei der Suche nach dem Erzeuger der Fährte fühlte sich Max Ballerstedt nicht zufällig sofort an einen Strauß *(Struthio camelus)* erinnert: Die langen Beine des gro-ßen afrikanischen Laufvogels enden in der Tat in 2 Zehen, auf denen auch das gesamte Gewicht ruht. Aber ein fossiler Vogel konnte diese Spur unmöglich verursacht haben, denn damals waren die gefieder-ten Flieger kleine, unauffällige Tiere; der Luftraum wurde von den großen Schwingen der Flugsaurier beherrscht. Doch warum sollte diese Fährte nicht von einem auf den Hinterbeinen gehenden Dino-saurier stammen, etwa einem Theropoden? Die Größe der Fährte verwies jedenfalls auf ein mehrere Meter langes Tier. Da ein fossiler »Riesenstrauß« nicht der Erzeuger der Rätselfährte vom Harrl ge-wesen sein konnte, war Max Ballerstedt davon überzeugt, daß hier ein bisher unbekannter, großer zweizehiger Raubdinosaurier seine Trittsiegel hinterlassen hatte.

Zu einem ganz anderen Ergebnis kam der Wiener Paläontologe Othenio Abel, der sich auch mit der seltsamen Zweizeherfährte beschäftigt hatte. Für ihn lag hier eine Fährte vor, die sich – unbeschadet der fehlenden dritten Zehe – zwanglos in die schon bekannten Fährten des Vogelbeckendinosauriers *Iguanodon* einordnen ließ. Allgemeines Aussehen und auch die Größenverhältnisse ließen nach Abels Einschätzung nur den großen Pflanzenfresser als Fährtenerzeuger zu. Die fehlende dritte Zehe erklärte er damit, daß sie bei einem Unfall verlorengegangen sei. Vielleicht sei diesem Exemplar eines *Iguanodons* die dritte Zehe schon in seiner Jugend von einem Krokodil der Gattung *Goniopholis* abgebissen worden, als es am Rande der Kreidesümpfe umherwatete. Zwar erschien der Abelsche Lösungsvorschlag durchaus logisch, aber dennoch ließ sich Max Ballerstedt nicht von ihm überzeugen und plädierte dafür, daß die dritte Zehe nie vorhanden gewesen sei, also eine echte Zweizehigkeit vorlag.

Wegen der »Lebensfrische« der Fährte und weil jegliche Bruchstelle fehlte, hielt es Ballerstedt auch für unmöglich, daß vielleicht der Abdruck der dritten Zehe schon im Steinbruch verlorengegangen sein könnte oder daß die dritte Zehe durch einen darübergestempelten anderen Fußabdruck ausgelöscht worden sei. Um seine Fachkollegen zu überzeugen, stellte er die Fährte ausführlich und genauestens von allen Seiten in Fotografien und Zeichnungen vor. Außerdem stellte er den Steinblock der Fährte auf Holzstäbe, damit jedermann erkennen konnte, wie deutlich und wie tief eingedrückt die beiden Zehenausfüllungen waren. Max Ballerstedt kam zu dem Schluß, daß »hier ein einheitlich-stilvoller Bau vorliegt, dieses Kunstwerk kann nicht von einem verstümmelten Fuß errichtet sein, dem nur wenig mehr als zwei Drittel seines Baumaterials zur Verfügung stand«. Kritik an seiner Zweizeher-Theorie begegnete Ballerstedt mit dem Argument, daß auch bei den Vögeln aus vierzehigen Typen Drei- oder gar Zweizeher wie der Strauß entstanden seien. Warum sollte so ein Schritt nicht auch bei den oft so vogelähnlichen, vielfältigen und anpassungsfähigen Dinosauriern hin zum echten »Laufsaurier« stattgefunden haben? Letztlich warf Ballerstedt seinen Fachkollegen mangelnde Phantasie vor und nannte den Zweizehenläufer »*Struthopus schaumburgensis*«, »Schaumburger Straußenfuß«.

Heute, fast 9 Jahrzehnte nach der Ballerstedtschen Entdeckung, hat sich durch das neubelebte Interesse an fossilen Saurierfährten in den letzten Jahren das Wissen über diese Lebensspuren aus vergangenen Äonen stark vermehrt. Es zeigt sich auch, daß Ballerstedts Vermutung, die Fährte in die Nähe von großen Laufvögeln zu rücken, kein verkehrter Ansatz war, denn genau aus dieser Richtung kam die Auflösung des Rätsels.

In seiner australischen Heimat konnte Tony Thulborn, einer der weltweit führenden Spezialisten für fossile Fährten, an dem australischen Pendant zum Strauß, dem Laufvogel Emu *(Dromaius novohollandiae)* die erstaunliche Tatsache beobachten, daß dieser Vogel trotz offensichtlich vorliegender Dreizehigkeit bisweilen Fährten erzeugt, die nur zwei Zehen zeigen. In verblüffender Übereinstimmung mit dem Ballerstedtschen Zweizeher wurde dabei die außen liegende Zehe nicht mehr auf dem Boden abgedrückt. Tony Thulborn konnte dies an Emuspuren bestätigen: Auf weichem Grund hinterließ der Vogel alle 3 Zehenabdrücke, aber auf festem Boden gab es von der kleinen Zehe keinen Abdruck, so daß die Fährte eine Zweizehigkeit vortäuschte. Auch bei Dinosauriern lag das Hauptgewicht meist auf der größten Zehe, weshalb diese tief in den Sand oder Schlamm einsank. Die anderen Zehen mußten dabei nicht unbedingt gleich tief sinken, und wenn der Untergrund hart genug war, spreizten sich eine oder mehrere Zehen seitwärts ab und hinterließen dabei lediglich einen sehr flachen oder gar keinen Abdruck. Am ehesten konnte so etwas geschehen, wenn eine der Zehen im großen Winkel von der Hauptzehe abstand.

So brachten Beobachtungen an den großen Laufvögeln unserer Zeit die Lösung der Frage nach der fehlenden Zehe an den Dinosaurierfährten der Bückeberge. Zwar hatte Othenio Abel mit seiner Vermutung recht gehabt, daß es sich bei der Fährte vom Harrl um eine *Iguanodon*-Fährte handelte, aber die eigentliche Erklärung für die Zweizehigkeit von »*Struthopus schaumburgensis*« war weder ihm noch Max Ballerstedt gelungen.

Gewaltige Raubdinosaurier aus dem Wealden

1887 beschrieb der damals in Berlin wirkende Paläontologe Ernst Koken (1860–1912) in seinem Überblick über das norddeutsche Wealden auch einen Zahn, den er als »*Megalosaurus dunkeri*« DAMES in die Wissenschaft einführte. Der Berliner Paläontologe Wilhelm D. Dames hatte diesen Zahn im »Sitzungsbericht der Gesellschaft naturforschender Freunde zu Berlin« 1884 erstmals vorgestellt. Der Zahn stammte aus dem Besitz des 1885 verstorbenen Wilhelm Dunker, damals einer der führenden Spezialisten auf dem Gebiet fossiler Weichtiere. Kontakt zu der nordwestdeutschen Unterkreide bekam er durch den Steinkohlebergbau von Obernkirchen bei Bückeburg. Nach dem Studium von 1830 bis 1834 in Göttingen wurde er Lehrer für Mineralogie und Geologie an der Höheren Gewerbeschule in Kassel. Zusammen mit Hermann von Meyer, der das Kapitel »Reptilien« bearbeitet hatte, veröffentlichte Dunker 1846 die *Monographie der Norddeutschen Wealdenbildung,* und beide gründeten im gleichen Jahr die noch heute bestehende paläontologische Fachzeitschrift *Palaeontographica.*

Im Hauptkohleflöz in Obernkirchen war Wilhelm Dunker der Fund des besagten Zahnes gelungen. Mit einer Höhe von 6 Zentimetern und einer Breite von 2,2 Zentimetern am unteren Rand gehört der Zahn eindeutig zu einem der größeren Raubdinosaurier, einem Carnosaurier. Typisch für theropode Dinosaurierzähne ist die starke seitliche Komprimierung, die Zähne sind wie Messer zusammengepreßt und säbelförmig gekrümmt. Nur auf der hinteren, konkav geschwungenen Seite besitzt der etwas abgenutzte Zahn die typisch feine Zähnelung, die bis fast ganz unten an die Zahnbasis reicht. Daß der Zahn nur eine gezähnelte Schneidekante besitzt, unterscheidet ihn von den Zähnen des englischen Raubdinosauriers *Megalosaurus bucklandii* und anderer *Megalosaurus*-Arten, die beidseitig gesägte Zähnelungen aufweisen. Trotzdem bekam dieser Zahn wie manch andere deutsche Funde die Bezeichnung »*Megalosaurus*«. Sehr wahrscheinlich ungerechtfertigt. Zu welchem Theropoden der Obernkirchner Zahn tatsächlich gehört, bleibt ungewiß. Viel wichtiger ist die Tatsache, daß zur Zeit der deutschen Unterkreide gewaltige Raubdinosaurier gelebt haben müssen, die es an Größe mit dem nordamerikanischen *Allosaurus* beinahe aufnehmen konnten und sicher mehr als 1 Tonne Gewicht auf die Waage brachten.[6]

Dieser Zahn aus dem Berrias (vor 144 Millionen Jahren) wurde von Friedrich von Huene 1923 der Theropodengattung *Altispinax* zugerechnet, deren Rückenwirbel aus England bekannt sind. Die Dornfortsätze seiner Wirbelknochen sind stark verlängert, weshalb man vermutet, daß *Altispinax* eine Art fleischigen oder häutigen »Rückenkamm« getragen haben könnte. Leider besteht keine begründete Veranlassung, den deutschen Zahn mit den englischen Rückenwirbeln zur gleichen Dinosaurierart zu stellen. »*Altispinax dunkeri*« hat also als gültige Raubdinosaurierart keine gesicherte Grundlage.

Neben dem Einzelzahn aus den Bückebergen kommt von dort noch ein weiterer Beweis dafür, daß sich die pflanzenfressenden Leguanzahndinosaurier mit fleischfressenden Echsenbeckendinosauriern auseinandersetzen mußten, denn vor allem die Jungtiere der Iguanodonten könnten zu ihrer bevorzugten Beute gezählt haben. Belegt wird das durch einen einzelnen rechten Hinterfußabdruck, der 1958 von Oskar Kuhn als *Bückeburgichnus maximus* (»Größte Fährte aus Bückeburg«) bezeichnet wurde. Und gewaltig ist dieses an einen Riesenvogelfuß erinnernde Trittsiegel in der Tat: Es mißt ganze 71 Zentimeter in der Länge! Ein durchschnittlicher menschlicher Fuß von etwa 23 Zentimetern nimmt sich dagegen bescheiden aus.

Als Besonderheit hat sich bei *Bückeburgichnus maximus* neben den üblichen Abdrücken der Zehen Nummer II, III und IV auch der Abdruck der kleinen Zehe, die am Fußknöchel hochgerutscht ist und normalerweise keinen Bodenkontakt mehr hatte, fossil erhalten. Dies geschah dann, wenn der schwere Raubdinosaurier tief in den weichen Untergrund einsank und so einen quasi »vollständigen« Fußabdruck hinterließ.

Trotz seiner beachtlichen Ausmaße besitzt der *Bückeburgichnus*-Abdruck im Vergleich mit Fährten anderer großer Raubdinosaurier (Carnosaurier) schlanke Zehen, so daß der dazugehörige Theropode weniger dem massigen *Tyrannosaurus* glich, sondern eher einem leicht gebauten Carnosaurier mit schlankeren Gliedmaßen, wie dies *Megalosaurus* aus England beispielsweise war.

Sowohl der Obernkirchner Zahn als auch die Bückeburger Fährte zeigen, daß zwischen 5 und 10 Meter lange Theropoden Norddeutschland zur Unterkreidezeit bevölkerten. Offensichtlich herrschten in dieser Gegend günstige Lebensbedingungen für derartig große Fleischfresser.

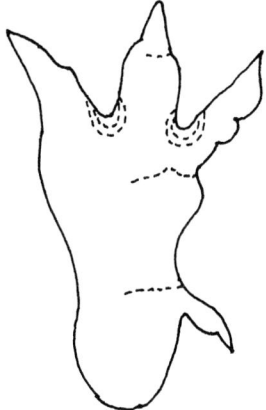

Bückeburgichnus maximus, der größte Fußabdruck, den ein Raubdinosaurier je in Deutschland hinterlassen hat.

Panzerdinosaurier in der deutschen Unterkreide?

Lebten auch bei uns in Deutschland Panzerdinosaurier, jene mit Stacheln und Panzerplatten geschützten wandelnden Festungen, die noch am ehesten dem Klischee vom »langsamen, dummen und schwerfälligen Drachen« entsprächen?

Bisher hat unser Boden mit Beweisen dafür gegeizt; lediglich aus der Zeit der Unterkreide, vor etwa 130 Millionen Jahren, stammen einige Hinweise auf die mögliche Existenz dieser Tiere. Deren fossile Knochen sind aber sehr dürftig und können nur mit großer Vorsicht interpretiert werden. Dabei ist es durchaus möglich, daß in der Unteren Kreide Ankylosaurier mit den beiden Familien Ankylosauridae und Nodosauridae in Deutschland existierten. Aus etwa gleich alten Schichten Englands sind jedenfalls Panzerdinosaurier nachgewiesen worden.

1887 erwähnte der Berliner Wissenschaftler Ernst Koken in seiner Übersicht *Dinosaurier, Crocodiliden und Sauropterygier des norddeutschen Wealden* zwei schlecht erhaltene Wirbel, die er in diese Dinosauriergruppe einordnete. Die Wirbel waren im Duinger Wald in der Nähe von Weenzen westlich des niedersächsischen Alfeld gefunden und ihm vom Provinzialmuseum Hannover zur Untersuchung überlassen worden. Nach einer genauen Überprüfung meinte Ernst Koken, daß die beiden ca. 10 Zentimeter breiten Wirbel am ehesten zu *Hylaeosaurus* (»Waldechse«) gehören könnten, einem schildkrötenartig schwerfälligem Panzerdinosaurier. Der 4 Meter lange *Hylaeosaurus* war bereits 1833 als einer der ersten Dinosaurier von Gideon Algernon Mantell (1790–1852), einem südenglischen Arzt und Hobby-Paläontologen, benannt worden. *Hylaeosaurus* lebte in der gleichen Zeit, aus der die Gesteine der Weenzener Wirbel stammen, weshalb die versuchte Zuordnung Kokens nicht verwunderlich ist. Dennoch läßt sich zwischen den Zeilen die Unsicherheit Ernst Kokens herauslesen, ob die schlecht erhaltenen Wirbel nicht doch von einem ganz anderen Dinosaurier stammen, da er fast die ganze Reihe der damals bekannten Dinosaurier Revue passieren läßt, bevor er sich schließlich dann doch für *Hylaeosaurus* entscheidet.

Neben diesen aus heutiger Sicht unbestimmbaren Wirbeln gibt es nur noch eine rätselhafte Fährtenfolge, die mit Ankylosauriern in Verbindung gebracht worden ist. Diese Fährte von insgesamt 2,13 Metern Länge besteht aus Vorder- und Hinterfußabdrücken,

die 1922 von Max Ballerstedt vorgestellt worden sind. Die als *Metatetrapous valdensis* bezeichneten Fährtenfolge befand sich in einem Steinbruch in der Nähe von Bückeburg.

In der Unteren Kreide, dem Zeitraum, aus dem die Fährte stammt, breiteten sich die Ankylosaurier zunehmend in Europa aus. Dennoch zählen Panzerdinosaurier im Vergleich zu anderen Dinosauriern zu den selteneren Funden. Man hat dies mit ihrer speziellen Lebensweise erklärt: Wie schon früher der Stegosaurier hätten auch sie höhergelegenes, trockenes Gelände als Lebensbereich bevorzugt. Dort aber ist die Möglichkeit, daß Tiere fossil erhalten bleiben, erheblich ungünstiger als in feuchteren Biotopen oder in Meeresnähe.

Die Panzerdinosaurier der Unterkreide gehören zur primitiveren Familie der Unterordnung Ankylosauria, den Nodosauridae (»Knotenechsen«). Anders als ihre später auftretenden Verwandten aus der Familie der Ankylosauridae hatten die Knotendinosaurier noch nicht die charakteristische, morgensternähnliche Schwanzkeule, dafür aber besonders kräftig ausgebildete Knochenstacheln und -dornen im Hals- und Schulterbereich. Sollte die Bückeburger Fährtenabfolge wirklich von einem Panzerdinosaurier stammen, dann sehr wahrscheinlich von einem Nodosaurier.

1932 beschrieb der berühmte kanadische Paläontologe Charles M. Sternberg (1850–1934) aus der Unteren Kreide von British Co-

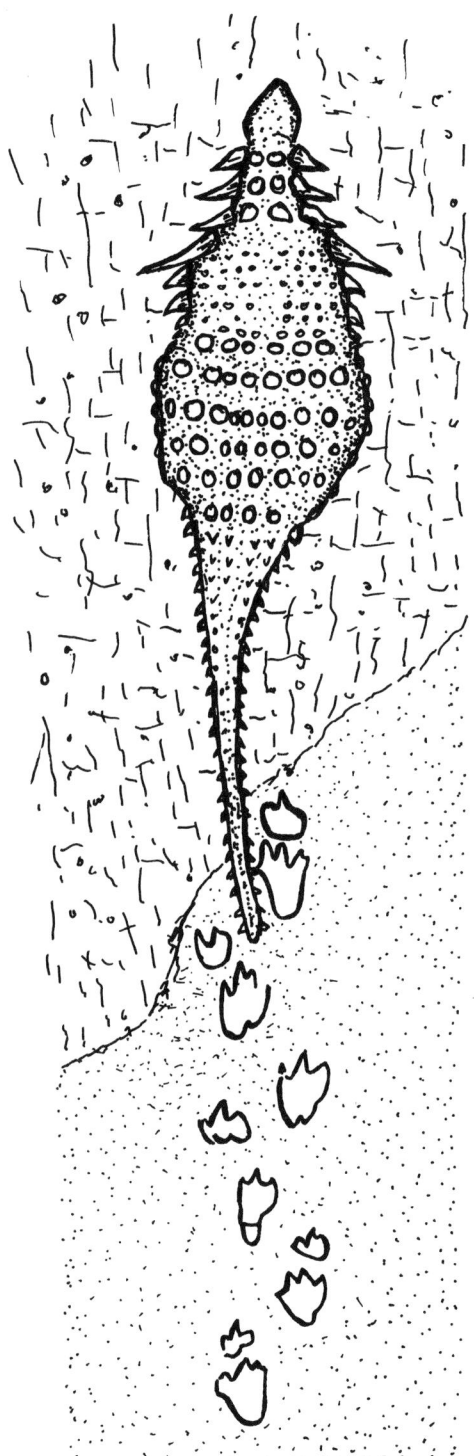

lumbia in Kanada eine aus drei Vorder- und Hinterfußpaaren bestehende Fährte, die er »*Tetrapodosaurus borealis*« nannte. Ursprünglich hatte er angenommen, daß sie von einem großen, vierfüßig schreitenden Horndinosaurier herrühre. Doch 1984 fiel dem amerikanischen Panzerdinosaurierspezialisten Kenneth Carpenter auf, daß ihn diese Sternbergsche Fährte vom Aussehen her sehr an die Fußform jenes Ankylosauriers erinnerte, mit dem er sich erst kürzlich ausführlich beschäftigt hatte: *Sauropelta*, einem Nodosaurier. So war der Bezug zu den Panzerdinosauriern hergestellt.

In der Bückeburger Fährte sind, ähnlich den kanadischen Trittsiegeln, je drei Vorder- und Hinterfußabdrücke in der Bewegungsabfolge überliefert. Der kleinere Vorderfuß zeigt wahlweise drei oder vier Zehen (ein entstehungsbedingtes Phänomen, das auch schon bei anderen Ankylosaurier-Fährten beobachtet werden konnte), der 44 Zentimeter lange Hinterfußabdruck weist vier Zehen auf. Insgesamt verläuft die Fährte aus der deutschen Unterkreide etwas enger als die kanadische und besitzt zugespitztere Zehenabdrücke, gleicht ihr aber ansonsten verblüffend.

Wenngleich noch keine letzte Sicherheit darüber besteht, ob diese Fährte wirklich ein Ankylosaurier hinterlassen hat, beweist sie allein durch ihre Existenz, daß neben Vogelfußdinosauriern wie *Iguanodon* und Raubdinosauriern (die beide dreizehige Fußabdrücke verursacht haben), in der Unterkreide Nordwestdeutschlands auch große, vierfüßig laufende Dinosaurier gelebt haben müssen, die noch nicht durch Skelettfunde belegt werden konnten.

So könnte die Fährtenfolge *Metatetrapous valdensis* entstanden sein: Ein gepanzerter Nodosaurier (von oben gesehen) bewegte sich einige Meter über weichgrundigen, feuchten Boden, bevor er wieder steinigen Untergrund erreichte.

Stenopelix: Papageienschnabel oder Dickschädel?

Von dem den Bückebergen vorgelagerten Berg namens Harrl kamen im Laufe der Jahre nicht nur zahlreiche Fährten von Dinosauriern, sondern auch ein kleines Dinosaurierskelett, das in der Evolution der Vogelbeckendinosaurier eine besondere Rolle spielt. Dieses schon 1855 im Sandstein des Wealden gefundene Skelett gehört in das Berrias der Unteren Kreide und ist damit etwa 140 Millionen Jahre alt. Die Knochenmasse des Skelettes selbst wurde als schmutzig-weiß, dabei weich und wegen ihrer seifenartigen Beschaffenheit als leicht abbröckelnd beschrieben. Im Gestein stellten sich die Knochen durch eingelagertes Eisen und Mangan schwärzlich dar. Das Skelett war insgesamt in drei verschiedene Steinblöcke eingelagert; zwei von ihnen gehören zusammen. Bedauerlicherweise fehlen dem Skelett der Schädel, die Halswirbel und die Brustregion, der rechte Vorderarm und beide Schultergürtel. In einem der Sandsteinblöcke ist eine Rückenansicht des restlichen Skelettes vom Hals abwärts bis zum Schwanzbeginn mit dem linken Arm, beiden Hinterbeinen und einigen Schwanzwirbeln zu sehen; im kleineren Block sind der Beckengürtel, Teile der Hinterbeine und der vollständige Schwanz in Bauchansicht eingebettet.

Als erster beschäftigte sich Hermann von Meyer 1857 wissenschaftlich mit dem Fund: »Im Fürstenthume Schaumburg-Lippe wurden im Jahr 1855 Ueberreste von einem größeren Reptil gefunden, die seine Durchlaucht, der regierende Fürst Georg Wilhelm zu Schaumburg-Lippe, mir im Januar 1857 durch Herrn Professor Burchardt zur Untersuchung mittheilen ließ.«

Meyer unterzog das Skelett einer gründlichen Begutachtung, sah sich Knochen für Knochen akribisch an, hatte aber trotzdem erhebliche Probleme, das Tier systematisch einzuordnen. Nicht zuletzt lag das daran, daß zu seiner Zeit erst wenige Dinosaurier bekannt waren und solche eher kleinen Formen noch rarer waren. Was also lag für ihn näher, dieses Reptil mit Krokodilen wie *Pholidosaurus schaumburgensis* oder *Macrorhynchus meyeri* zu vergleichen, die vor wenigen Jahren am selben Ort gefunden worden waren? Aber die Überprüfungen machten Meyer nicht sicherer, ob er es mit einem ausschließlich im Wasser lebenden Reptil oder mit einem krokodilverwandten Tier zu tun habe. Zum einen erschien ihm der Schwanz zu lang und zu schmal, mit dem das Tier hätte rudern sollen, und

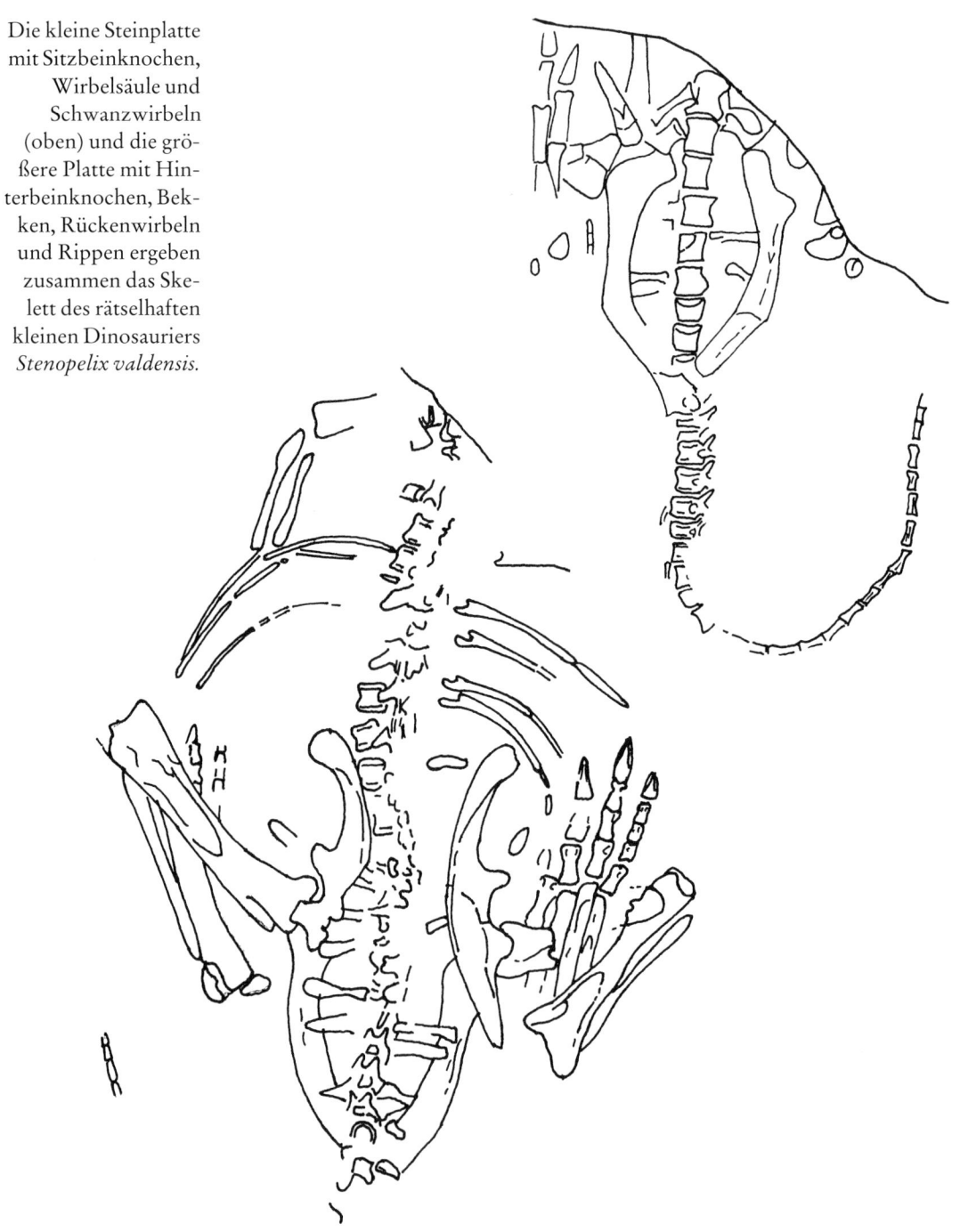

Die kleine Steinplatte mit Sitzbeinknochen, Wirbelsäule und Schwanzwirbeln (oben) und die größere Platte mit Hinterbeinknochen, Bekken, Rückenwirbeln und Rippen ergeben zusammen das Skelett des rätselhaften kleinen Dinosauriers *Stenopelix valdensis.*

andererseits fehlte der krokodiltypische Hautpanzer. Auch Zehen und Becken des »Fossilen Thieres vom Harrel« wichen vom Krokodilbauplan deutlich ab. Meyers Schlußbemerkung, daß dieser Rumpf von einem »eigenthümlichen Thiere stammt, das ich nach der auffälligen Form seines Beckens, sowie nach der Formation, worin es gefunden wurde, *Stenopelix valdensis* genannt habe«, war Programm für die nächsten 130 Jahre, in denen das kopflose Reptil von Harrl den Paläontologen noch manches Rätsel aufgeben sollte. Daß es sich bei *Stenopelix* (»Enges Becken«) um einen Dinosaurier handelt, wurde erst 30 Jahre später, 1887, von Ernst Koken bestätigt.

Mittlerweile war seit der Meyerschen Beschreibung eine Vielzahl neuer Dinosaurier in der Alten und der Neuen Welt entdeckt worden, so daß Koken glaubte, *Stenopelix* jetzt leichter einordnen zu können. Außerdem war er davon überzeugt, daß man sich bei erneuten Untersuchungen nicht an die mürben und defekten Knochen selbst halten solle, sondern lieber an deren scharfe Umrisse im Gestein. Zu diesem Zweck wurden mit der Präpariernadel alle Knochenreste entfernt, tiefere Löcher unterhalb der Knochen im Gestein mit Wachs und Kautschuk ausgefüllt und danach Gipsabgüsse der Hohlformen hergestellt. Damit gelang es, ein wesentlich schärferes Bild vom Skelett des *Stenopelix* herzustellen.

Koken sah in *Stenopelix* einen Dinosaurier, der sehr kurze Vordergliedmaßen, sehr lange Hinterbeine, einen langen Schwanz und ein kräftiges Becken besaß. Trotz dieser neuen Skelettanalyse gelang auch Ernst Koken noch keine Antwort auf die Frage, in welche Abteilung der paläontologischen Systematik *Stenopelix* zu stellen sei.

Auch in den nächsten Jahrzehnten sah sich *Stenopelix* wechselvollen Einstufungen ausgesetzt. Der ungarische Paläontologe Franz Baron von Nopsca löste das Problem, indem er *Stenopelix* 1917 in eine eigens geschaffene neue Familie, die »Stenopelyxidae« stellte, doch schon 1923 glaubte er in ihm eher einen Gazellendinosaurier, einen Hypsilonphotiden, zu sehen. Dieser Ansicht schloß sich 1966 der große amerikanische Wirbeltier-Paläontologe Alfred Sherwood Romer (1894–1973) an, der *Stenopelix* noch 1946 in die Nähe der Papageiendinosaurier (Psittacosaurier), einer weiteren Familie kleiner Ornithischier, gerückt hatte.

Viele Jahre nahm dann kein Wissenschaftler mehr das kleine Dinosaurierskelett in der Ballerstedtschen Sammlung im Bückeburger Gymnasium in Augenschein. Erst nach dem Zweiten Weltkrieg wurde *Stenopelix* Mitte der sechziger Jahre mit neuer Aufmerksamkeit bedacht. Der Münsteraner Professor Hermann Schmidt ließ von dem Skelett neue Abgüsse anfertigen, diesmal aber nicht aus Gips, sondern aus Latex. Und tatsächlich kamen durch dieses neue Verfahren weitere Einzelheiten des Skelettes (genauer: der übrig gebliebenen Hohlformen) zum Vorschein. Die wichtigste Neuentdeckung war die Existenz einer kleinen Verlängerung des Schambeinknochens nach hinten; Paläontologen bezeichnen dieses als »Postpubis«. Dieser Knochenfortsatz ist auch von anderen Dinosauriern bekannt, die allesamt den Vogelbeckendinosauriern angehören. So wurde 1969, als Hermann Schmidt seine Ergebnisse veröffentlichte, klar, daß *Stenopelix valdensis* zu den Vogelbeckendinosauriern (Ornithischia) zu zählen sei.

Durch die im geologisch-paläontologischen Institut der Universität Hannover hergestellten Latex-Abgüsse, die zur besseren Unterscheidung sogar bunt bemalt worden waren, hatte sich der Wissensstand über *Stenopelix* beträchtlich erweitert. Jetzt wußte man, daß dieser Vogelbeckendinosaurier zu Lebzeiten wohl nur ganze 2 Meter lang war. Seine Wirbelsäulenlänge betrug 97 Zentimeter, dazu kamen noch 55 Zentimeter für die 39 Schwanzwirbel und der fehlende Hals und Schädel. Die geringe Größe von *Stenopelix* hat immer wieder die Frage provoziert, ob es sich bei ihm nicht um das Jungtier eines bereits bekannten Dinosauriers handele. Aber schon Hermann von Meyer hatte dazu bemerkt, daß dieses Tier nicht mehr allzu jung gewesen sein könne, als es starb. *Stenopelix* war demnach ein fast vollständig ausgewachsener Dinosaurier von geringer Körpergröße. Im letzten Jahrhundert glaubte man noch, daß der auf den Hinterbeinen laufende Dinosaurier Fährten auf dem Bückeberg hinterlassen habe, die sich an der verkümmerten inneren Zehe erkennen ließen. Doch schon bald stellte sich heraus, daß dies nicht stimmte und die zierlichen dreizehigen Fährten eher von jugendlichen Leguanzahndinosauriern stammten.

Neubelebt wurde das »Problem *Stenopelix*«, als mehrere polnisch-mongolische Gemeinschaftsexpeditionen zwischen 1960 und 1970 in der Mongolei unter anderem neue Gattungen der sogenannten »Dickschädeldinosaurier« (Pachycephalosauria) entdeckten. Diese bereits aus Nordamerika bekannten Vogelbeckendinosaurier weisen gewaltig verdickte Schädeldecken auf, deren Bedeutung damit erklärt wurde, daß sie – vergleichbar heutigen Steinböcken oder Ziegen – bei Rammkämpfen eingesetzt wurden. Als die beiden

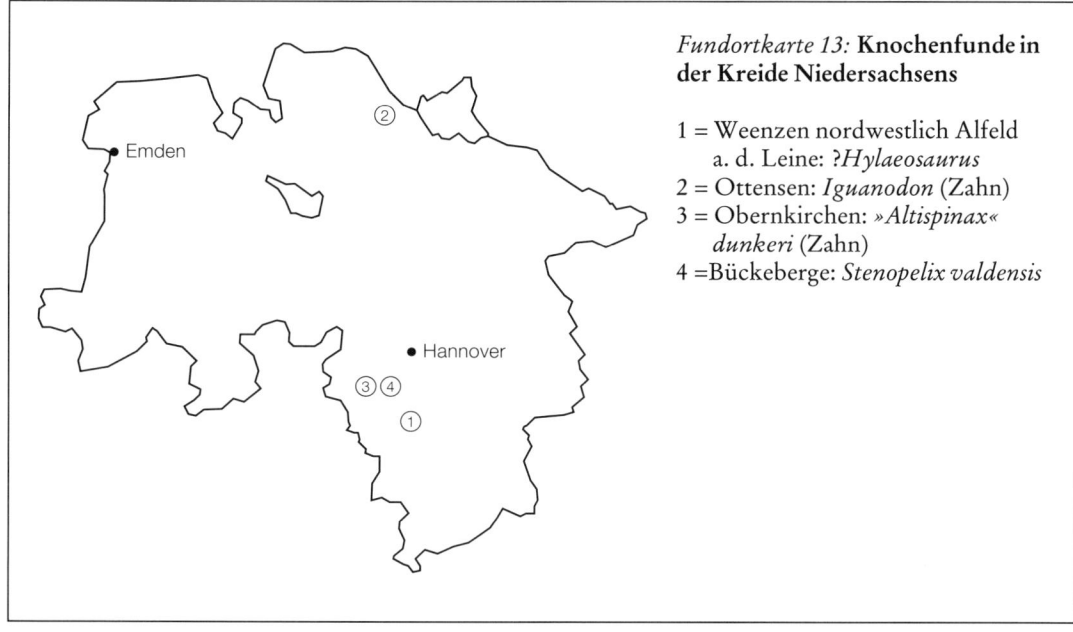

Fundortkarte 13: **Knochenfunde in der Kreide Niedersachsens**

1 = Weenzen nordwestlich Alfeld
   a. d. Leine: ?*Hylaeosaurus*
2 = Ottensen: *Iguanodon* (Zahn)
3 = Obernkirchen: »*Altispinax*«
   dunkeri (Zahn)
4 = Bückeberge: *Stenopelix valdensis*

polnischen Paläontologinnen Theresa Maryanska und Halszka Osmolska die neugefundenen Pachycephalosaurier mit anderen Dinosauriern verglichen, fielen ihnen trotz des fehlenden Schädels am Skelett von *Stenopelix* Gemeinsamkeiten mit den Dickschädlern auf. War *Stenopelix* also in Wirklichkeit ein Pachycephalosaurier? Dagegen spricht, daß fast alle Pachycephalosaurier in der Oberen Kreide lebten. Mit einer Ausnahme: *Yaverlandia* von der britischen Isle of Wight ist mit 110 Millionen Jahren nur wenig jünger als *Stenopelix*. Peter Galton, der *Yaverlandia* beschrieben hatte, nahm deshalb 1976 an, daß *Yaverlandia* und *Stenopelix* ein und derselben Gattung angehörten.

Seine Behauptung revidierte er allerdings, nachdem er 1982 mit seinem Kollegen Hans-Dieter Sues *Stenopelix* in Deutschland noch einmal ausführlich untersucht hatte und auch anhand neuer Latex-Abgüsse der Skeletthohlformen zu einer anderen Überzeugung gelangt war. Nun glaubten die beiden Paläontologen, in *Stenopelix* den ältesten Repräsentanten der Ceratopsier, der Horndinosaurier, vor sich zu sehen. Damit wäre *Stenopelix* der erste Horndinosaurier, der aus dem europäischen Raum stammte. Zuvor kannte man diese Gruppe nur aus Ostasien und Nordamerika, und nun sollte ihre Wiege ausgerechnet in Niedersachsen gestanden haben! Peter Galton und Hans-Dieter Sues konnten *Stenopelix* aber keiner der drei

Gruppen, in die man die Horndinosaurier üblicherweise unterteilt, sicher zuordnen. Mit den gewaltigen Horndinosauriern im engeren Sinne, wie *Triceratops* etwa, hat der kleine *Stenopelix* wenig gemeinsam, auch nicht mit den weit kleineren, aber vierfüßig laufenden Protoceratopsiden, aber die wie *Stenopelix* auch auf den Hinterbeinen laufenden Psittacosaurier mit ihrem seltsamen Papageienschnabel schienen auch wegen ihrer geringen Körpergrößen am ehesten mit dem Wealden-Dinosaurier vergleichbar. Deshalb ist er auf Illustrationen öfters als Papageiendinosaurier (Psittacosaurier) rekonstruiert worden.

In den letzten Jahren hat sich gezeigt, daß die auf den ersten Blick sehr unterschiedlich aussehenden Pachycephalosaurier und die Horndinosaurier näher miteinander verwandt sind, als man noch vor kurzem glaubte. Sie wurden deswegen 1986 unter dem Oberbegriff »Marginocephalia« zusammengefaßt. Diese Dinosauriergruppe, die sich durch unterschiedlichste Variationen ihrer Schädel auszeichnet – Nackenschilde, Hörner, Knoten und Schädelstacheln –, könnte irgendwann aus einem gemeinsamen Vorfahren hervorgegangen sein. Wie dieser Ahne ausgesehen hat, bleibt Spekulation, aber *Stenopelix valdensis* ist bis heute immerhin der einzige Dinosaurier, der aufgrund seines hohen geologischen Alters und wegen seiner Skelettmerkmale diese Stellung beanspruchen könnte. Zwar ist er nicht der direkte Vorfahre der Horn- und Dickschädeldinosaurier, aber er nimmt eine ähnliche Basisstellung ein, wie *Emausaurus ernsti* im Vorfeld der Stegosaurier- und Ankylosaurierevolution. Damit kann Deutschland gleich zwei wichtige Bindeglieder in der Evolutionsgeschichte der Dinosaurier vorweisen.

Wie soll man sich den Schädel von *Stenopelix* vorstellen? Besaß er einen Papageienschnabel, hatte er kleine Hörner, wuchs aus seinem Nacken ein Knochenschild, oder zeigte sein Schädel Verdickungen und Knoten? War er im Erscheinungsbild eher ein Horndinosaurier oder ein Pachycephalosaurier? Endgültig kann diese Frage nicht beantwortet werden, aber wahrscheinlich zeigte der Kopf von *Stenopelix valdensis* noch keine übertriebenen und auffälligen Sonderbildungen. Die Evolution formte erst im Laufe von Jahrmillionen aus dem relativ einfachen Grundbauplan solcher Dinosaurier wie *Stenopelix* die komplizierten und phantastisch anmutenden Horn- und Dickschädeldinosaurierköpfe.

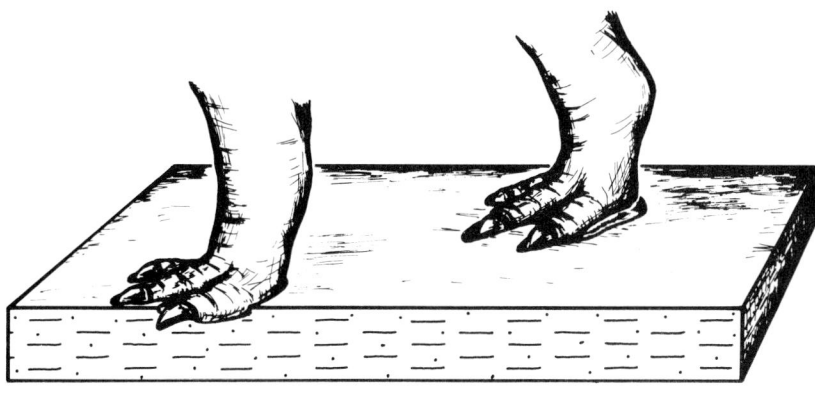

Entstehung von
Saurierfährten.

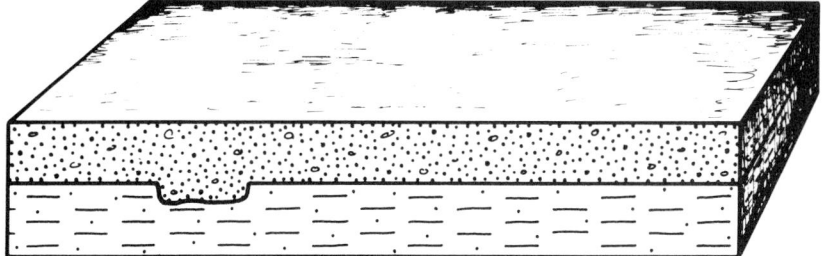

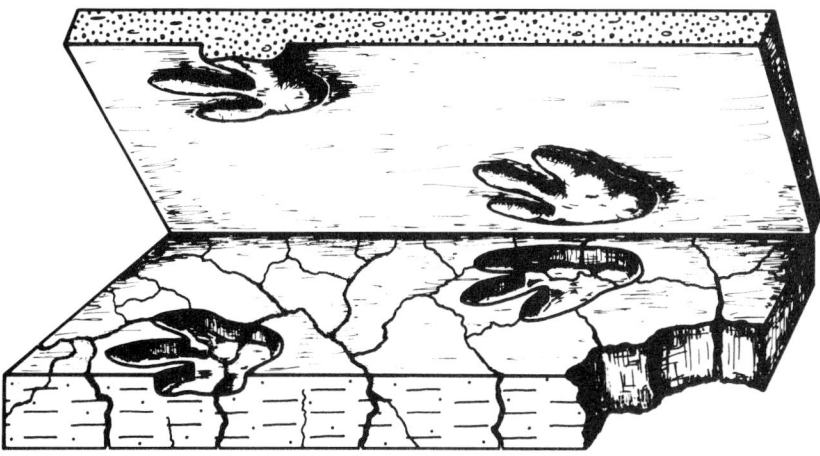

Iguanodon-Knochen und -Fährten aus dem norddeutschen Wealden

Gegenüberliegende Seite:
In der Unteren Kreidezeit Nordwest-deutschlands fand sich ein nur einein-halb Meter langes Skelett eines Vogel-beckendinosuariers, dem im Jahr 1857 der Name *Stenopelix valdensis* gegeben wurde. Nach Ansicht der Paläontologen war *Stenopelix* Vor-fahre einer Gruppe von Dinosauriern, der Marginocephalia, die unterschiedliche Schädelauswüchse entwickelten. Da man den Schädel von *Stenopelix* nicht gefunden hat, bleibt rätselhaft, wie der kleine pflanzenfres-sende Dinosaurier ausgesehen hat: eher wie ein Kuppelkopf-dinosaurier (*Stego-ceras*, links) oder mehr wie ein Horn-dinosaurier (*Psittaco-saurus*, rechts), oder hatte er als Vorläufer beider Gruppen weder den verdickten Schädel der Pachy-cephalosaurier, noch die Hörner und den Papageienschnabel der Ceratopsier?

Einer der frühesten Funde von deutschen Dinosauriern scheint von *Iguanodon*, dem Leguanzahndinosaurier, zu stammen. 1843/44 schrieb Wilhelm Dunker (1809–1885) im Programm der Höheren Gewerbeschule in Kassel, wo er als Lehrer wirkte: »Vielleicht kommt indessen auch das *Iguanodon anglicum* (Mantelii) in Nord-deutschland vor, da ich vor mehreren Jahren bei Obernkirchen einen Zahn fand, der mir leider abhanden gekommen ist, aber soviel ich mich entsinne, die Zahnbildung jenes wunderbaren Riesenthieres zeigte.«

Jenes »wunderbare Riesenthier«, von dem Dunker schrieb, war ein Dinosaurier, dessen Zähne vor 1822 von der Frau des englischen Landarztes Gideon Mantell gefunden worden waren. Die Ähnlich-keit dieser fossilen Zähne mit denen des heutigen Grünen Leguan legte dem Amateur-Paläontologen Mantell die Bezeichnung *Iguano-don*, »Leguanzahn«, nahe, mit der er 1825 den Dinosaurier benannte.

Das Alter der südenglischen Unterkreideschichten, des bereits er-wähnten »Wealden«, fand seine Entsprechung in den nahezu gleich alten Schichten der Bückeberge, in denen Obernkirchen liegt, so daß es kein Wunder war, daß bei Baumaßnahmen und Steinbrucharbei-ten bald die Äquivalente zum »englischen Leguanzahn« gefunden wurden. Dunkers *Iguanodon*-Zahn mag ein solch früher, leider verlorengegangener Fundbeleg gewesen sein. Bis die nächsten Kno-chen des pflanzenfressenden Riesen zum Vorschein kamen, vergin-gen jedoch einige Jahrzehnte, wenn auch nicht ausgeschlossen wer-den kann, daß sich in manchen Privatsammlungen so ein Stück be-fand oder befindet.

Sichere Kenntnis haben wir jedoch von einem Oberarmknochen-bruchstück (Humerus), das im Hauptflöz des Marienschachtes in der Grube Körssen bei Stadthagen gefunden wurde. Das 21 Zenti-meter lange Fragment stellte Wilhelm Dames während der Februar-Sitzung der Deutschen Geologischen Gesellschaft 1884 ausführlich vor. Er hatte von dem großen belgischen Paläontologen Louis Dollo (1857–1931) Fotos der neuentdeckten *Iguanodon manteli* und *Igua-nodon bernissartensis* erhalten, kam aber zu dem Schluß, daß das Stadthagener Fragment zwar keiner der beiden Formen gleiche, aber unzweifelhaft zu der Gattung *Iguanodon* zu stellen sei.

Ernst Koken, der 1887 diesen Fund in seiner Monographie über die Saurier des norddeutschen Wealden beschrieb, bemerkte dazu, daß dieser Skeletteilfund von *Iguanodon* vereinzelt dastehe, betonte aber gleichzeitig, daß er am Bückeberg sehr wohl Fährten gesehen habe, die er den großen Leguanzähnern zuschreibe. Und diese typisch breiten, dreizehigen Fährten, die allgemein *Iguanodon* als Verursacher nahelegen, sind für die Bückeberge und die Rehburger Berge fast schon so etwas wie ein Signum geworden, denn sie tauchten immer wieder auf, während Knochenfunde aufhörten.

Die Fährten waren so zahlreich, daß 1909 ein Wissenschaftler das Augenmerk der Museumsdirektoren auf die Fundstellen zu lenken versuchte, da durch das fehlende Interesse viele Spuren verlorengingen. Vor einigen Jahren sei eine fortlaufende Spur von etwa »20 einzelnen Fußstapfen« gefunden worden, aber da niemand Einspruch erhob, wären mit den Fährtenplatten einfach die Straßen gepflastert worden. Anfänglich tat man sich mit der Interpretation der Fährten noch schwer; manchmal glaubte man, Fährten zu sehen, die zwischen den Zehen ausgebreitete Schwimmhäute besaßen, aber diese Annahme ließ sich nicht aufrechterhalten.

Eine der spektakulärsten Fährtenansammlungen aus den Bückebergen konnte 1927 von dem damals in Berlin tätigen Paläontologen Wilhelm Otto Dietrich (1881–1964) vorgeführt werden: Auf dem Schauenstein bei Obernkirchen war im Juni 1926 eine Platte mit 100 Quadratmetern entdeckt worden, die circa 40 verschiedene Dreizeherfährten zeigte. Der Steinbruch, aus dem sie stammte, lag in 200 Meter Höhe über einer Glashütte und enthielt wenigstens drei unterschiedliche, durch einige Meter Sandstein getrennte Fährtenhorizonte, von denen im Juni 1926 der oberste freigelegt war. Aus diesem Steinbruch kamen allein Hunderte von Dreizeherfährten.

Seit 1927 kamen keine neuen Nachrichten über fossile Dinosaurierfährten aus den Bückebergen. Erst 1978 konnte Professor Ulrich Lehmann aus Hamburg eine gewaltige Platte aus Obernkirchner Sandstein für sein Institut ankaufen. Auf der 3,20 Meter langen und 2,5 Tonnen schweren Steinplatte sieht der Besucher des Hamburger »Geomatikums« im Vorraum des Museums des Geologisch-Paläontologischen Institutes zahlreiche Fährten. Sie sind scheinbar regellos angeordnet und liegen wie übereinandergeschichtet auf der Plattenebene. Was man sieht, ist in Wirklichkeit die Unterseite der ursprünglichen Dreizeherfährten. Diese sogenannten »Hyporeliefe« entstanden, weil die Hohlräume ausgetretener Spuren durch einge-

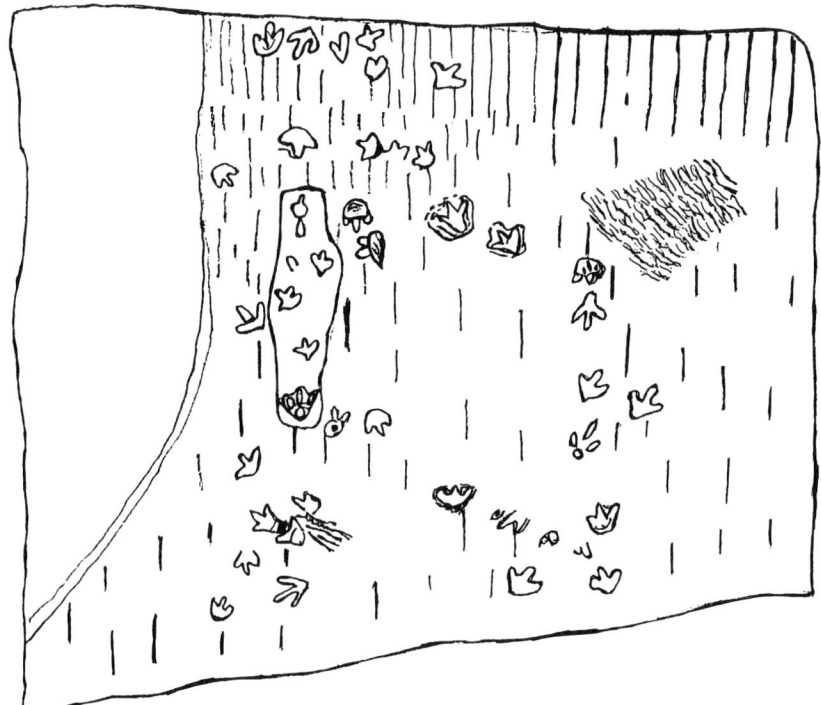

schwemmte Sedimente, in diesem Fall Sand, ausgefüllt und dadurch
eingeebnet wurden. Im Laufe der Zeit verfestigten sich sowohl der
ehemals feuchte Tonboden als auch die aufgeschütteten Sande zu
Gestein. Als im Steinbruchbetrieb die Sandsteinplatte deckelartig
von der darunterliegenden Tonschicht abgehoben wurde, zerbrach
die Schiefertonschicht, aber in der Sandsteinschicht blieben die er-
habenen Trittsiegel spiegelbildlich konserviert.

Auf der im September 1972 angekauften Platte befinden sich 23 Einzelfährten. Sie können in zwei Größenklassen eingeteilt werden: Die
Mehrzahl zeigt eine Länge und Breite von 36 bis 40 Zentimetern,
während drei Einzeltritte nur 25 Zentimeter lang und breit sind. Dies
bedeutet, daß hier entweder Alt- und Jungtiere der gleichen Dinosaurierart oder unterschiedliche Arten bzw. Gattungen gegangen
sind. Professor Lehmann hielt letzteres für wahrscheinlicher. Bei
genauer Analyse zeigte sich der erstaunliche Befund, daß die Dinosaurier in drei verschiedene Richtungen gelaufen waren.

Von links oben nach rechts unten auf der Platte laufen 13 Einzelfährten, von rechts unten nach links oben – also entgegengesetzt –
8 Einzelfährten. Als einzige Fährte weist die als »Nr. 6« bezeichnete
senkrecht nach unten auf der Platte und hat damit eine von den

Hauptwanderrichtungen abweichende Orientierung. Führt man sich vor Augen, daß hier Dinosaurier wegartig auf einem schmalen Pfad gegangen sind, und daß die Platte sicherlich nur ein kleiner Ausschnitt der wirklichen Fährtenansammlung ist, wird einem klar, daß sich hier ein Fenster in die Erdgeschichte auftut, durch das man wie in Barkhausen auf einen »fossilen Dinosaurierwildwechsel« blikken kann.

In der Unterkreide waren in einem Übergangsbereich von Land und Wasser Vogelbeckendinosaurier, wahrscheinlich Iguanodonten, nacheinander in entgegengesetzte Himmelsrichtung gelaufen. Die linke Seite der Platte scheint dabei im Trockenen gelegen zu haben, denn dort sind Abdrücke eines kreidezeitlichen Regenschauers zu sehen, der seine runden Tropfen fossil hinterlassen hat. Der rechte Plattenteil muß sich dagegen unter flacher Wasserbedeckung befunden haben, da sich hier die für Flachwasserbereiche so typischen Rippelmarken gebildet haben.

Fährtensammlungen wie die in Hamburg zu sehende oder die 1926 gefundene beweisen, daß *Iguanodon* in der Unterkreidezeit Deutschlands ein recht häufiger Dinosaurier gewesen sein muß.

Münchehagen: Das »verschwundene« Dinosaurierskelett

Nach dem Zweiten Weltkrieg kamen in der Gegend von Münchehagen südöstlich des Steinhuder Meeres zwischen 1952 und 1958 mehrfach fossile Fährten ans Tageslicht. Eine Zeitung berichtete am 5. September 1952, daß der Fußabdruck einer »Riesenechse« gefunden worden sei, den man der Schule in Münchehagen für Studienzwecke zur Verfügung gestellt habe.

Sowohl der damalige Lehrer in Münchehagen, Rolf Hulke, wie auch Hauptlehrer Teidels aus Loccum bemühten sich sehr um die Sicherstellung derartiger Fußabdrücke, von denen Dutzende gefunden wurden. Über ihren Verbleib ist dennoch nichts bekannt. Steinbrucharbeiter berichten, daß die Schulkinder damals die versteinerten Dinosaurierfährten in Handwagen in ihre Schulen abtransportierten.

Noch rätselhafter als die nicht mehr auffindbaren Fährten ist aber eine Entdeckung, an der eine Gruppe von sieben bis acht Steinbrucharbeitern beteiligt gewesen sein soll. 1952 soll neben den Fährten auch ein ganzes Dinosaurierskelett aufgetaucht sein. Ludwig

Pißowotzki aus Münchehagen, damals im Steinbruch beschäftigt, weiß heute noch genau die Stelle, an der dieser Fund aus dem Gestein geholt worden sei. Nach seinen Angaben soll der Schädel 70 bis 80 Zentimeter groß, die Schulter 80 Zentimeter breit gewesen sein und die Körperlänge 7 bis 8 Meter betragen haben. Dazu kam noch ein ebenso langer Schwanz. Das Skelett hätte demnach eine Gesamtlänge von 14 bis 16 Metern gehabt und wäre deshalb kein Leguanzahndinosaurier, sondern ohne Zweifel ein Sauropode gewesen.

Der Fund habe in Münchehagen viel Staub aufgewirbelt und etliche Bürger Münchehagens hätten sich Einzelknochen des Skelettes in ihre Häuser mitgenommen. Trotz mancher Aufrufe, die fossilen Schätze aus den Kellern, von den Dachböden oder aus den Gärten zu holen und sie der Wissenschaft zu übergeben, ist bis heute kein einziger Knochen des mysteriösen Skelettes aufgetaucht.

Das erscheint seltsam, und so glauben deshalb professionelle Paläontologen heute, daß das Sauropodenskelett eine »Ente«, quasi eine Art »deutsche Nessie«, sei.

Die spezielle Chemie bzw. Geologie der Gesteine um Münchehagen bringt es mit sich, daß in ihnen keine Körperfossilien erhalten bleiben, also auch keine Knochen. Bestenfalls hätte man Hohlräume finden können, in denen einst Knochen steckten, aber es ist mehr als unwahrscheinlich, daß die Arbeiter die Hohlräume eines gesamten Skelettes als solches erkannten.

So verlockend die Vorstellung auch sein mag, daß neben den Münchehagener Fährten auch das Skelett eines Sauropoden existierte, muß man doch von ihr Abschied nehmen und sich mit den höchst interessanten Fährtenhäufungen begnügen, die fast drei Jahrzehnte nach dem mysteriösen Skelettfund in Münchehagen zur wirklichen paläontologischen Sensation wurden.

Riesendinosaurier am Strand von Münchehagen

Als der damals beim Landkreis Osnabrück angestellte Geologe Franz-Jürgen Harms an einem warmen Julitag des Jahres 1979 verschiedene Steinbrüche in der Gegend um Bad Rehburg besuchte, fielen ihm in einem der Steinbrüche bei Münchehagen am Boden seltsame regelmäßige Hohlformen auf. Da er mit den 70 Kilometer

Dieses Bild bot 1980 der Münchehagener Steinbruch: Vor den abgelagerten Steinhaufen verlaufen von rechts unten nach links oben nur undeutlich zu erkennende Sauropodenfährten.

weiter südwestlich liegenden Fährten in Barkhausen vertraut war, wurde sich Harms schnell klar darüber, daß er hier die Fährte eines elefantenfüßigen Dinosauriers entdeckt hatte.

Der Steinbruch wurde zu dieser Zeit zur Ablagerung von Bauschutt benützt und war auch von baldiger Auffüllung bedroht, so daß schnell gehandelt werden mußte. Franz-Jürgen Harms alarmierte sofort die Behörden, um die Fährten vor weiterer Zerstörung zu bewahren.

Anfang des nächsten Jahres wurde zunächst einmal die Freiwillige Feuerwehr Münchehagens in den Steinbruch beordert: Mit ihren Strahlrohren spritzte sie den Staub aus den Fährten, und der große Wasserdruck sprengte sogar die Steinfüllungen (die sogenannten »Plomben«) aus den Spuren. Um die Fährten wissenschaftlich bearbeiten zu können und sie der Nachwelt zu erhalten, wurde zunächst von verschiedenen Instituten geplant, einzelne Platten mit Fährten herauszusägen und in die Naturkundemuseen in Münster und Hannover zu überführen. Doch für dieses Vorhaben fehlten zunächst (glücklicherweise) die finanziellen Mittel.

224

Beamte der Kreisverwaltung in Nienburg hatten eine bessere Idee: Um die Fährten dauerhaft zu schützen, leiteten sie ein Verfahren ein, damit der Steinbruch als Naturdenkmal gesetzlich anerkannt werde. Vorher beschädigten jedoch unverantwortliche Sammler einzelne Fährten bei »Nacht-und-Nebel-Aktionen«. Um für private Zwecke in den Besitz von Abgüssen der Dinosaurierfährten zu kommen, gossen sie ein Trittsiegel mit Zement aus, dessen Entfernung später die Wissenschaftler einige Mühe kostete. Als die Paläontologen Abgüsse der Fährten anfertigten, gingen sie effektiver vor: Zunächst wurde der Fährtenraum mit einem hauchdünnen Film aus Silikon überzogen und zur Verfestigung anschließend mit Gips ausgefüllt.

Die zuerst entdeckte Fährtenfolge, die sehr gut erhalten ist und heute unter der Abdachung der Schutzhalle liegt, wurde schon 1980 erstmals wissenschaftlich untersucht. Als sich der heutige Direktor des Westfälischen Museums für Naturkunde, Dr. Alfred Hendricks, im November 1989 mit ihr beschäftigte, wurde ihm seine Arbeit nicht leicht gemacht. Noch genoß die Fährtenfolge keinen gesetzlichen Schutz, und so fuhren häufig Schwertransporter über sie hin-

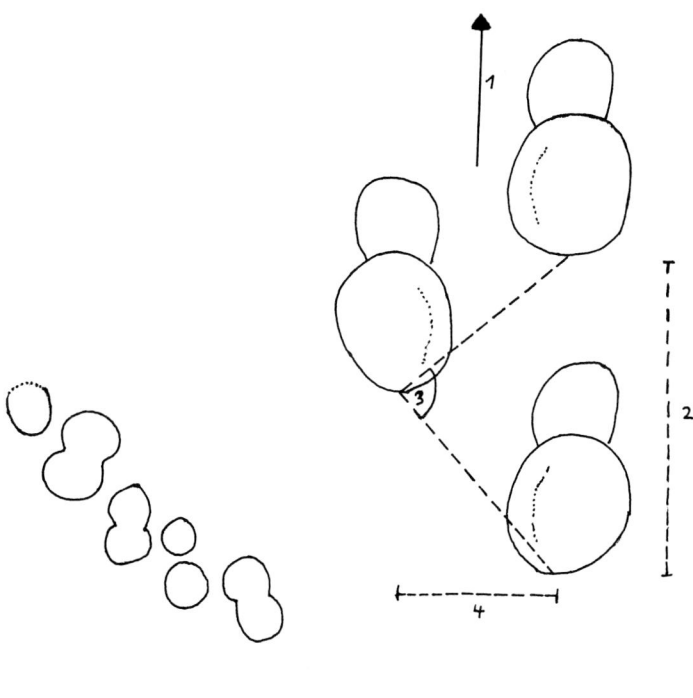

Meßstrecken an Dinosaurierfährten:
1 = Laufrichtung;
2 = einseitige Schrittlänge (»Stride«);
3 = einfache Schrittlänge (»Pace«);
4 = Gangbreite.
Unten: Die merkwürdigen »Krater« – ebenfalls Fährten?

weg, die sie regelmäßig mit Schnee und Schmutz zufüllten, so daß sie immer wieder gesäubert werden mußte.

Trotzdem konnte Dr. Hendricks schon 1981 die ersten Ergebnisse seiner Untersuchungen vorlegen. Wie am Titel seiner Arbeit *Die Saurierfährte von Münchehagen bei Rehburg-Loccum* abzulesen ist, ging man zu dieser Zeit noch davon aus, daß die 30 Meter lange und aus 22 einzelnen Trittsiegeln bestehende Fährtenfolge die einzige in dem Steinbruch sei. Dr. Hendricks bemerkte aber damals schon, daß »die drei Teilstücke vermutlich die noch erhaltenen Abschnitte einer Fährte sind, die von einem einzigen Sauropoden hinterlassen wurde. Ob möglicherweise mehrere Fährten vorliegen, kann endgültig erst nach der Aufnahme der gesamten Steinbruchsohle entschieden werden.«

Hendricks versuchte, aus der Fährte den möglichen Erzeuger zu bestimmen, und kam damals zu dem später revidierten Schluß, daß dieser eine Rumpflänge von 2,50 bis 3,10 Metern hatte, seine Beinlänge berechnete er mit 2,90 Metern. Er verglich die Fährte mit denen, die der Amerikaner Roland T. Bird in den vierziger Jahren aus dem US-Bundesstaat Texas beschrieben hatte. Wie diese hätte demnach ein *Apatosaurus* (besser bekannt unter seinem älteren Namen »*Brontosaurus*«) von etwa 15 Metern Länge und 5 Metern Höhe die Münchehagener Fährte verursacht. Um sie von den deutlich kleineren Barkhausener Sauropoden aus dem Oberjura abzugrenzen und sie damit von »*Elephantopoides barkhausensis*« zu unterscheiden, gab Dr. Hendricks der Fährte den Namen »*Rotundichnus muenchehagensis*« (»Münchehagener Rundfährte«). Sein Entschluß, der Münchehagener Fährtenfolge einen wissenschaftlichen Namen zu verleihen, wurde allerdings 1989 von dem amerikanischen Dinosaurierfährtenkenner James O. Farlow kritisiert, da die Münchehagener Fährtenfolge keinerlei Feinheiten wie Ballen-, Zehen- oder Krallenabdrücke zeige, sondern nur die schüsselrunden Eindrücke der Fußsohlen, die letztlich von beinahe jedem entsprechend großen Sauropoden hätten verursacht werden können.[7]

Dennoch war durch Hendricks' Arbeit die große Bedeutung des Fährtenfundes bestätigt und bekanntgemacht worden. Nun war zu dem oberjurassischen Barkhausen noch ein Fährtenfund aus der deutschen Unterkreide gekommen, dessen europaweite Bedeutung allerdings erst in den nächsten Jahren voll erkannt wurde. Dennoch mußte zunächst dieses erdgeschichtliche Denkmal gesichert werden, was bis zum Ende des Jahres 1980 durch die zuständige Verwaltung

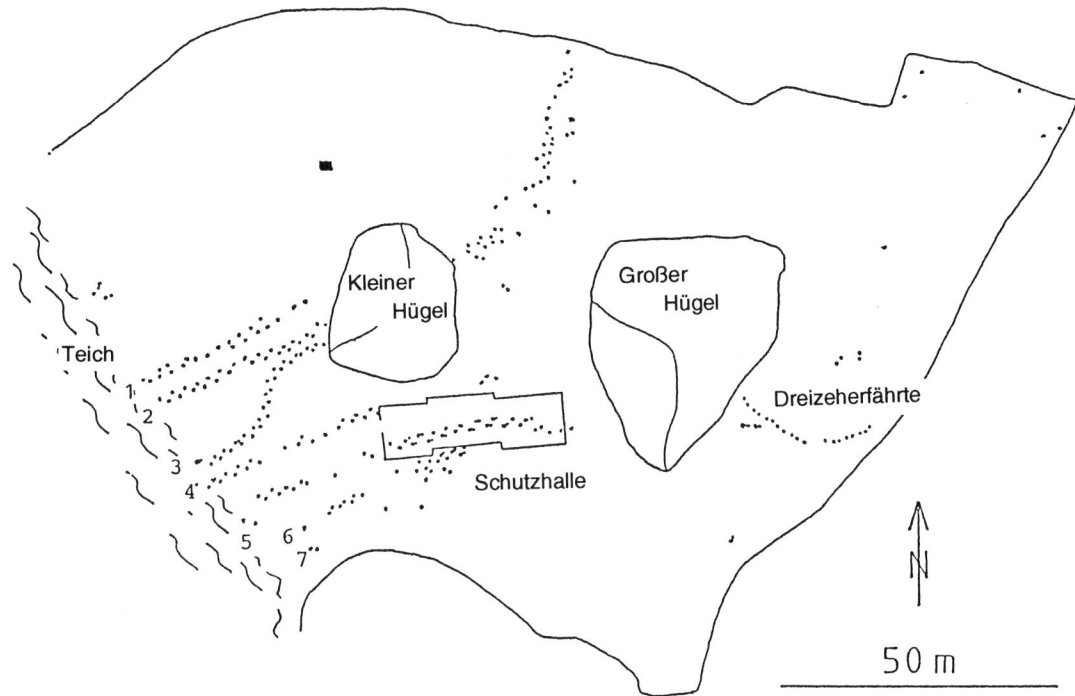

in der Kreisstadt Nienburg auch geschah. Zumindest auf dem Papier
waren die Dinosaurierfährten vor weiteren Beschädigungen geschützt. Um sie auch vor den erheblichen Witterungsunbilden des
Winters 1980/81 schützen zu können, wurden sie mit Kunststoff-
planen überdeckt. Schnee, Eis, Frost und Regen konnten so dem
paläontologischen Denkmal nicht mehr viel anhaben.

Ein erster Abguß der Einzelfährte wurde vom Naturkundemuseum in Münster angefertigt und das Duplikat im Landesmuseum
ausgestellt. Am Ende der Fährtenfolge stellte man das lebensgroße
Modell eines *Apatosaurus* auf, damit den Museumsbesuchern plastisch vor Augen geführt werden konnte, welch langhalsiges und
peitschenschwänziges Tier hier in der Unterkreide gelebt hatte.

Die Originalfährtenfolge im Steinbruch erfuhr 1983 durch die
Errichtung einer 30 Meter langen Halle einen wesentlich besseren
Schutz. Im Zusammenhang damit wurden zwischen 1984 und 1987
weitere Reinigungsarbeiten des Steinbruchbodens durchgeführt, die
zur weiteren Aufdeckung zahlreicher Fährten führten. Nach und
nach kamen mehr Fährten, als man je erwartet hatte, zum Vorschein.
Bald waren es sogar mehr als in Barkhausen, und schließlich zählte
man über 250 Trittsiegel – nicht nur eine der größten Fährten-

ansammlungen aus der Unterkreide weltweit, sondern auch die umfangreichste Dinosaurierfährtengruppe, die je in Deutschland gefunden worden ist!

1987 wurde das Steinbruchareal von etwa 15 000 Quadratmetern Fläche vom Landkreis Nienburg angekauft. Jetzt entstand zwischen 1987 und 1989 nach und nach ein richtiges Freilichtmuseum. Tafeln wurden in der Schutzhalle und im Gelände zur Information der Besucher aufgebaut, Absperrungen und feste Besucherzeiten wurden eingerichtet. Eine Aufsicht wachte darüber, daß sich keine »Fossiliendesperados« mehr an den Spuren vergriffen und sie wie am Anfang beschädigten.

Auch rechtlich bekam die Münchehagener Fährtenansammlung einen verbesserten Status, da sie 1987 als Naturdenkmal in den schon bestehenden »Naturpark Steinhuder Meer« eingegliedert wurde. So hatte diese reizvolle Landschaft einen neuen Anziehungspunkt bekommen.

Auch Wissenschaftler beschäftigten sich jetzt erneut mit den Münchehagener Fährten. Im Rahmen einer Diplomarbeit wurde das geologische Umfeld untersucht. Ferner wurden die beiden Diplomgeologen Dr. Reinhard Töneböhn und Silvia Kulle-Battermann vom Geologisch-Paläontologischen Institut der Universität Hannover beauftragt, detaillierte Geländearbeiten durchzuführen, die nicht nur zur genaueren Untersuchung der Fährten beitragen, sondern auch Empfehlungen für die Unterschutzstellung, Konservierung und das Management dieses erdgeschichtlichen Denkmals erarbeiten sollten.

Wie bei den großen Plateosauriergrabungen in Trossingen und Halberstadt wurde der Steinbruchboden von den beiden Wissenschaftlern unterteilt, damit jede einzelne Fährte genau dokumentiert und ihre Lage und Beziehung zu anderen Fährten eingeschätzt werden konnte. Das Raster bestand aus Feldern von je 10 x 14 Metern Größe. In diese Felder wurden systematisch zu jeder Einzelfährte wichtige Merkmale eingetragen: Ist es ein linker Vorderfuß- oder ein rechter Hinterfußabdruck? Ist der Abdruck deutlich, oder ist er noch mit Sediment ausgefüllt (»plombiert«)? Zeigt er Witterungs- und Zerstörungsschäden? Daß dies bei mehr als 250 zu vermessenden Einzelfährten eine langwierige Arbeit war, läßt sich leicht vorstellen.

Obwohl durch diese ausführliche Arbeit mit der »Nase am Boden« die Rohdaten gewonnen wurden, aus denen noch weitergehende Schlüsse gezogen werden konnten, handelte es sich nur um einen Teil der umfassenden Untersuchung. Im Juni des Jahres 1988 gingen die Wissenschaftler im wahrsten Sinne des Wortes in die Luft, als sie eine 11 Meter hohe Hebebühne mieteten, von deren Plattform aus Überblickfotos des Steinbruches gemacht wurden. Auch Aufnahmen von einem Flugzeug aus waren wertvoll, da sie bewiesen, daß sich die Fährten keineswegs ungeordnet und zufällig über dem Steinbruchboden verteilten, sondern ganz bestimmte Ordnungsprinzipien zeigten.

Alle Einzeluntersuchungen wurden von den beiden Wissenschaftlern schließlich zu einem Mosaik zusammengefügt und konnten 1988/89 als ihre Interpretation der Münchehagener Fährten vorgestellt werden.

Die vierfüßigen Riesen

Von insgesamt 256 Einzelfährten ließ sich die weitaus größere Anzahl, nämlich 237 Stück, den großen Sauropoden, den pflanzenfressenden Riesen der Unterkreidezeit zuordnen. Sie gleichen wie schon in Barkhausen augenfällig und für jedermann sofort sichtbar Elefantenfährten, sind also runde bis ovale Eindrücke. Bedauerlicherweise konnten in keinem Falle Anzeichen von Klauen, Zehen und Gehpolstern festgestellt werden, was bei Sauropodenfährten durchaus erwartet werden kann, da zum Beispiel die innerste Zehenklaue ihrer Vorderfüße verlängert war und wohl auch als Verteidigungsinstrument benutzt wurde.

Die Fährten der Hinterfüße sind zwischen 60 und 130 Zentimeter groß, die meisten 80 Zentimeter lang. Ihre Breite beträgt im Durchschnitt 70 Zentimeter, sie kann jedoch zwischen 45 und 110 Zentimeter schwanken. Ein sehr auffälliger Befund, den sich die Wissenschaftler zunächst nicht erklären konnten, war, daß von den insgesamt 237 gezählten Sauropodenfährten lediglich 17 Exemplare von den Vorderfüßen stammten. Mit 40 bis 75 Zentimeter Länge und 40 bis 70 Zentimeter Breite sind sie deutlich kleiner als die Hinterfußabdrücke. Paläontologen haben verschiedene Methoden entwickelt, aus den Fährten fossiler Tiere herauszulesen, wie groß die Tiere waren und wie schnell sie gingen. Dazu benutzen sie standardisierte Meßgrößen, die überall die gleiche Anwendung finden, egal ob eine Fossilfährte in den USA, Asien oder Deutschland vermessen wird. Dazu zählt die einseitige Schrittlänge (der »Stride«), die bei den

Münchehagener Sauropoden zwischen 2 und 2,70 Metern beträgt. Die einfache Schrittlänge (der sogenannte »Pace«) wurde mit durchschnittlich 120 bis 180 Zentimetern ermittelt. Zum Vergleich: Ein Mensch macht Schritte von 30 bis 40 Zentimetern.

Wie schon mehrfach erwähnt, zeichnen sich Dinosaurier durch ihre senkrecht unter den Körper gestellten Extremitäten aus und unterscheiden sich dadurch von allen anderen Reptilien. Auch bei den Münchehagener Fährten galt es, dies zu überprüfen. In welchem Abstand standen die Extremitäten der Sauropoden unter dem Körper? Für die Vorder- und die Hinterbeine konnten die Wissenschaftler den sehr geringen Wert von nur 93 Zentimetern ermitteln. Dies bewies, daß die Sauropoden von Münchehagen ihre mächtigen Beine tatsächlich säulenartig wie ein heutiger Elefant unter dem Körper stehen hatten.

Um herauszufinden, wie groß, wie schwer und wie schnell die Tiere waren, die die Fährten hinterlassen hatten, verglichen die Paläontologen die Fährten mit anderen ähnlichen in aller Welt und stellten statistisch-biologische Berechnungen an. Zwei frühere Bearbeiter der Fährten hatten 1981 und 1986 noch angenommen, daß die Rumpflänge der Sauropoden 2,40 bis 3,10 Meter und die Länge der Beine maximal 3 Meter betragen habe. Beine, die immerhin höher als jedes Zimmer gewesen wären! Die Rumpflänge eines Tieres läßt sich anhand von Fährten dadurch ermitteln, daß man den Abstand vom Vorderfuß- zum Hinterfußabdruck feststellt, denn je länger der Rumpf des Tieres im Verhältnis zu seinen Extremitäten ist, umso weiter liegt der Abdruck der Vorderfüße vor den Hinterfußabdrücken und umgekehrt. Ein Elefant, bei dem das Verhältnis Rumpflänge:Beinlänge etwa 1:1 beträgt, hinterläßt ein Fährtenbild, bei dem sich die Hinterfußabdrücke unmittelbar vor den Vorderfußabdrücken einprägen. Da bei den Münchehagener Sauropodenfährten die Abdrücke der Vorder- und Hinterfüße deutlich auseinanderliegen, dürfte die Länge ihres tonnenförmigen Rumpfes eindeutig größer gewesen sein als die ihrer Extremitäten.

Dies war ein neuer aufregender Befund, der sich auf mehr als 200 Einzelfährten stützte. Die Münchehagener Elefantenfußdinosaurier besaßen demnach noch wesentlich größere Ausmaße als noch vor kurzem angenommen wurde. Dr. Töneböhn und Silvia Kulle-Battermann berechneten, daß die Pflanzenfresser, die hier vor 140 Millionen Jahren entlanggezogen waren, mächtige Leiber von 4 Metern Länge hatten und ihre Hüften in 3 Meter, wahrscheinlich

Gegenüberliegende Seite: Fortlaufende Fährte eines pflanzenfressenden Elefantenfußdinosauriers (Sauropode) im Münchehagener Steinbruch.

231

sogar 4 Meter Höhe trugen. Bei einem Vergleich mit dem im Frankfurter Senckenberg-Museum aufgestellten amerikanischen *Diplodocus*-Skelett, das ganz ähnliche Proportionen aufwies, zeigte sich, daß die Münchehagener Sauropoden eine Gesamtlänge von 20 bis 30 Metern erreichten. Aufgrund des Belastungsdruckes der Fährten könnten sie 25 Tonnen gewogen haben. Es waren die größten Tiere, die je Deutschlands Boden berührten: so hoch wie das höchste Säugetier, der ausgestorbene Steppenelefant, und beinahe so lang wie das längste Säugetier, der Blauwal!

Diese Giganten waren mit einer Geschwindigkeit von weniger als 10 Stundenkilometern dahingeschlendert, wohl weil sie ihre Füße aus dem Schlick oder Schlamm ziehen mußten und weil sie im Wasser liefen. Es ist übrigens bemerkenswert, daß sich bei dieser großen Fährtenanzahl kein einziger Schwanzabdruck nachweisen ließ, wie auch bei anderen Sauropodenfährten nicht. Die Münchehagener Riesen trugen demzufolge ihre Peitschenschwänze mehr oder weniger horizontal. Das alte Bild des Dinosauriers, der seinen Schwanz reptilienhaft hinter sich am Boden herschleifte, wurde auch durch die Münchehagener Funde korrigiert.

Eine Momentaufnahme aus dem Sauropodenleben

Nach der Ermittlung von Körpergröße und Geschwindigkeit der Sauropoden konzentrierte sich das Interesse der Wissenschaftler auf die Frage, ob aus der Anordnung der Fährten etwas über die Lebensweise der Elefantenfußdinosaurier herausgelesen werden könne. Anhand der Luftaufnahmen war festgestellt worden, daß im westlichen Teil des Steinbruches wenigstens sieben einzelne Fährten deutlich voneinander abgesetzt von Südwesten nach Nordosten verliefen. Diese Einzelfährten sind jeweils zwischen 30 und 60 Meter lang. Da sich manche der Fährten aber sogar noch nordöstlich des dazwischenliegenden kleinen Hügels fortsetzten, erreichen die längsten zusammenhängenden Fährten eine Länge von 100 Metern.

Welche Bedeutung hatten die sieben parallel verlaufenden Fährten? Zunächst mußte man sich vergewissern, daß die Laufrichtung der sieben Sauropoden auch tatsächlich in eine gemeinsame Richtung wies. Fossilisierte Schlammwülste, die vom Gewicht der gewaltigen Beine an den Vorderrändern der Abdrücke aufgewölbt worden waren, bestätigten eine solch einheitliche Bewegungsrichtung.

Eine Erklärung, warum auf weiten Strecken nur Hinterfußabdrücke der pflanzenfressenden Dinosaurier vorhanden sind: Beim Laufen in größeren Wassertiefen bekam der leichtere Vorderkörper Auftrieb, und die Tiere bewegten sich nur noch auf den Hinterbeinen; im flacheren Wasser sanken die Sauropoden wieder auf alle vier Füße.

Zu diesem Zeitpunkt beschäftigten sich die Hannoveraner Paläontologen auch mit der Frage, warum vor allem im westlichen Steinbruch fast ausschließlich Hinterfußabdrücke zu sehen sind. Da Sauropoden durch ihr gewaltiges Gewicht stets auf alle vier Gliedmaßen niedergedrückt wurden, schien es für dieses Phänomen zunächst keine zufriedenstellende Erklärung zu geben. Vor den genauen Untersuchungen zwischen 1985 und 1987 war man deshalb immer davon ausgegangen, daß die größeren und breiteren Hinterfüße einfach die Vorderfußstapfen überdeckt und deshalb ausgelöscht hatten. Eine wenig realistische Vermutung, denn in diesem Falle hätte man wenigstens ab und zu Teile der Vorderfußabdrücke finden müssen. Auch die Annahme, daß sich die Abdrücke der Vorderfüße fossil nicht erhalten hätten, mußte ausgeschlossen werden.

Das Rätsel der »verschwundenen Vorderfüße« löste sich durch einen anderen Denkansatz: In der Unterkreide lag die Fundstelle in einer Landschaft, die aus lagunenartigen Becken bestand. Dieses von den Geologen als »Niedersächsisches Becken« bezeichnete Gebiet erstreckte sich als großflächiger Süßwasserbinnensee, aus dem seichtere Untiefen und sogar Inseln aufstiegen, wodurch sich in dem Binnensee wechselnde Wassertiefen ergaben. Daß das Areal zur Zeit

Gegenüberliegende
Seite:
Wie diese Fährte
beweist, lebten neben
den Sauropoden in
der Unterkreide der
Rehburger Berge
auch dreizehige
Dinosaurier.

seiner Entstehung mit Wasser bedeckt war, bewiesen die sogenannten »Rippelmarken«, von sanft bewegtem Wasser geschaffene, parallel verlaufende Sandwülste, wie man sie auch heute in Strandnähe
sehen kann, und außerdem Grabgänge von Würmern oder Muscheln. Die Rippelmarken konnten nur dort entstehen, wo die Was-
sertiefe maximal einige Meter betrug. Die Sauropodengruppe mußte
sich also in seichtem Flachwasser fortbewegt haben. Warum waren
dann aber nur ihre Hinterfußabdrücke erhalten geblieben? Auch
darauf gibt die Vorstellung ihrer damaligen Umwelt die Antwort:
Wo das Wasser tiefer wurde, sanken die schwereren Hinterkörper
der Tiere mit den kräftigen Hinterbeinen tiefer in den Boden als die
leichteren Vorderkörper. So schaute nur noch der vordere Teil des
langen Halses samt dem kleinen Sauropodenkopf aus dem Wasser.
Gleichzeitig hob der Auftrieb des Wassers den Vorderkörper nach
oben. Die Sauropoden schwammen also mit schräg aufgerichtetem
Vorderkörper, zwangsläufig verloren ihre Vorderfüße dabei den
Kontakt mit dem Seeboden – und konnten deshalb auch keine
Abdrücke im Sand oder Schlamm des Seebodens hinterlassen. Während sich die Sauropoden auf den Hinterbeinen fortbewegten und in
der Gruppe das Wasser durchschwammen, paddelten sie vielleicht
mit ihren Vorderbeinen in der Art, wie Hunde schwimmen.

Irgendwann hatten die Pflanzenfresser die tieferen Passagen
durchquert, unter ihren Körpern stieg der Sand wieder empor. Das
flachere Wasser vermochte nun den Vorderkörper nicht mehr em-
porzuheben, und so bekamen die Tiere auch mit ihren Vorderfüßen
wieder Bodenkontakt. Die Sauropoden setzten ihre Wanderung auf
allen vieren fort. Wie in einer feststehenden Zeitlupenaufnahme zeigt
die Fährte, über der sich die Schutzhalle befindet, diesen Vorgang.
Insgesamt haben die Riesen das Flachwasser relativ zügig und ziel-
gerichtet durchschritten, ohne dabei zu pausieren oder etwas zu
fressen. Ein Verweilen für einen dieser Zwecke wäre unweigerlich
fossil dokumentiert worden.

Da sich die Fährten auch in den Abschnitten, in denen sie sehr
nahe beieinanderliegen, nicht überkreuzen oder überlappen, obwohl
sich die mächtigen Körper einander genähert haben müssen, ist
anzunehmen, daß die Tiere während ihres Zuges »diszipliniert«
nebeneinandergingen. Einen besonderen Einblick in die Organisa-
tion dieser Kleinherde gewinnt man beim Betrachten der Fährten
Nr. 2 und Nr. 3: Eine Zeitlang verlaufen sie parallel zueinander, doch
unvermittelt entschließt sich der dritte Sauropode offensichtlich zu

einer Richtungsänderung und läuft schräg auf den zweiten Sauropoden zu. Bevor es jedoch zu einer Berührung kommt, dreht der dritte Sauropode ab und läuft von da an mit dem zweiten Sauropoden wieder gemeinsam in eine Richtung.

Die Münchehagener Sauropodenfährten beweisen, daß die größten Pflanzenfresser, die je die Erde bewohnt haben, in kleineren und größeren Herden lebten. Es muß ein majestätischer Anblick gewesen sein, wie diese Riesen am Münchehagener Strand entlanggezogen sind!

Die geheimnisvolle Dreizeherfährte

Im östlichen Teil des Steinbruches verläuft auf einer Länge von 28 Metern eine einzelne Fährte, die sich auf den ersten Blick von den Sauropodenfährten unterscheiden läßt. Sie besteht aus 19 dreizehigen Fußabdrücken und wurde von einem nur auf den Hinterbeinen gehenden Dinosaurier verursacht.

Die einseitige Ganglänge dieses Dreizehers beträgt 2,40 bis 2,85 Meter, aber seine Gangbreite ist extrem gering, teilweise erreicht sie nicht einmal 10 Zentimeter, und manchmal wurde sogar ein Fuß leicht vor dem anderen gekreuzt, eine Gangweise, die man umgangssprachlich mit dem Ausdruck »über den großen Onkel gehen« oder als »Entenwatschelgang« bezeichnet.

Aus den gemessenen Daten der Fährte konnte nach den gleichen Methoden wie bei den Sauropodenfährten berechnet werden, daß der vogelartige Dreizeher eine Hüfthöhe von mindestens 2 Metern und damit eine Gesamtlänge von 7 bis 9 Metern gehabt haben muß. Seine Scheitelhöhe mag bei voll aufgerichtetem Oberkörper – wenn er beispielsweise nach etwas Freßbarem Ausschau hielt – 5 Meter betragen haben. Dieser Dinosaurier bewegte sich nur mit circa 6 Stundenkilometern. Herauszufinden, welcher Dinosaurier die Dreizeherfährte verursacht hatte, bereitete den Paläontologen etwas Kopfzerbrechen, da es zwei verschiedene Dinosauriergruppen gibt, die sehr ähnliche Fährten erzeugt haben, aber nicht weiter miteinander verwandt waren: die Vogelfußdinosaurier (Ornithopoda) bei den Vogelbeckendinosauriern und die Raubtierfußdinosaurier (Theropoda) bei den Echsenbeckendinosauriern. Eine Unterscheidung der Fährten wäre sehr wichtig, da die eine Gruppe aus harmlosen Pflanzenfressern, die andere aber aus Fleischfressern bestand.

Zunächst schien sich beim Vergleich mit anderen Fährten die größte Übereinstimmung mit dem Münchehagener Dreizeher bei einer *Amblydactylus kortemeyeri* genannten Fährte aus der kanadischen Unterkreide zu finden. *Amblydactylus* war ziemlich sicher ein Entenschnabeldinosaurier (Hadrosaurier); diese Dinosauriergruppe wäre damit 1988 erstmals aus Deutschland nachgewiesen worden.

Aber nach erneuten Untersuchungen und aufgrund der etwas spitzeren Zehen hielten Tönebörn und Kulle-Battermann 1989 doch einen Fleischfresser, einen großen Carnosaurier, für den wahrscheinlicheren Kandidaten, nicht zuletzt, weil die Fleischfresser weniger Herdenverhalten als die pflanzenfressenden Vogelfußdinosaurier zeigten.

Ganz ausschließen konnten die beiden Wissenschaftler aber nicht, daß hier nur ein harmloser Vogelfußdinosaurier seines Weges gezogen war. Die Frage nach der Beziehung des einzelgängerischen Dreizehers zur Herde der flachwasserdurchquerenden Sauropoden bleibt also unbeantwortet. War es eine zufällige, eher belanglose Begegnung von Pflanzenfressern, die auf dem Weg zu unterschiedlichen Weidegründen waren und dabei den flachen Uferbereich des Binnensees kreuzten, oder war es eine jener häufig dargestellten Situationen, bei der sich eine Pflanzenfresserherde von einem großen Fleischfresser verfolgt fühlte? Wie wir heute von fossilen Fährten der Fleischfresser wissen, schreckten diese jedenfalls nicht davor zurück, ihre Beute schwimmend bis in das scheinbar rettende Tiefwasser zu verfolgen.

Auf Jungtiere der Sauropoden scheint es der Raubdinosaurier mit den 55 Zentimeter langen und 50 Zentimeter breiten Pfoten nicht abgesehen zu haben, da die Fährten zeigen, daß keine ausgesprochen kleinen Tiere mitliefen.

Seltsame Gebilde im Steinbruch: Suhlen, Krater und Kothaufen

Neben den eindeutig bestimmbaren Sauropoden- und Dreizeherfährten hat eine Anzahl weniger klar zu deutender Strukturen im Steinbruch die Wissenschaftler beschäftigt.

Zum einen handelt es sich um drei längliche, flache und nebeneinanderliegende Gruben im Boden des Steinbruchs. Ihr zwiebelschalenartiger Aufbau wurde zunächst so gedeutet, daß Sauropoden

Im Landesmuseum für Naturkunde in Münster wurde der Erzeuger der Münchehagener Sauropodenfährten plastisch dargestellt: Es könnte ein 20 Meter langer *Apatosaurus* gewesen sein.

hier ihre tonnenschweren Körper zur Ruhe gelegt hatten oder sie sich, ähnlich wie Elefanten, mit einem Schlammbad erfrischt hätten. Erst 1987 schied man diese Entstehungsmöglichkeit durch nähere Untersuchungen aus, und heute glaubt man, daß die »Sauriersuhlen« in Wirklichkeit durch fließendes Wasser gebildet worden sind. Ob dies durch Bäche geschah, die sich am Ufer des Binnensees ihren Weg suchten, oder durch andere von Nordnordost nach Südsüdwest fließende Gewässer, ist noch nicht ganz klar. Auf jeden Fall wurden diese Strukturen eindeutig später angelegt als die Dinosaurierfährten, so daß allein schon deshalb kein ursächlicher Zusammenhang zwischen beiden bestehen kann.

Neben den »Ruhelagern der Dinosaurier« gibt es drei Anhäufungen, die als »Kothaufen« der Dinosaurier bezeichnet worden sind; einer südlich der Schutzhalle, ein anderer nur wenige Meter nördlich davon und ein weiterer am nordöstlichen Rand des kleinen Hügels. Ihr Aufbau und die Tatsache, daß in den bis zu 1,50 Meter großen »Fladen« grobes Pflanzenmaterial zu sehen ist, das sich wegen seines Kohlegehaltes dunkel färbt, hatte zu dieser Deutung geführt. Tatsächlich kennt man von vielen Fundstellen auf der Welt fossilen Dinosaurierkot (sogenannte Koprolithen, »Kotsteine«).

1987 fanden Säuberungs- und Konservierungsarbeiten an den Münchehagener Fährten statt.

Der scheinbare Dinosaurierkot aus Münchehagen ist aber ganz anders geformt und wird daher inzwischen nur als in Rinnen zusammengeschwemmte Pflanzenteile interpretiert, ist also nicht tierischen Ursprungs.

Die dritte und letzte der rätselhaften Bildungen im Steinbruch sind schüssel- oder kraterartige Vertiefungen von 16 Zentimeter Tiefe und bis zu 1,50 Meter Breite. Sie wurden erst im Herbst 1987 bei Reinigungsarbeiten entdeckt. Wegen mehrerer Eigenarten sind sie sehr auffällig. In ihren Umrissen erinnern sie fast an aufgeklappte Muschelschalen, und sie sind bis auf eine Ausnahme in einem gleichmäßigen Abstand von etwa 1,70 Meter nebeneinander aufgereiht. Darüber hinaus haben diese »Doppelkrater« eine fast symmetrische Ausrichtung. Wie sie entstanden sind, ist bis heute ein völliges Rätsel. Ihre Anordnung legt allerdings nahe, daß es sich bei ihnen um Sauropodenfährten handeln könnte.

Die Zukunft der Münchehagener Fährten

Die bisherigen geologisch-paläontologischen Untersuchungen haben die herausragende Bedeutung der Münchehagener Dinosaurierfährten bestätigt und manchen Zusammenhang klarer werden lassen. Die Erhaltung eines derartigen geowissenschaftlichen Freilichtmuseums kostet aber Geld, insbesondere die Konservierung und Erhaltung der Fährten.

Besucher, die den Pfingsturlaub im Mai 1991 zu einem Besuch des Naturdenkmals nutzen wollten, kehrten enttäuscht wieder um: Am Zaun, der den Steinbruch umgibt, wies ein Schild darauf hin, daß der Steinbruch derzeit gesperrt sei, weil Maßnahmen zur Konservierung und zum Schutz der Fährten durchgeführt würden. In der Tat waren alle freiliegenden Fährten durch große Strohballen abgedeckt. 1992 fanden schließlich große Baumaßnahmen statt. Durch die Niedersächsische Sparkassenstiftung, das Land Niedersachsen und den Landkreis Nienburg finanziell unterstützt, wurde nach amerikanischem Vorbild eine Schutzhalle über die Dinosaurierfährten gebaut. Die Fährtenhalle wurde in einen geowissenschaftlichen Lehrpfad integriert, der von privater Hand eingerichtet wurde. Mehr als 100 lebensgroße Rekonstruktionen von urzeitlichen Lebewesen begleiten nun die Dinosaurierfährten.

Der Lehrpfad wurde im Sommer 1992 publikumswirksam eröffnet, indem per Helikopter eine Nachbildung von *Apatosaurus* eingeflogen wurde, die – auf den Fährten stehend – den Besuchern nun drastisch vor Augen führt, welche Dimensionen die Fährtenerzeuger hatten.

Nach 18 Monaten und mit Hilfe von 2,8 Millionen DM konnte am 12. März 1993 schließlich auch die Schutzhalle feierlich eröffnet werden, die nun wissenschaftlich fundierte Informationen zu den Fährten bietet.

Es scheint, daß die Dinosaurierfährten von Rehburg-Loccum in Verbindung mit dem Dinosaurierfreilichtmuseum zu einer Institution werden, die mit dem im US-Bundesstaat Utah gelegenen »Dinosaur National Monument« verglichen werden kann, obwohl hier nicht wie in den USA Dinosaurierknochen vor den Augen der Besucher aus dem Gestein präpariert werden. Die Besucherzahlen sprechen für die Attraktivität dieser mit allen modernen Kommunikationsmitteln arbeitenden »Dinosaurierschau«. Besuchten noch 1986 10 000 Neugierige das bescheiden organisierte Areal, waren es 1990 bereits 40 000 Besucher, und 1992 fühlten sich bereits 150 000 große und kleine Dinosaurierfans von der Einrichtung angezogen!

Über die Zukunft der Dinosaurierfährten wacht – bisher einmalig für einen deutschen Dinosaurierfund! – der vor wenigen Jahren gegründete, eingetragene Verein »Förderkreis Saurierfährten Münchehagen« mit Sitz in Nienburg. So scheinen die Dinosaurierfährten für die nächsten Jahre finanziell und wissenschaftlich kompetent abgesichert zu sein; eine sehr erfreuliche Tatsache, sind sie doch ein gutes Beispiel dafür, wie uns die Erdgeschichte Deutschlands lehrreich und plastisch nähergebracht werden kann.

Vom Berrias zum Apt

In der tiefen Unterkreide, im Berrias, zeigen die Fährtenfunde der Bückeberge und der Rehburger Berge, daß die Iguanodontiden damals häufig vertreten waren. Ein noch schönerer Beweis für ihre Existenz in Form von Knochenfunden kommt aus dem Apt, der Höheren Unterkreide, Nordrhein-Westfalens.

In der geologischen Zeitspanne dazwischen sind Dinosaurierfunde wieder rar. Daß aber wenigstens die Gattung *Iguanodon*

Der Münchehagener
Steinbruch mit den
Dinosaurierfährten
10 Jahre nach der
Entdeckung.

weiterhin in Deutschland gelebt hat, beweist ein einzelner Zahn aus einer westlich von Hamburg gelegenen Tongrube, der sich in einer Privatsammlung befindet. Er stammt aus dem Valazin vor etwa 131 bis 138 Millionen Jahren. Aus dem darüberliegenden Hauterive und Barrême konnte bis heute kein einziger Dinosauriernachweis erbracht werden.

Nehden: Die Karstgruft der Leguanzähner

Beinahe zeitgleich mit der Entdeckung der Münchehagener Dinosaurierfährten kam es etwa 130 Kilometer weiter südlich zu einem noch bedeutenderen Dinosaurierfund.

Biegt man von der Autobahn Dortmund–Kassel kommend an der Ausfahrt, die nach Brilon führt, nach Süden ab, gelangt man nach einigen Kilometern auf das Hochplateau des östlichen Sauerlandes. Fast übersieht man das Schild, das auf dem Weg nach Brilon zu dem kleinen Dorf Nehden führt. Dort, am südwestlichen Rand der Ort-

Ein Unterkiefer des Pflanzenfressers *Iguanodon*. Ein vergrößerter Ausschnitt daraus zeigt die typischen, namensgebenden Zähne. Dieses Fundstück bewies 1979, daß diese Dinosauriergattung in Brilon-Nehden gelebt hatte.

schaft, liegt eine Kalkspatgrube, die bei Mineraliensammlern schon seit längerer Zeit einen guten Ruf hatte, da man in ihr Zinkblende und Bleiglanz finden konnte.

Der »steinige Untergrund« in diesem Teil des Sauerlandes besteht aus Kalksteinen eines Devon genannten und beinahe 350 Millionen Jahre alten erdgeschichtlichen Zeitabschnitts. Damals gab es natürlich noch keine Dinosaurier. Umso erstaunlicher, daß sich in einer Spalte im Steinbruch Tone fanden, deren Alter als kreidezeitlich bestimmt werden konnte.

Professor Klemens Oekentorp vom Geologisch-Paläontologischen Institut der Universität Münster, der sich mit diesem Phänomen näher befaßte, kam zu dem Schluß, daß sich die jüngeren Tone aus dem Erdmittelalter in einem Karstsystem aus Höhlen und Spalten angesammelt hätten. Die Karsthöhlen und -klüfte, ganz ähnlich denen, die man etwa aus Slowenien kennt, scheinen aber schon vor der Kreidezeit entstanden zu sein. Das Kalkgestein wurde durch kohlensäurehaltiges Regenwasser aufgelöst. Tongesteine, die in der Kreidezeit im Briloner Gebiet entstanden waren, füllten das System der unterirdischen Karstgänge aus, blieben dort über Jahrmillionen erhalten und wurden erst durch die Arbeiten im Steinbruch freigelegt.

Nun wäre dieser Fund kreidezeitlichen Gesteins innerhalb erdgeschichtlich wesentlich älterer Schichten zwar geologisch interessant, aber nicht außergewöhnlich gewesen, hätten nicht manche Sammler in den Tonen Fossilreste gefunden, die zunächst als versteinertes Holz angesehen wurden. Bereits 1975 hatte ein Student ein derartig fossiles Stück aus einer Privatsammlung an die Universität Marburg gebracht, und 1978 gelangte durch Sammler auch an die Universität Münster ein solches Stück, das bald als Knochen eines Wirbeltieres, genauer eines Sauriers, erkannt wurde.

Nun war das Interesse der Paläontologen an der kleinen Grube plötzlich sehr groß. Nach Probegrabungen der Universität Marburg schickte auch die Universität Münster den Präparator Karl-Heinz Hilpert in die Grube bei Nehden. Schon bald war seine Suche erfolgreich, fand er doch einen Unterkiefer mit Zähnen, deren charakteristische und unverwechselbare Form den Paläontologen nicht nur verriet, welches Tier hier vorlag, sondern sogar um welche Dinosauriergattung es sich handelte. Die Zähne gehörten einem Pflanzenfresser, dem bereits erwähnten *Iguanodon* (»Leguanzahn«). Seine fossilen Fährten und einige wenige Knochen waren bereits in der Unterkreide der Bückeberge und der Rehburger Berge entdeckt worden, aber noch nie waren in Deutschland derartig vollständige Knochen eines Leguanzahndinosauriers gefunden worden.

Der ehemalige Kalksteinbruch bei Nehden schien also für eine Grabung nach Dinosaurierresten erfolgversprechend zu sein. Das Geologisch-Paläontologische Institut in Münster konnte die Deutsche Forschungsgemeinschaft davon überzeugen, daß eine finanzielle Unterstützung der Grabungen auch wissenschaftlich lohnende Ergebnisse bringen würde.

So kam es, daß beinahe 50 Jahre nach den letzten großen Dinosauriergrabungen in Trossingen und Halberstadt erstmals eine Grabung nach kreidezeitlichen Riesenechsen durchgeführt werden konnte.

Steht man heute im Nehdener Bruch vor der Grube, bedarf es schon einiger Phantasie, sich vorzustellen, daß hier ein 8 x 8 Meter großes und 3 Meter tiefes Grabungsloch zwischen 1979 und 1982 bei Wissenschaft und Öffentlichkeit gleichermaßen für Gesprächsstoff sorgte. Vom »Saurierland im Sauerland« war in den Medien die Rede. Nach und nach wurde immer klarer, daß die sommerlichen Grabungen unter Einsatz von Baggern und die winterlichen Präparationsarbeiten an den geborgenen Dinosaurierresten einen weiteren

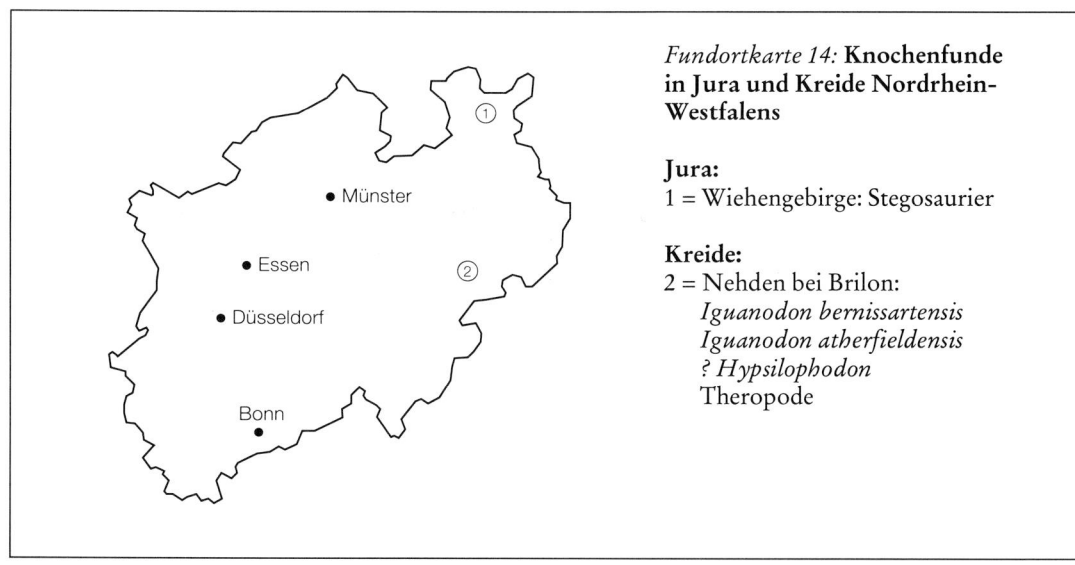

Fundortkarte 14: **Knochenfunde in Jura und Kreide Nordrhein-Westfalens**

Jura:
1 = Wiehengebirge: Stegosaurier

Kreide:
2 = Nehden bei Brilon:
  Iguanodon bernissartensis
  Iguanodon atherfieldensis
  ? Hypsilophodon
  Theropode

Einblick in die erdgeschichtliche Vergangenheit nicht nur Nordrhein-Westfalens, sondern des kreidezeitlichen Deutschland überhaupt geben konnten.

Bevor die Wissenschaftler allerdings ein konkretes Bild vom Leben aus der Zeit der Unteren Kreide entwerfen konnten, hatte sie bei den Grabungen mit einer Anzahl unerwarteter Schwierigkeiten zu kämpfen.

Ausgrabung und Präparation der Nehdener Funde

Zu Beginn der Grabungen war der Grabungsort aus Furcht vor Grabungsräubern geheimgehalten worden. Die örtliche Polizei überwachte zeitweise die Grabungsstelle. Dennoch gelang es unverantwortlichen Sammlern, die Grabungsstelle ausfindig zu machen und einzelne Knochen zu stehlen. Professor Oekentorp, unter dessen Leitung die Grabung durchgeführt wurde, meinte allerdings gelassen, daß die Diebe sich an ihrem Diebesgut nicht lange erfreuen würden, da die unbehandelten Knochen nach einiger Zeit aufgrund ihrer speziellen Eigenschaften zerfallen würden.

Auch die Grabungstätigkeit gestaltete sich schwierig, da sich der zähe und klebrige Ton fast nicht von den Spaten lösen wollte. Aber auch die Dinosaurierknochen selbst stellten die Präparatoren und Wissenschaftler vor Probleme, weil sie nach dem Austrocknen zu

Von 1979 bis 1982 fanden in der Nehdener Grube Grabungen der Universität Münster statt, die zahlreiche Reste zweier *Iguanodon*-Arten erbrachten.

zerfallen drohten und deshalb mit einem Spezialharz gehärtet werden mußten. Im Labor wurden sie zunächst von noch anhaftendem Ton gesäubert und befreit. Danach wurden sie mit einer Kunststofflösung getränkt. Dieses Verfahren konnte aber nur bei gut gefestigten Knochen angewandt werden. Brüchige Knochen mußten einer wesentlich komplizierteren Behandlung unterzogen werden, zu der sogar ein Spezialgerät, ein sogenannter »Vakuumimprägnator«, eingesetzt wurde. Dabei wurden Tonblöcke mit problematischen Knochen in dem Gerät in einer Haltevorrichtung aufgehängt. Innerhalb der Vakuumkammer wurden die Knochen mit einem speziellen heißen »Polywachs« behandelt. Um einerseits die Knochen vom Wasser zu befreien und andererseits das in Granulatform vorliegende Polywachs schmelzen und in sie eindringen zu lassen, wurden sie in einem weiteren Schritt erhitzt. Dann wurde die Kammer abgeschlossen, und eine Vakuumpumpe saugte Dampf und Hitze ab. Bei großen Knochen dauerte die ganze Prozedur bis zu einer Woche.

Dank dieser von den Präparatoren Hilpert und Austermann entwickelten Präparationsmethode gelang es, trotz ihres sehr schlechten Erhaltungszustandes mehr als 1400 Knochen zu konservieren.

Die Ergebnisse der Nehdener Grabung

Die große Anzahl der nunmehr konservierten und von Tonresten gesäuberten Knochen gehörte ganz überwiegend zu dem Vogelbeckendinosaurier *Iguanodon*, sie befanden sich aber meist nicht mehr im natürlichen Skelettverband. Ihre wissenschaftliche Bearbeitung konnte deshalb nur von einem ausgewiesenen Spezialisten der Dinosauriergattung durchgeführt werden. Ein solcher Fachmann war in England zu finden. Er hatte kurz zuvor im Rahmen seiner Doktorarbeit das aus dem letzten Jahrhundert stammende Knochenmaterial von *Iguanodon* aus dem Bergwerk im belgischen Bernissart neu untersucht. Dr. David B. Norman nahm das Angebot an, auch die Nehdener Iguanodonten zu untersuchen, und kam für einige Zeit nach Deutschland. Vor der Bearbeitung durch David B. Norman war schon spekuliert worden, ob es sich bei den Iguanodonten aus Nehden um eine neue Art handeln könnte, und Überlegungen machten die Runde, daß sie vielleicht »*Iguanodon brilonensis*« oder »*Iguanodon westfalensis*« getauft werden könnte. Doch Norman stellte fest, daß alle Knochen von zwei bereits bekannten Arten stammten, *Iguanodon bernissartensis* und *Iguanodon atherfieldensis*. Zwischen 15 und 20 Individuen beider Arten der Leguanzahndinosaurier hatten in der Nehdener Karstspalte ihre Knochen hinterlassen, wobei anders als in Bernissart *Iguanodon bernissartensis* seltener und *Iguanodon atherfieldensis* häufiger vorkam. Auch in der Altersstruktur der Iguanodonten unterscheiden sich Nehden und Bernissart erheblich. Während in Bernissart überwiegend fast oder ganz ausgewachsene Tiere gefunden wurden, fand man in Nehden sehr junge und erwachsene Tiere miteinander.

Das seltenere *Iguanodon bernissartensis* war ein sehr großer Leguanzahndinosaurier von bis zu 10 Metern Länge und 4 bis 5 Tonnen Gewicht. Sein Kennzeichen ist ein langer Schädel mit 29 Oberkiefer- und 24 bis 25 Unterkieferzähnen. Der beinahe pferdeähnliche Schädel besitzt Kiefer, die in ihrem Vorderteil zahnlos sind. Im Unterkiefervorderbereich hat *Iguanodon bernissartensis* den für Vogelbeckendinosaurier typischen Praedentaleknochen, der zu Lebzeiten als hornumschlossener Schnabel die Funktion von Schneidezähnen übernommen hatte. Mit dieser gut ausgebildeten Kieferzange konnte *Iguanodon* Zweige, Äste und Zapfen von nadelholzartigen Bäumen ergreifen und abbeißen. Die weiter hinten im Kiefer stehenden Zähne, die am Rand grob gekerbt waren, übernahmen als sich ständig erneuernde Zahnbatterie die weitere Zerkleinerung der Nahrung. Wie die abgenützten Ränder dieser Zähne bei den Nehdener Iguanodonten zeigen, waren die Leguanzahndinosaurier Pflanzenfresser mit einem augenscheinlich großen Appetit.

Die Hand von *Iguanodon* war speziell ausgebildet, das Tier konnte damit sowohl laufen als sie auch zum Greifen benutzen, obwohl ein vollständiges Einkrümmen der Finger nicht möglich war. Besonders auffällig ist der 1. Finger, der als spitz auslaufender »Daumendorn« ausgebildet ist. In früheren Rekonstruktionen hatte man *Iguanodon* diesen Daumendorn nashornartig auf die Nase gesetzt, aber schon bald wurde klar, daß dieser spitze Dorn zum ersten Finger gehörte. Der Dinosaurier konnte diesen Dorn sicherlich bei der Nahrungssuche einsetzen, indem er Zweige zu sich heranzog, um sie abzuweiden, vielleicht kratzte er auch Rinde von den Bäumen damit ab und suchte mit Hilfe des Dorns am Boden nach eßbaren Wurzeln? Denkbar ist auch eine Verwendung als Verteidigungswaffe gegenüber fleischfressenden Raubdinosauriern, denen der Leguanzahndinosaurier damit tiefe Wunden zufügen konnte. Der Daumendorn erinnert in seiner möglichen Funktion an die Daumenkralle des triassischen *Plateosaurus*. Die restlichen Finger von *Iguanodon* waren wie die Zehen des Fußes nicht von Krallen überzogen, sondern endeten vielmehr in breiten, flachen Hufen. Zusammen mit dem kräftigen Bau der Handknochen läßt sich daraus eine vierbeinige Fortbewegung von *Iguanodon bernissartensis* ablesen. David B. Norman konnte mit seinen Untersuchungen bestätigen, daß das mehrere Tonnen schwere *Iguanodon bernissartensis* sein Gewicht auf alle vier Gliedmaßen verteilte, während man es noch vor wenigen Jahren prinzipiell als zweibeinig gehenden Dinosaurier dargestellt hat. Die grazilere und leichtere *Iguanodon*-Art aus Nehden, *Iguanodon atherfieldensis*, lief dagegen wohl meist auf den Hinterbeinen und war ausgewachsen »nur« 6 bis 7 Meter lang.

Während im belgischen Bernissart meist vollständige Skelette gefunden worden waren, kamen in Nehden überwiegend Einzelknochen und nur kleinere, zusammenhängende Skelettpartien zum Vorschein. Dies mag bei der Beurteilung der Nehdener Funde auf den ersten Blick enttäuschen, aber da manche der gefundenen Knochen, wie die sogenannten Sacralrippen (Kreuzbeinrippen), bis dahin noch nicht oder nur ungenau bekannt waren, verbessern sie das Detailwissen der Forscher über die Anatomie der Leguanzahndinosaurier erheblich.

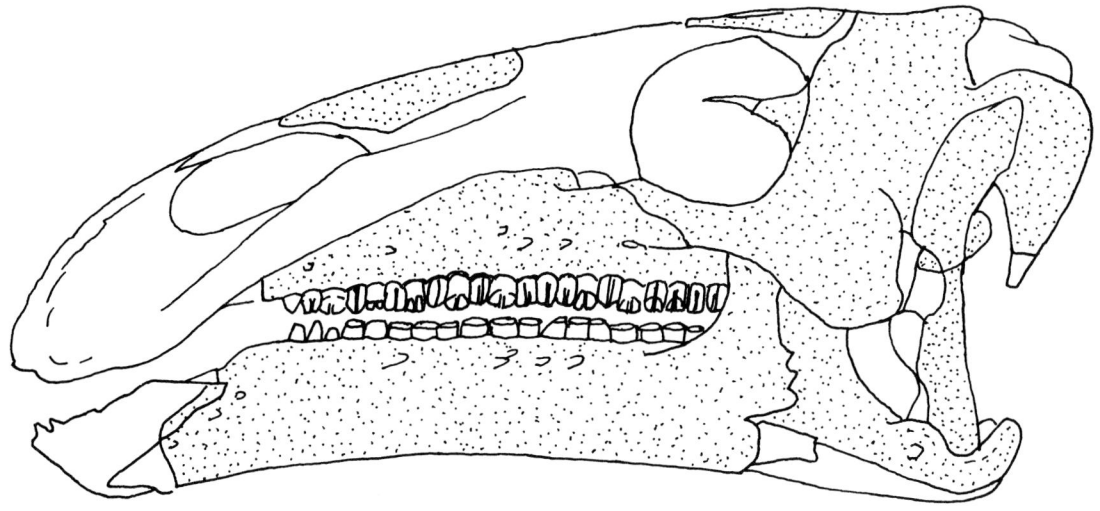

Der wichtigste Neufund in Nehden konnte nur wegen der gut arrangierten Ausgrabungsüberwachung entdeckt werden. Der leitende Präparator Karl-Heinz Hilpert hatte in 50-Zentimeter-Abständen Holzpflöcke in den Rand der Grabungsfläche stecken lassen, damit jeder Einzelknochen in einem Raster erfaßt und seine genaue Lage auf Millimeterpapier eingetragen werden konnte. Zunächst schien es, daß die Knochen bei der Einschwemmung in die Karstspalte regellos verteilt worden waren und horizontal gesehen keinen Zusammenhang aufwiesen. Die Überraschung der Wissenschaftler war daher umso größer, als sie vier Fundpläne aus der Grabungstiefe von 3 Metern übereinanderlegten. In dieser dreidimensionalen Fundkarte zeigte sich, daß manche der *Iguanodon*-Knochen einen vertikalen Zusammenhang aufwiesen, und es waren ausgerechnet die kleinsten Knochen. Genaueres Nachforschen zeigte, daß in der Tat einzelne Skelettelemente (Schädel, Becken, Wirbel, Extremitäten etc.) eines oder sogar mehrerer Jungtiere von *Iguanodon bernissartensis* vorlagen. Das war fast eine Sensation, denn bisher kannte man noch keine so jungen Leguanzahndinosaurier. Mit nur 2 bis 2,50 Meter Länge hatte dieses Jungtier lediglich ein Viertel oder ein Fünftel der Größe eines ausgewachsenen *Iguanodon bernissartensis*. Wegen des weit geringeren Gewichtes liefen die Jungtiere beider *Iguanodon*-Arten wohl überwiegend auf den Hinterbeinen, und in dieser Haltung ist auch ein Skelett rekonstruiert, das in der Präparationswerkstatt des Westfälischen Museums für Naturkunde hergestellt worden ist. Natürlich wurden für diesen Zweck nicht die

Die punktiert wiedergegebenen Teile an diesem *Iguanodon*-Schädel entsprechen den Knochenpartien, die in Nehden gefunden wurden.

Originalknochen verwendet, sondern Abgüsse, wobei man fehlende Skelettteile ergänzte. Zum erstenmal entstand dadurch ein Eindruck von einem jungen Leguanzahndinosaurier. Doch nicht nur eine Skelettrekonstruktion wurde von dem jugendlichen Nehdener *Iguanodon* versucht, sogar eine lebensgroße Plastik (»Mimo-Plastik«) ist im Naturkundemuseum von Münster aufgestellt worden, die zeigt, wie sich Muskeln, Fleisch und Haut in Wirklichkeit zu so einem Tier zusammengefügt haben könnten.[8]

Gab es in Nehden auch Gazellen- und Raubdinosaurier?

In der Masse der über 1400 *Iguanodon*-Knochen bemerkte David B. Norman zwei Knochen, die nicht zu dem Leguanzähner gehören konnten. Während von dem Mittelteil (Centrum) eines Wirbelknochens zunächst angenommen worden war, er gehöre zu einem Krokodil, stellte sich nach genaueren Vergleichen heraus, daß er von einem anderen Reptil herrühren müßte. Am ehesten ähnelt er dem Wirbelknochen eines Vogelbeckendinosauriers, der in die Familie der Hypsilophodontidae (»Hochrückenzähner«, populär als »Gazellendinosaurier« bezeichnet) gehört. Die kleinen, kaum mehr als 3 Meter lang werdenden Pflanzenfresser waren in gleichalten Schichten in England weit verbreitet, sind bisher aber noch nie in Deutschland gefunden worden. Der namensgebende *Hypsilophodon* selbst scheint ein agiles Tier gewesen zu sein, dessen Schwanz bis zum Ende mit verknöcherten Sehnen versteift war, die ihn fast zu einer Art Balancierstange beim schnellen Laufen machten. Zu Füßen der tonnenschweren Iguanodonten scheinen in Nehden also kleine, leichte Pflanzenfresser auf ihren Hinterbeinen umhergelaufen zu sein, die sich im Gegensatz zu den Leguanzahndinosauriern der niedrigeren Vegetation annahmen. Will man beide Dinosaurier mit heutigen afrikanischen Säugern vergleichen, käme den schweren Iguanodonten die Elefanten- oder Büffelrolle zu, während die leichtfüßigen Hypsilophodontiden den Part der Gazellen und Antilopen übernehmen würden.

Bei dem großen Angebot an kleineren und großen Pflanzenfressern und deren Jungtieren war der Tisch für die Raubdinosaurier in der Nehdener Unterkreide reichlich gedeckt. Aber nur ein einziger, etwa 10 Zentimeter langer Knochen scheint einen Hinweis auf deren Existenz zu liefern. Auch in Bernissart befand sich unter den Pflan-

Halswirbel

Rückenwirbel

Kreuzbeinwirbel

Schwanzwirbel

zenfresserknochen ein Fingerknochen des Theropoden »*Altispinax*«
dunkeri bzw. »*Megalosaurus*« *dunkeri.* David B. Norman hielt den
Nehdener Knochen deshalb ebenfalls für den Handknochen eines
fleischfressenden Dinosauriers. Leider ist der Knochen vor allem an
den zur Bestimmung so wichtigen Gelenkenden nicht gut erhalten,
so daß eine endgültige und sichere Einordnung nicht möglich ist.

Wohl der wichtigste
Fund aus der Nehde-
ner Unterkreide:
Skelettrekonstruk-
tion und Mimo-Pla-
stik eines Jungtieres
von *Iguanodon*.

251

Tiere, Pflanzen und Landschaft der Nehdener Unterkreidezeit

Hatte man zunächst angenommen, die Nehdener Dinosaurierfunde würden aus der frühen Unterkreide stammen, zeigte sich schon bald, daß sie in der ausgehenden Unterkreide, dem Apt, anzusiedeln sind. Glücklicherweise haben sich in den Nehdener Tonen nicht nur Knochen von Dinosauriern gefunden, sondern auch die anderer Tiere und vor allem Reste verschiedener Pflanzen, so daß man sich heute eine gute Vorstellung der Tier- und Pflanzenwelt vor etwa 115 Millionen Jahren machen kann.

Eine wesentliche Hilfe bei der Enträtselung kleinster Pflanzenreste, fossil erhaltener Sporen und Pollen, leistete dabei das Elektronenrastermikroskop. Es erlaubte dem Forstwissenschaftler Dr. Hans Kampmann, anhand der typischen Merkmale der Sporen und Pollen, die bei jeder Pflanze anders aussehen, sie bestimmten Pflanzenfamilien oder sogar Gattungen zuzuordnen. So entstand nach und nach ein genaueres Bild der Nehdener Pflanzenwelt. An verschiedenen Hölzern fanden sich »Jahresringe«, die beweisen, daß das Klima der Unterkreidezeit im Nehdener Gebiet von längeren trocken-heißen Perioden geprägt war, zwischen denen Wochen oder Monate mit feuchterer Witterung eingeschaltet waren. Daß diese mit kräftigen Gewittern verbunden waren, durch die in der monatelang ausgetrockneten Pflanzenwelt Wald- und Buschbrände ausgelöst wurden, beweisen häufige Funde verkohlter Pflanzenreste und Stückchen von Holzkohle. Das Wasser, das die feuchtigkeitsbeladenen Wolken mit tropischer Heftigkeit in großen Mengen herabschütteten, sammelte sich in tiefergelegenen Senken. In diesem feuchten Klima gediehen die verschiedensten Wasser- und Sumpfpflanzen. Urtümliche Bärlappe standen an den Ufern, Wasserfarne und Armleuchteralgen trieben an oder unter der Wasseroberfläche dahin. Die Sümpfe und Senken waren die Heimat dichter Farn- und Baumfarnbestände, in denen eine vielfältige Tierwelt lebte. In den Tümpeln schwammen Fische der Gattung *Lepidotes,* und winzige Muschelkrebschen paddelten in ihren Gehäusen im warmen Wasser umher. Am Ufer lagen große, flachpanzerige Flußschildkröten der Gattung *Peltochelys,* deren Panzerbruchstücke sehr charakteristisch ornamentiert sind. Ab und zu wurden sie aufgeschreckt, wenn die bis zu 3 Meter langen gepanzerten Körper von Krokodilen der Gattung *Goniopholis* ins Wasser klatschten. Über den sumpfigen

Tabelle 8: **Zwei Dinosaurier im Vergleich**

Iguanodon   *Plateosaurus*

Gemeinsamkeiten und Ähnlichkeiten:

Pflanzenfresser

bis zu 10 Meter lang

bis zu mehreren Tonnen schwer

zwei- und vierbeinige Fortbewegung

Daumendorn/Daumenkralle

spatel-/blattförmige Zähne mit gekerbten Rändern

Schädel lang und schmal

Unterschiede:

Iguanodon	Plateosaurus
Vogelbeckendinosaurier (Ornithopoda; Iguanodontidae)	Echsenbeckendinosaurier (Prosauropoda; Plateosauridae)
lebte in Unterer Kreide vor ca. 110–140 Millionen Jahren	lebte in Oberer Trias vor ca. 200–210 Millionen Jahren
Praedentale-Knochen mit Hornüberzug	Kein Praedentale, dafür Zähne im vorderen Unterkiefer
lebte in Europa (GB, BX, D, E) und Nordamerika	lebte nur in Europa (D, F, CH)

Eine Landschaft der
Unteren Kreidezeit
vor 115 Millionen
Jahren in Nordwest-
deutschland.
Wie die Funde von
Nehden (Sauerland,
Nordrhein-Westfa-
len) belegen, lebten in
sumpfigen Tälern vie-
le verschiedene Tiere,
von denen die bis zu
10 Meter langen Igua-
nodonten die impo-
santesten waren. Jung-
tiere dieser Leguan-
zahndinosaurier (Mit-
te) liefen meist auf den
Hinterbeinen, wäh-
rend Alttiere die vier-
beinige Fortbewe-
gung bevorzugten.
Zwischen den gesellig
lebenden Iguanodon-
ten liefen behende,
nur 1,50 Meter lange
Gazellendinosaurier
(Hypsilophodonten,
rechts hinten) umher.
Kleine und große
Pflanzenfresser wur-
den aufmerksam von
größeren Fleischfres-
sern (Theropoden,
links hinten) als mög-
liche Beute beäugt.
Neben den landleben-
den Dinosauriern
kamen in den Gewäs-
sern auch Schildkrö-
ten der Gattung
Peltochelys und die
2 Meter langen Ur-
krokodile der Gat-
tung *Goniopholis* vor
(ganz links und unten
links).

Tümpeln schwirrten Insekten, von denen sich sogar ein Flügel fossil farbig erhalten konnte.

Ganz anders sahen die höhergelegenen Hänge und Geländebereiche aus. Wälder von Araukarien und hohen Mammut- und Ginkgobäumen waren zu ihren Füßen von einer krautigen Pflanzenschicht umgeben. Stellenweise schlossen sich diese Farne, Bärlappgewächse und Cycadeen zu einem dichten, grünen Teppich zusammen. An weniger feuchten Hängen könnte sich der an trockeneres Klima angepaßte Farn *Weichselia* zu großen Beständen ausgebreitet haben, die nach monatelanger Trockenheit leicht von Blitzen zu entzünden waren.

Koniferen, Landfarne und Blumenpalmfarne dieser Unterkreidelandschaft bildeten die Nahrung für die umherziehenden Leguanzahndinosaurier. Als sie starben, wurden ihre Knochen von den Bächen, die in die Senken strömten, in die darunterliegenden Karstspalten und -höhlen geschwemmt, in denen sich auch Pflanzenreste, Baumharz und tote Insekten sammelten und in den Tonen zu Fossilien wurden.

Warum starben die Leguanzahndinosaurier?

Wenigstens 15 bis 20 Leguanzahndinosaurier sind in Nehden auf einem Fleck entdeckt worden. War dies eine natürliche Gruppe, eine Herde, die aus Alt- und Jungtieren bestand? Oder waren an dieser Stelle über einen längeren Zeitraum hinweg einfach zufällig gestorbene Iguanodonten zusammengeschwemmt worden?

Bei diesen Fragen mußten die Paläontologen unwillkürlich an das belgische Bernissart denken, wo 1878–1881 31 Leguanzahndinosaurier ausgegraben werden konnten, bei denen es sich aber – im Gegensatz zu Nehden – fast nur um ältere Tiere handelte. Für Bernissart war lange Zeit angenommen worden, daß die Pflanzenfresser von einem Raubdinosaurier in eine Karstschlucht getrieben wurden und in ihr umkamen. David Norman konnte aber beweisen, daß sich in Bernissart zur Unteren Kreidezeit gar keine Karstspalten befanden, sondern ein Sumpf. Die Iguanodontenskelette hatten sich über einen längeren Zeitraum abgelagert, ohne daß irgendein katastrophales Geschehen als Ursache angenommen werden muß.

Auch in Deutschland wurde schon einmal ein großes Dinosaurierleichenfeld ausgegraben, die Plateosaurier in Trossingen. Sollten sich hier Parallelen mit den kreidezeitlichen Iguanodonten finden? Immerhin weisen diese beiden Dinosaurier, obwohl nicht näher miteinander verwandt, viele gemeinsame Merkmale und eine vergleichbare ökologische Stellung auf (siehe Tabelle 8).

In Trossingen fand man nur Tiere, die allesamt ausgewachsen und demnach fortpflanzungsfähig waren. Anders die Nehdener Iguanodonten, bei denen sowohl kleine, mittelgroße und ausgewachsene Tiere den Tod fanden. In Bernissart entdeckten die Wissenschaftler auch sehr viele Fische, in Nehden dagegen höchst selten, was unterschiedliche Umwelt- und Todesbedingungen nahelegt.

Aufgrund dieser Befunde kamen die Paläontologen zu dem Schluß, daß die Nehdener Iguanodontenansammlung in der Tat eine Herde gewesen sein muß, die von einem plötzlichen, katastrophalen Ereignis in den Tod gerissen worden sein muß. Dies könnte zum Beispiel ein wolkenbruchartiger Regen gewesen sein, dessen Fluten die Pflanzenfresser am Ufer eines Baches oder in einer engen Schlucht erfaßt und mitgerissen hatte.

So scheint es, daß die Nehdener Leguanzähner auf eine sehr ähnliche Art und Weise umgekommen sind, wie die triassischen Plateosaurier und möglicherweise auch der kleine *Compsognathus* aus dem Jura.

Die Zukunft von Nehden

Nach den Plateosauriergrabungen von Trossingen und Halberstadt wurden in Nehden die umfangreichsten Dinosaurierfunde Deutschlands ans Tageslicht gebracht. Nehden wurde auch als eine der weltweit reichsten Ansammlungen der unterkreidezeitlichen Fauna und Flora und als »derzeit wichtigster Aufschluß Europas für die Kenntnis der unterkretazischen terrestrischen Lebewesen« bezeichnet.

Doch seit beinahe 10 Jahren ist die Nehdener Grabungsstelle meterhoch zum Schutz vor Raubgrabungen verfüllt, abgezäunt und als Bodendenkmal geschützt. Wird es jemals dort wieder neue Grabungen geben, würden sich solche überhaupt lohnen, oder ist die Nehdener Grube bereits ausgebeutet?

Das Niedersächsische Landesamt für Bodenforschung in Hannover hat 1983 in der Grube elektromagnetische Messungen durchgeführt, die bewiesen, daß die Spaltenfüllung noch viel umfangreicher ist als der bereits durchforschte Teil, und Bohrungen bestätigten, daß sie bis zu 20 Meter mächtig ist. Darüber hinaus haben weitere Messungen ergeben, daß sehr wahrscheinlich auch weitere Knochenfunde zu erwarten sind.

Will man die Grabungen erneut aufnehmen, müßten sie sich zu richtigen Höhlengrabungen ausweiten, die tief in die Wände des Steinbruchs hineinführen. Dazu wären aber erhebliche finanzielle Mittel notwendig.

Immerhin besteht die Möglichkeit, daß die Nehdener Dinosauriergrabungen eines Tages eine Fortsetzung finden werden. Vielleicht werden wir dann noch mehr aus der Zeit vor 115 Millionen Jahren erfahren.

Die Dinosaurier der Oberkreide und ihr Aussterben

Die Entdeckung der Nehden-Briloner Dinosaurier hat unser Wissen über die kreidezeitliche Fauna und Flora erheblich erweitert. Doch nach dem Apt, aus dem die Nehdener Funde stammen, klafft nach wie vor eine Lücke, die die Zeit von ca. 110 bis 65 Millionen Jahre vor unserer Zeitrechnung umfaßt. Mit 45 Millionen Jahren ist es die größte Zeitspanne in der Geschichte der auf deutschem Boden lebenden Dinosaurier. Dies ist noch erstaunlicher, wenn man sich vor Augen führt, daß gerade aus der Oberen Kreide weltweit gesehen die vielfältigsten und zahlenmäßig umfangreichsten Dinosaurierfunde vorliegen.

Vor allem in den nördlichen USA, dem südlichen Kanada und der Mongolei wurden berühmte Dinosaurier aus der Endzeit des Erdmittelalters gefunden: *Triceratops, Tarbosaurus* oder *Tyrannosaurus*. Nichts davon in Deutschland! Vom Apt bis zum Maastricht fehlt jeglicher fossile Hinweis auf in Deutschland lebende Dinosaurier. Die Hauptursache für diese Tatsache ist wohl vor allem in der Geologie dieser Zeit zu suchen. In der Oberen Kreide wurde Deutschland zunehmend vom Meer überschwemmt. Lediglich Bereiche im heutigen Rheinland-Pfalz und Hessen ragten als Festland aus dem Meer empor. Marine Reptilien wie Plesiosaurier oder Meereskrokodile sind gefunden worden, aber kaum Reste von festlandsbewohnenden Tieren wie den Dinosauriern. Dabei fanden sich

im benachbarten Ausland genügend Nachweise von Dinosauriern. Nicht nur Spanien, Portugal oder Rumänien können eine zwar selten in vollständigen Skeletten vorliegende, aber dennoch sehr vielfältige Dinosaurierfauna aufzeigen, sondern sogar die unmittelbar angrenzenden Länder Belgien, die Niederlande, Frankreich und Österreich. Nach diesen Funden existierten bis zum kritischen Wendepunkt am Ende der Kreidezeit in Europa Entenschnabeldinosaurier (Hadrosaurier), Gazellendinosaurier (Hypsilophodontier) und Panzerdinosaurier (Ankylosaurier), aber auch kleine (Coelurosaurier) und größere (Carnosaurier, Abelisaurier) Fleischfresser sowie die pflanzenfressenden Titanosaurier-Sauropoden.

Daß die möglicherweise eines Tages auch in Deutschland doch noch auffindbaren Dinosaurier der Oberkreide unmittelbar von einem tiefgreifenden Wechsel der Fauna lebten, beweist die vollkommen anders gestaltete Zusammensetzung der Tierwelt im darauffolgenden Abschnitt der Erdneuzeit, dem Paläozän. Nun huschten kleine Raubsäuger umher, große Laufvögel, wie *Gastornis,* waren an die Stelle der theropoden Dinosaurier getreten, und auch die Säuger, die sich von Pflanzen ernährten, entwickelten sich zunehmend, wie sich im nachfolgenden Eozän an Urpferdchen und Halbaffen dokumentieren läßt. Erstaunlich bleibt, daß an den beiden berühmten

Die Nehdener Grube hat die bisher geologisch jüngste Dinosaurierfauna aus Deutschland geliefert; weitere Grabungen sind für die Zukunft nicht auszuschließen.

Fossilfundstellen des Eozäns, in der Grube Messel bei Darmstadt in Hessen und im Geiseltal südlich von Halle an der Saale vor 50 bis 40 Millionen Jahren die Reptilien immer noch in Blüte standen. Es gab eine Vielzahl höchst unterschiedlicher süßwasserbewohnender Alligatoren und Krokodile, die in manchen seltsamen und urtümlichen Formen noch überwiegend Landtiere waren. Mit ihren seitlich flachgedrückten und gesägten Zähnen, die so sehr an die von theropoden Dinosauriern erinnern, übernahmen diese Panzerechsen (Pristichampsier und Trematochampsier) für kurze Zeit die ökologische Rolle der Theropoden als Fleischfresser. Am Ende des Eozäns mußten auch sie leistungsfähigeren Fleischfressern weichen, diesmal den carnivoren Säugetieren.

Aber auch pythonartige Riesenschlangen und mächtige Riesenschildkröten, deren Panzer so hochgewölbt waren wie die der heutigen Riesenlandschildkröten von Galapagos und den Seychellen, demonstrieren, daß die Dinosaurier 15 bis 25 Millionen Jahre nach ihrem Aussterben von einer ganz andersartigen Reptilienvergesellschaftung abgelöst worden waren, die auch wieder große und erfolgreiche Formen hervorbrachte. Erst der Eiszeit und den sich eindrucksvoll entwickelnden Säugern gelang es, die heimische Reptilwelt auf jenen geringen Anteil zurückzudrängen, den wir heute gewöhnt sind: wenige Schlangen, kleine Eidechsen und die fast ausgestorbene Europäische Sumpfschildkröte spielen in der Tierwelt Deutschlands nur noch eine untergeordnete Rolle.

Welche Hintergründe hat der dramatische Rückgang der Reptilien von den damals die Erde beherrschenden Dinosauriern über die noch zahlreichen Reptilien der Erdneuzeit bis hin zu unserem heutigen, vergleichsweise bescheidenen Reptilbestand?

In erster Linie möchte man an einen drastischen Klimawechsel denken, der die wärmeliebenden Dinosaurier einerseits und die ebenfalls unter subtropischen bis tropischen Klimabedingungen gedeihenden Reptilien des Tertiärs dezimiert hat. Während diese Annahme für die Krokodile, Schlangen und Schildkröten der Erdneuzeit weitgehend bestätigt wird, liegt der Fall bei den Dinosauriern nicht so einfach. Zwar lautete bis vor wenigen Jahren die gängige Lehrmeinung, daß das Klima in der Kreidezeit annähernd warm und ausgeglichen und der Riesenwuchs mancher Dinosaurier diesen günstigen Bedingungen zu verdanken gewesen sei, aber geologisch-klimatologische Forschungsergebnisse der letzten Jahre zeigen, daß dies keineswegs zutrifft.

Die Obere Kreidezeit war eine sehr unruhige Periode mit verstärktem Vulkanismus, die Kontinente drifteten und brachen auseinander, und das Meer zog sich weithin aus den Flachwasserbereichen zurück. Dr. Hartmut Haubold aus Halle, der alle Daten zu diesem Problem gesichtet hat, kam zu dem Ergebnis, daß das kreidezeitliche Klima sehr viel unbeständiger war, als bisher angenommen wurde. Sogar Vereisungen der Polbereiche scheinen in der Mittleren und Oberen Kreide aufgetreten zu sein. Trotzdem hatte dies offensichtlich keine tiefgreifenden Auswirkungen auf die Dinosaurier, da Fossilfunde beweisen, daß sie selbst in höheren Bereichen noch leben konnten.

1991 ging die Bundesanstalt für Geowissenschaften und Rohstoffe bei Hannover der Frage nach dem Klima der Kreidezeit mit einer 250 Meter tiefen Bohrung nach. Sie reicht in Gesteine, die auf die Zeit der Nehdener Dinosaurier folgten, in das sogenannte Alb vor 100 Millionen Jahren, dem letzten Abschnitt der Unterkreide. Die Bohrkerne beweisen, daß sich wärmere und kältere Phasen in der Kreide abgelöst haben: Dunkelgraue Tone zeugen von kühleren Abschnitten, während hellere und kalkhaltige Mergel auf wärmere Perioden hindeuten.

Die Dinosaurier konnten sich den Klimaveränderungen anpassen, sie wurden sogar mit den einschneidensten Veränderungen in der Pflanzenwelt fertig, als in der Kreide die früher vorherrschenden nacktsamigen Pflanzen (Gymnospermae) von den bedecktsamigen Blütenpflanzen und Bäumen, den Angiospermae, an die zweite Stelle gedrängt wurden.

Auch alle anderen Hypothesen, von denen Dutzende existieren, können das Aussterben der Dinosaurier bis heute nicht zufriedenstellend erklären.

Warum etwa überlebten beispielsweise Krokodile, Schildkröten und Brückenechsen weitestgehend unbeschadet das Ende der Kreidezeit, Dinosaurier, Flugsaurier, Fischsaurier und Ammoniten aber nicht? Die Tatsache, daß das Aussterben der Dinosaurier und anderer Organismen – sowohl am Land, im Meer und im Luftraum – nicht schlagartig, sondern über einige Millionen Jahre hinweg vonstatten ging, beweist, daß kein plötzliches, sondern ein gestaffeltes und differenziertes Sterben stattfand. Ein Asteroid oder Meteoritenschwärme aus dem Weltraum, die so gerne zur Erklärung des Aussterbens herangezogen werden, können demnach nicht allein so viele Tiergruppen ausgelöscht haben. Darüber hinaus starben manche

Ammoniten oder die Fischsaurier schon vor dem Ende der Kreidezeit aus, und umgekehrt gibt es Hinweise dafür, daß lokal einige Dinosaurier möglicherweise bis zum Paläozän, dem Beginn der Erdneuzeit, lebten, bevor auch sie abtreten mußten.

Am wahrscheinlichsten ist, daß eine Kombination miteinander verknüpfter, aber unterschiedlicher Ursachen zum Aussterben der Dinosaurier auch bei uns in Deutschland führte.

Welche Ursachen das Verschwinden der Dinosaurier und anderer Organismen auch immer hatte, die entstehende Lücke bei den vorherrschenden Landtieren wurde nach und nach durch die nachrückenden Säugetiere aufgefüllt, die in der Erdneuzeit ohne den ökologischen Druck durch die Dinosaurier ihre Blüte erlebten. 150 Millionen Jahre, nachdem sie so bescheiden am Ende der Trias nur mausgroß zu Füßen der Plateosaurier begonnen hatten, konnten die Säugetiere endlich einen triumphalen Höhepunkt in ihrer Evolution erreichen.

Nachspann

Von den Reptilien des Erdmittelalters haben die Dinosaurier seit jeher die meiste Aufmerksamkeit erfahren, wohl weil sie in den rund 150 Millionen Jahren ihrer Existenz eine unglaubliche Formenvielfalt hervorbrachten. Weltweit kennt man heute rund 280 Gattungen mit mehr als 300 Arten. Weniger als zwei Dutzend davon kommen aus Deutschland. Hier war die Ausbeute nie so spektakulär wie etwa in Nordamerika, Asien oder Afrika, wo vollständige Skelette keine Seltenheit sind. Trotzdem müssen vor allem die Funde deutscher Trias-Dinosaurier weltweit keinen Vergleich scheuen, nur Südamerika und Südafrika kennen eine vergleichbare Fauna. Deutsche Trias-Dinosaurier reichen von kleinen, wenig mehr als 1 Meter langen Fleischfressern wie *Procompsognathus* und größeren Raubdinosauriern wie *Liliensternus* hin zu pflanzenfressenden 10-Meter-Riesen wie *Plateosaurus.*

Die meisten Dinosauriergattungen und -skelette kommen aus der rund 200 Millionen Jahre zurückliegenden Triaszeit Deutschlands, wobei sich insbesondere Württemberg, aber auch Nordbayern, Sachsen-Anhalt und Thüringen auszeichnen.

Lange Zeit galten Unterer und Mittlerer Jura in Deutschland als sehr fundarm, was Dinosaurier anbelangt. Durch mehrere Neufunde und Beschreibungen hat sich diese Situation aber inzwischen verbessert. Wir wissen jetzt, daß kleine Sauropoden wie *Ohmdenosaurus,* Vorläufer der gepanzerten Dinosaurier *(Emausaurus),* die ersten Stegosaurier und mittelgroße Sauropoden (»Cetiosauriscus«) in dieser Periode lebten. Bereits seit dem letzten Jahrhundert respektive seit Beginn unseres Jahrhunderts sind die beiden Funde aus dem Oberen Jura bekannt: der mit Beute im Magen erhalten gebliebene Kleinstraubdinosaurier *Compsognathus* und die Fährtenansammlung großer pflanzen- und fleischfressender Dinosaurier von Barkhausen.

Eine ganz andere Fauna zeigt die Untere Kreide Nordwestdeutschlands mit ihren zahlreichen Fährten und vereinzelten Knochenfunden. Danach müssen hier Vogelfußdinosaurier, Raubdinosaurier und Panzerdinosaurier gelebt haben, zu denen sich die Vorläufer von Kuppelkopf- und Horndinosauriern *(Stenopelix)* gesellten.

Erst ein gutes Dutzend Jahre alt sind Neuentdeckungen, die über die Grenzen hinaus Furore gemacht haben: eine der großen Fährtenansammlungen aus der Unterkreide in Münchehagen und die sehr bedeutende Fundstelle Nehden, die erstmals auch Jungtiere des Leguanzahndinosauriers *Iguanodon* zeigte.

Trotz der unbefriedigenden Fundlücke in der Oberen Kreide läßt sich so für unser Land ein guter Überblick der Dinosaurierfauna geben. Die Paläontologen wissen heute von den meisten Gattungen, wie groß sie waren, was sie fraßen, wie schnell sie liefen und wie ihre Umgebung aussah. Das Kapitel der Dinosaurier ist ein sehr langes Kapitel im Buch der Erdgeschichte, weit länger als das der Menschen. Es sollte nicht nur einen Rückblick auf grotesk und exotisch wirkende Tiere sein, sondern auch die Beschreibung einer Tierwelt, die jahrmillionenlang immer wieder wechselte, neue Typen hervorbrachte und sich an neue Umweltbedingungen anpassen konnte.

Vergleichbar ist die Welt der Dinosaurier nur mit der Vielfalt unserer heutigen Fauna aus Säugetieren und Vögeln, deren Erhaltung nicht zuletzt auch in unserer Verantwortung liegt.

Anhang

Fundorte von Dinosaurierskeletten und -fährten

Baden-Württemberg
1 = Langenberg
2 = Wüstenrot
3 = Welzheim
4 = Spraitbach
5 = Erlenberg
6 = Tübingen
7 = Schlößlesmühle, bei Waldenbuch
8 = Stuttgart
9 = Balingen
10 = Aixheim
11 = Biesingen, bei Donaueschingen
12 = Trossingen
13 = Stromberg
14 = Echterdingen
15 = Bebenhausen
16 = Pfrondorf
17 = Kressbach
18 = Hechingen
19 = Großbottwar, zwischen Heilbronn und Ludwigsburg
20 = Vaihingen-Horrheim, östlich Pforzheim
21 = Stuttgart-Gablenberg
22 = Seifertshofen, zwischen Schwäbisch Gmünd und Schwäbisch Hall
23 = Pfaffenhofen im Stromberg
24 = Ohmden, bei Holzmaden

Bayern
1 = Schlehenberg, südlich Bayreuth
2 = Ziegelanger, bei Haßfurt
3 = Schlauersbach, südwestlich Nürnberg
4 = Sassendorf, nordöstlich Bamberg
5 = Altselingsbach, zwischen Neustadt/Aisch und Ansbach
6 = Heroldsberg und Fischbach, bei Nürnberg
7 = Eisenbahnlinie zwischen Lauf und Röthenbach
8 = Eisenbahnlinie zwischen Lauf und Behringersdorf
9 = Lauf, bei Nürnberg
10 = Günthersbühl und Nuschelberg, bei Lauf
11 = Drepersdorf im Pegnitztal
12 = Altdorf
13 = Altenstein, bei Maroldsweisach
14 = Kulmbach
15 = Ellingen, bei Weißenburg
16 = Eichelburg, bei Allersberg
17 = Pierheim, östlich Hilpoltstein
18 = Riedenburg, bei Kelheim
19 = bei Kulmbach

Mecklenburg-Vorpommern
1 = bei Greifswald

Niedersachsen
1 = Göttingen
2 = Bovenden
3 = Hedeper, bei Braunschweig
4 = Barkhausen, bei Bad Essen
5 = Bückeberge
6 = Rehburger Berge
7 = Münchehagen
8 = Weenzen, nordwestlich Alfeld
9 = Ottensen
10 = Obernkirchen

Nordrhein-Westfalen
1 = Wiehengebirge
2 = Nehden, bei Brilon

Sachsen-Anhalt
1 = Halberstadt

Schleswig-Holstein
1 = Ahrensburg, bei Hamburg

Thüringen
1 = Großer Gleichberg, südlich Hildburghausen
2 = Dillstädt, bei Themar, nordwestlich Hildburghausen
3 = Mögliche neue Fundstelle bei Wanasleben

Flensburg ●

● Kiel

SCHLESWIG-
HOLSTEIN

● Rostock ① MECKLENBURG-
VORPOMMERN

● Schwerin

⑨ ① HAMBURG

● Emden

BREMEN

NIEDERSACHSEN

BERLIN

BRANDENBURG

⑥ ⑦ ● Hannover
④ ① ⑩ ⑤
⑧

③
① ● Magdeburg
SACHSEN-ANHALT

● Münster

NORDRHEIN-WESTFALEN

● Essen

● Düsseldorf

● Halle

SACHSEN

② ② ①

③ ● Erfurt

THÜRINGEN

● Bonn

HESSEN

RHEINLAND-
PFALZ

② ①
⑬ ⑭
⑲
② ① ④

SAAR-
LAND

● Würzburg

⑤ ⑥ ⑦ ⑧ ⑨
Nürnberg ● ⑩ ⑪ ⑫

⑬

③ ⑯ ⑰

⑮

⑳ ⑲
Karls- ㉓② ① ㉒
ruhe ⑤④③ Stuttgart
⑰㉑⑧ ㉔
⑦
⑮⑥ ⑭
⑱⑨
⑩ BADEN-
⑫ WÜRTTEMBERG

⑱

BAYERN

● München

● Freiburg ⑪

Verzeichnis der einzelnen Fundortkarten

Wo kann man in Deutschland gefundene Dinosaurier und deren Fährten sehen?

BARKHAUSEN, bei Bad Essen: Freilichtmuseum mit vielen Sauropoden – und einer Theropodenfährte. Das Freilichtmuseum ist ständig zugänglich.

BERLIN, Museum der Humboldt-Universität: *Plateosaurus* aus Halberstadt.

BRILON, Stadtmuseum: Skelettmodell eines *Iguanodon*-Jungtieres; Pflanzen aus der Kreidezeit.

DETMOLD, Lippisches Landesmuseum: *Iguanodon*-Fährte aus Obernkirchen/Bückeberge.

FRANKFURT AM MAIN, Senckenberg-Museum: Plateosaurierreste aus Halberstadt in lebensgroßem Umrißmodell; *Iguanodon*-Fährte aus den Bückebergen.

GÖTTINGEN, Museum im Institut für Geologie und Paläontologie der Universität: *Plateosaurus* aus Göttingen; Skelett von *Stenopelix valdensis.*

HALBERSTADT, Museum Heineanum: Zwei Skelette von *Plateosaurus* aus Halberstadt.

HANNOVER, Niedersächsisches Landesmuseum: Lebensgroßes *Iguanodon*-Modell; Fährtenabguß einer Teilfährte aus Barkhausen.

HOLZMADEN, Museum Hauf: *Ohmdenosaurus*-Hinterbein.

MÜNCHEHAGEN, bei Bad Rehburg-Loccum: Freilichtmuseum mit Sauropodenfährten und einer Theropodenfährte; siehe gesonderten Hinweis Seite 270.

MÜNCHEN, Bayerische Staatssammlung für Paläontologie und historische Geologie: Skelett von *Compsognathus longipes;* ab 1993 Skelett von *Plateosaurus* aus Ellingen.

MÜNSTER, Museum des Geologisch-Paläontologischen Institutes der Universität: Skelettrekonstruktion eines *Iguanodon*-Jungtieres aus Nehden; Fährte aus den Bückebergen.

MÜNSTER, Westfälisches Landesmuseum für Naturkunde: Lebensgroße Plastik eines *Iguanodon*-Jungtieres; Sauropodenfährtenabguß aus Münchehagen mit lebensgroßem *Apatosaurus*-Modell.

OSNABRÜCK, Museum am Schölerberg: Abguß einer Barkhausen-Fährte.

RINTELN, Schaumburgisches Heimatmuseum »Eulenburg«: *Iguanodon*-Fährte.

STUTTGART, Staatliches Museum für Naturkunde: Gruppe von vier Plateosaurierskeletten; Originalschädel und *Plateosaurus*-Skelett in Fundlage aus Trossingen und von anderen württembergischen Fundorten; *Sellosaurus*-Skelettrest; *Procompsognathus*-Skelettrest.

TROSSINGEN, Heimatmuseum: Abgüsse von zwei Plateosaurierskeletten.

TÜBINGEN, Institut für Geologie und Paläontologie der Universität: Plateosauriergruppe aus zwei Originalexemplaren der Trossinger Grabung.

Ausländische Museen:

GAM, südwestliches Dänemark: Fährte aus den Bückebergen.

NATURAL HISTORY MUSEUM, New York, USA: Skelett eines Plateosauriers aus Trossingen.

Daneben zeigen viele kleinere Museen (z. B. Heimatmuseen, aber auch andere Institutionen wie Parks) fossile Dinosaurierfährten aus Deutschland; viele Dinosaurierfunde aus Deutschland sind nicht öffentlich zugänglich und werden in den Magazinen von Universitätsinstituten aufbewahrt, weil sie entweder für Ausstellungszwecke zu wenig attraktiv sind oder in nur sehr fragmentarischen Einzelknochen vorliegen.

Weitere Hinweise zu Münchehagen und Nehden

MÜNCHEHAGEN: Um sich für Schutz, Pflege und Förderung wissenschaftlicher Untersuchungen an den Münchehagener Dinosaurierfährten einsetzen zu können, wurde vor wenigen Jahren ein »Förderkreis Saurierfährten Münchehagen e. V.« (Lönsweg 7, 31582 Nienburg) gegründet.

Für einen Jahresbeitrag von 24,– DM kann man als Mitglied an Vortragsveranstaltungen und geologisch-paläontologischen Exkursionen teilnehmen und bekommt Hinweise auf Literatur und Publikationen.

Das Freilichtmuseum (in dessen 2,5 km langen geologischem Lehrpfad auch Nachbildungen der deutschen Dinosaurier

Compsognathus und *Procompsognathus* zu sehen sind) und die Schutzhalle sind vom 15. Januar bis 15. Dezember geöffnet. Einlaß ist von 9.00 bis 18.00 Uhr, der Park wird um 19.00 Uhr geschlossen.

NEHDEN: Zu den kreidezeitlichen Funden im Sauerland ist ein Paket aus einer Broschüre und 12 dazugehörigen Dias erschienen, das für 28,– DM bei der Landesbildstelle Westfalen (Warendorfer Straße 24, 55424 Münster) oder beim Westfälischen Museum für Naturkunde (Sentruper Straße 285, 55424 Münster) unter dem Titel »Die Saurier von Brilon-Nehden im Sauerland« erworben werden kann.

Im Rahmen der Ausstellung »Dinosaurier aus aller Welt«, die von 1992 bis Ende Mai 1993 in Münster stattfand, wurden weitere Sammlerobjekte angeboten: *Iguanodon bernissartensis* wurde auf T-Shirts und als Telefonkarte vermarktet, auf Abziehbildern und Postkarten wurden auch *Megalosaurus teutonicus* und *Elephantopoides barkhausenensis* (nach den Fährten von Barkhausen) und *Apatosaurus sp.* sowie *Stegosaurus sp.* als Repräsentanten der Funde in Münchehagen und im Wiehengebirge verkauft.

Das Erlanger Schloß beherbergt die Räume des Geologisch-Paläontologischen Institutes der Universität. In ihnen lagern die Knochen des ersten deutschen Dinosaurierfundes aus dem Jahre 1834.

Zeittabelle der Dinosaurierfunde in Deutschland

1834	Entdeckung des ersten Dinosauriers *(Plateosaurus engelhardti)* in Franken
1837	Hermann von Meyer beschreibt *Plateosaurus engelhardti*
um 1840	Wilhelm Dunker entdeckt einen Zahn von *Iguanodon*
1857	Hermann von Meyer beschreibt *Stenopelix valdensis*
1859	Andreas Wagner beschreibt *Compsognathus longipes*
1879–1881	Erste Fährtenfunde in den Bückebergen und den Rehburger Bergen
1904	Erste Knochenfunde in Trossingen
1908	Friedrich von Huene beschreibt *Sellosaurus gracilis* und *Halticosaurus longotarsus*
1909	*Procompsognathus* wird entdeckt: der Schüler Hermann Weiß entdeckt Plateosaurierknochen in Trossingen; erste Skelettfunde in Halberstadt
1910	Die Grabungen in Halberstadt beginnen
1911	Wichtige Fährtenfunde im Keuper Württembergs
1911–1912	Erste Trossinger Grabung
1913	Eberhard Fraas beschreibt *Procompsognathus triassicus*
1921	Die Barkhausener Fährten werden entdeckt: Friedrich von Huene beschreibt *Halticosaurus orbitoangulatus*
1921–1923	Zweite Trossinger Grabung
1932	Dritte Trossinger Grabung
1932/33	Hugo Rühle von Lilienstern gräbt am Großen Gleichberg in Thüringen zwei *Plateosaurus*- und zwei *Liliensternus*-Skelette aus
1934	Willi Weiss entdeckt in Franken die Fährte *Coelurosaurichnus schlauersbachensis*
1948	Die Fährte *Coelurosaurichnus (Dinosaurichnium) moeni* wird beschrieben

1950	Karl Beurlen beschreibt die Fährte *Coelurosaurichnus kehli;* Kurt Rehnelt beschreibt die Fährten *Coelurosaurichnus schlehenbergensis* und *Coelurosaurichnus kronbergeri*
1952	Florian Heller beschreibt die Fährte *Coelurosaurichnus metzneri,* die ab 1986 der Fährtengattung *Atreipus* zugerechnet wird
1958	Oskar Kuhn beschreibt zwei Dinosaurierfährten aus Franken: *Coelurosaurichnus ziegelangerensis* und *Coelurosaurichnus sassendorfensis*
1963	*Emausaurus* wird entdeckt
1975	Erste Knochen aus Nehden tauchen auf
1978	Rupert Wild beschreibt *Ohmdenosaurus liasicus*
1979	Die Münchehagener Fährten werden entdeckt
1980–1982	Ausgrabungen in Nehden mit großartigen Funden von *Iguanodon atherfieldensis* und *Iguanodon bernissartensis*
1982	Im Wiehengebirge werden Knochen und Panzerplatten eines Stegosauriers entdeckt; Kurt Rehnelt beschreibt die Fährte *Coelurosaurichnus arntzeniusi*
1986	In Konstanz wird zum ersten Mal ein umfassender Überblick der Dinosaurierfunde aus Deutschland gezeigt
1987	Münchehagen wird Naturdenkmal
1988	Im Stromberg kommt die Fährte eines *Procompsognathus* ähnelnden Raubdinosauries samt Hautabdruck zum Vorschein
1989	In Württemberg wird anhand einer Fährte ein weiterer Theropode nachgewiesen, der *Syntarsus* gleicht
1990	*Emausaurus ernsti* wird von Hartmut Haubold beschrieben
1991	Neue Fährtenfunde eines großen Theropoden in Württemberg

Glossar

Abelisaurier Große Fleischfresser vom Südkontinent Gondwana.

Aetosaurier Pflanzenfressende Thecodontier der Trias, die vierfüßig liefen und stark gepanzert waren.

Ammoniten Weichtiere mit meist spiralig gewundener Kalkschale, die in den Meeren des Erdmittelalters lebten und entfernte Verwandte heutiger Tintenfische sind.

Amphibien Tiergruppe, die sowohl im Wasser wie auf dem Land leben kann, aber zur Fortpflanzung im Gegensatz zu Reptilien auf Wasser angewiesen ist.

Angiospermae Blütenpflanzen mit einem Fruchtknoten (Bedecktsamer).

Ankylosaurier Vierfüßig laufende, pflanzenfressende Ornithischier mit starker Panzerung.

Archosaurier Gruppe von Reptilien, zu der Dinosaurier, Thecodontier, Pterosaurier, Krokodile und oft auch Vögel gezählt werden.

Belemniten Meeresbewohnende Weichtiere mit geraden Gehäusen, vergleichbar den heutigen Kalmaren.

Brückenechsen Heute nur noch in Neuseeland lebende Gruppe kleiner Reptilien, die eine eigene Ordnung bilden.

Carnosauria Eine Unterordnung der Theropoda, die große Fleischfresser mit kurzen Hälsen und großen Schädeln aus Jura und Kreide umfaßt.

Ceratopsia Unterordnung der Ornithischia; die pflanzenfressenden Horndinosaurier werden in drei Familien unterteilt: Ceratopsidae, Protoceratopsidae und Psittacosauridae.

Ceratosauria Gruppe ursprünglich fleischfressender Saurischier von meist geringer bis mittlerer Größe aus der Oberen Trias- und Unteren Jurazeit.

Chimären Knorpelfische mit einer maximalen Länge von 2 Metern.

Coelurosaurier Leicht gebaute Theropoden, die sich durch hohle Gliedmaßenknochen, lange Hälse und kleine Köpfe auszeichnen.

Dinosauria Das Wort leitet sich von den beiden griechischen Begriffen »deinos« = schrecklich und »sauros« = Echse ab.

Eodinosauria Gruppenbezeichnung für die ursprünglichsten Dinosaurier wie *Herrerasaurus* oder *Staurikosaurus,* die sich weder bei den Ornithischia noch bei den Saurischia einordnen lassen.

Fossilien Zu den Fossilien, Zeugnissen vergangenen Lebens, die sich in Gesteinssedimenten erhalten haben, zählen Knochen, Zähne, Fährten, Eischalen, Hautabdrücke.

Gastrolithen Magensteine, die von Dinosauriern, fossilen Meeresechsen, Vögeln und Krokodilen in erster Linie zur mechanischen Nahrungszerkleinerung geschluckt werden.

Ichthyosaurier Meereslebende Reptilien des Mesozoikums, die äußerlich oft heutigen Delphinen glichen.

Keuper Jüngste Gesteinsfolge in der Mitteleuropäischen Trias; wird in den Unteren, Mittleren und Oberen Keuper untergliedert.

Knollenmergel Geologisch jüngste Untergliederung des Mittleren Keuper im mittleren Württemberg.

Koprolith Zu Stein gewordene Exkremente fossiler Tiere.

Labyrinthodontia Große Gruppe fossiler Amphibien mit zum Teil großen Formen (z. B. *Eryops*), die vom späten Devon bis in die Obere Trias lebte.

Lettenkeuper Unterste Stufe des Keupers.

Marginocephalia Oberbegriff, unter dem Pachycephalosaurier und Ceratopsier zusammengefaßt werden.

Megalosaurier Familie (Megalosauridae) der Carnosaurier; fleischfressende, mittelgroße Theropoden.

Mosasaurier In der Oberkreide vorkommende, bis zu 12 Meter lange Meeresechsen, die entfernt mit heutigen Waranen verwandt sind.

Muschelkalk Die mittlere der drei Unterteilungen der Trias.

Nacktsamer/Gymnospermae nacktsamige Pflanzen ohne Fruchtknoten.

Ornithischia Vogelbeckendinosaurier; eine der beiden Ordnungen der Dinosaurier.

Ornithopoda Vogelfußdinosaurier; Unterordnung der Ornithischia; pflanzenfressende, vier- oder zweibeinig gehende mittelgroße Dinosaurier.

Pachycephalosaurier Ornithischiergruppe aus der Kreidezeit; zweibeinig gehende Pflanzenfresser mit mächtig verdicktem Schädeldach.

Pangäa Riesiger Urkontinent, in dem einst alle heutigen Kontinente vereint waren.

Phytosaurier Fischfressende, amphibisch lebende Gruppe der Thecodontier, die am Ende der Trias lebte und äußerlich an Krokodile erinnert.

Placodontier Mit »Pflasterzähnen« ausgerüstete Meeresechsen der
Oberen Trias.

Plesiosaurier Paddel- oder Schwanenhalsechsen; Fischfresser der
mesozoischen Meere mit paddelartigen Gliedmaßen.

Pristichampsier Gruppe der modernen Krokodile (Eusuchia), die
zu Beginn der Erdneuzeit lebten; sie entwickelten eine überwiegend landlebende Lebensweise und besaßen Zähne, die denen
theropoder Dinosaurier glichen.

Prosauropoda Untergruppe der Saurischia; zwei- und vierbeinig
laufende Pflanzenfresser der Oberen Trias und des Unteren Jura,
aus denen die Sauropoden hervorgegangen sind.

Pterosaurier Gruppe fliegender Archosaurier, die von der Trias bis
zum Ende der Kreide lebten; zu ihnen gehörten die größten
Flugtiere aller Zeiten. Wie nahe sie mit Dinosauriern verwandt
sind, wird derzeit noch diskutiert.

Saurier Zusammenfassender Begriff für alle fossilen und heute
noch lebenden Amphibien und Reptilien.

Saurischia Echsenbeckendinosaurier; neben den Ornithischia die
zweite Hauptordnung der Dinosauria.

Sauropoda Unterordnung der Saurischier; pflanzenfressende, vierfüßig gehende Dinosaurier der Jura- und Kreidezeit mit langen
Hälsen, massigen Körpern und kleinen Köpfen; darunter die
größten Landwirbeltiere aller Zeiten.

Sauropodomorpha Echsenfußartige Dinosaurier; Überbegriff für
Prosauropoda und Sauropoda.

Schilfsandstein Eine der Unterteilungen des Mittleren Keupers.

Seelilien (Crinoidea) meist auf dem Meeresboden festgewachsene
Stachelhäuter, die wegen ihrer Gliederung in Stiel, Kelch und
Arme an Blumen erinnern.

Stubensandstein Zeitlich unter dem Knollenmergel liegender Abschnitt des Mittleren Keupers; der Name rührt daher, daß mit
dem Sand früher die Wohnungen gekehrt wurden.

Tethys Ein in Ost-West-Richtung verlaufendes Meer, das im Erdmittelalter zunächst den Südkontinent Gondwana vom Nord-
kontinent Laurasia trennte; aus seinen Ablagerungen bauten sich
die alpidischen Gebirge (z. B. Alpen, Himalaya) auf.

Thecodontia Ordnung der Archosaurier, die in der Trias lebte; aus denen sehr vielgestaltige Thecodontier entstanden, wie Dinosaurier, Flugsaurier und Krokodile.

Theropoda Unterordnung der Saurischier; fleischfressende, zweibeinig gehende Dinosaurier von der Trias bis zum Ende der Kreidezeit; können grob in Carnosaurier und Coelurosaurier unterteilt werden.

Trematochampsier Familie der Altkrokodile (Mesosuchia); die Trematochampsidae lebten teilweise am Land und führten eine räuberische Lebensweise; in Deutschland starben sie am Ende des Eozäns aus.

Tyrannosauridae Familie der Carnosaurier, die die größten Landraubtiere umfaßt; Kreidezeit von Asien und Nordamerika.

Aktuelle Forschungsergebnisse

Zu Seite 55/56:

Die Stellung von *Herrerasaurus* und *Staurikosaurus* in der Systematik ist heute aufgrund neuer Schädel- und Skelettfunde bereits wieder verändert! Es hat sich gezeigt, daß diese beiden südamerikanischen Dinosaurier zwar sehr primitive, aber dennoch schon echte Theropoden, also Echsenbeckendinosaurier, waren. Damit nahmen sie nicht die basale Stellung ein, die man bisher annahm; statt zu den Eodinosauria werden sie nun zur Familie Herrerasauridae (wie vor wenigen Jahren schon einmal!) innerhalb der Theropoden gerechnet.

Inwieweit sich durch diese neuen Erkenntnisse die Stellung der deutschen »Eodinosaurier« verändert hat, kann noch nicht beurteilt werden. Entweder sind sie auch nur primitive Echsenbeckenfleischfresser oder doch echte Eodinosaurier, das heißt die Vorläufer sowohl von Echsen- wie Vogelbeckendinosauriern.

Zu Seite 57/58:

Adrian P. Hunt vom New-Mexico-Museum für Naturgeschichte hat gezeigt, daß die Dinosaurierentwicklung in der späten Triaszeit in Europa und Südamerika anders verlaufen ist als in Nordamerika und daß die Geschwindigkeit, mit der unter anderem die Prosauropoden die beherrschenden Landtiere wurden, nach einem Vergleich der Faunenzusammensetzungen von dem Charakter der jeweiligen Umgebung abhing. Hunt behauptet, daß in »feuchten« Gegenden, die in Nordamerika dominierten, die Dinosaurier in Karn und Nor nur sehr langsam zunahmen, in »trockeneren« Landschaften Südamerikas und Europas die Prosauropodenentwicklung dagegen in kurzer Zeit regelrecht »explodierte«; andere Dinosaurier entwickelten sich dagegen nur sehr langsam. Am Ende der Triaszeit breiteten sich demgegenüber die »dinosaurierfreundlichen« trockenen Bedingungen weltweit aus.

Zu Seite 80; 193:

Eine vollständige Skelettrekonstruktion eines 7 Meter langen Ellinger *Plateosaurus* wurde erstmals am 24. Mai 1993 in der Ausstellung »Dinos in München« in der Prähistorischen Staatssammlung (die wissenschaftlich an und für sich nichts mit den Dinosauriern zu tun hat) in vierbeiniger Gehhaltung ausgestellt.

In der gleichen Ausstellung erlebte der ebenfalls aus Bayern stammende *Compsognathus* eine quasi »dreidimensionale« Präsentation: zum einen als flaches Originalskelett in Stein gebettet, zum anderen als lebensgroße Skelettrekonstruktion, die zum dritten mit künstlichem Fleisch und gemalter Haut überzogen als ebenfalls lebensgroße Mimo-Plastik dem Publikum vorgeführt wurde.

Die Nachbildungen sowohl des Ellinger Plateosauriers als auch die von *Compsognathus* werden ab Dezember 1993 in Südbayern bleiben, wenn die Dinosauriershow nach Franken geht.

Zu Seite 102/103:

Mittlerweile haben Spencer G. Lucas aus New Mexico und Zhexi Luo aus Cambridge (beide USA) das älteste Säugetier der Welt vorgestellt. Es begründet sich auf einen unvollständigen Schädel und heißt *Adelobasileus cromptoni*. Weil es aus dem späten Karn stammt, ist es nach Meinung der beiden Wissenschaftler rund 10 Millionen Jahre älter als jedes andere zuvor beschriebene Säugetier.

Zu Seite 120:

Das erwähnte Skelett aus der Normandie aus der Ortschaft Airel (westlich von Caen), Wirbel- und Beckenknochen sowie ein Zahn, war 1966 als *Halticosaurus sp.* beschrieben worden.

Nach einer weiteren Präparation der Knochen konnten nun Gilles Cuny und Peter M. Galton beweisen, daß es sich um den ersten außerdeutschen Nachweis der Fleischfressergattung *Liliensternus* handelt, die sie als *Liliensternus airelensis* bezeichnen.

Allerdings ist dieser französische *Liliensternus* geologisch jünger als sein deutsches Pendant: Er stammt mit rund 210 Millionen Jahren aus dem Unteren Jura (Hettang oder Sinemur), womit sich zeigt, daß dieser Ceratosaurier erfolgreich genug war, einen längeren Zeitraum zu überleben.

Zu Seite 153–165:

Die wissenschaftliche Bearbeitung der Funde aus dem Wiehengebirge erfolgt derzeit im Rahmen einer Diplomarbeit am Paläontologischen Institut der Universität Bonn unter Dr. Martin P. Sander.

Erneute Recherchen in englischen Sammlungen haben gezeigt, daß der Riesenfisch (? *Leedsichthys*) wahrscheinlich einen weit höheren Anteil an den Knochenfunden hat als der Stegosaurier, dessen Identifikation aber zweifelsfrei bleibt.

Zu Seite 207:

Vor kurzem wurde für den Raubdinosaurier *Altispinax* ein neuer Name propagiert, der *Becklespinax* lautet.

Anmerkungen

1 Zu der Verwirrung, ob *Teratosaurus* ein Dinosaurier war oder nicht, hatte in erheblichem Ausmaß auch die Vermengung prosauropoder Skeletteile mit rauisuchiden Kieferknochen und Zähnen geführt. Fast gleichzeitig gelang es 1985 bzw. 1986 Peter M. Galton und Michael J. Benton, diese paläontologischen Zwitterwesen voneinander zu trennen und sie auf die beiden so unterschiedlichen Gruppen Rauisuchia und Prosauropoda aufzuteilen. Auch andere »triassische Carnosaurier« aus Deutschland erlitten in der Folge ein ähnliches Schicksal: *Palaeosaurus* und *Gresslyosaurus. Palaeosaurus und Gresslyosaurus* entpuppten sich als Prosauropoden *(Sellosaurus* und *Plateosaurus).*

Trotz der inzwischen unwiderlegbaren wissenschaftlichen Befunde lebt *Teratosaurus* in beinahe allen Büchern über Dinosaurier weiter. Noch 1991 sah man ihn häufig als zweibeinig laufenden Raubdinosaurier in so mancher Abbildung wieder. Doch sicher wird dieser »falsche Dinosaurier« in einigen Jahren auch aus populären und populärwissenschaftlichen Büchern verschwunden sein. Der Fall *Teratosaurus* zeigt, daß man selbst mit scheinbar gesicherten paläontologischen Erkenntnissen vorsichtig und kritisch umgehen sollte.

2 Nach freundlicher mündlicher Mitteilung von Dr. Rupert Wild, Stuttgart, gibt es neben dem sehr dürftigen Oberschenkelfragment eines möglichen Eodinosauriers noch einen weiteren, rund 230 Millionen Jahre alten, potentiellen »Urdinosaurier«. Er wurde bereits 1846 von Theodor Plieninger zunächst unter dem Gattungsnamen *Smilodon* beschrieben, den er aber noch im gleichen Jahr in *Zanclodon* änderte, als ihm zu Ohren gekommen war, daß *Smilodon* bereits für eine fossile Säbelzahnkatze vergeben war.

Zanclodon laevis kommt aus der Lettenkohle von Gaildorf, südlich von Schwäbisch Hall gelegen. Die Lettenkohle gehört stratigraphisch in das Obere Ladin und damit in die oberste Mittlere Trias. Sollte sich die Dinosauriernatur von *Zanclodon* bestätigen lassen, wäre er gleich alt wie die ältesten Dinosaurier aus Südamerika *(Herrerasaurus* und *Staurikosaurus).*

Rupert Wild kann für *Zanclodon laevis* zumindest ausschließen, daß es sich früher um einen Proterosuchier, einen Pseudosuchier, einen frühen Krokodilier (Protosuchier) oder einen Phytosaurier handelt.

An dem Kieferfragment, das *Zanclodon* zugeschrieben wird, ließen sich vier Zähne erkennen, von denen Max Schmidt 1928 schreibt: »Es [das vermutliche Unterkieferstück] trägt vier schwach zurückgekrümmte Zähne von etwa 3 cm Kronenhöhe mit glattem Schmelz ohne scharfe Ränder vorn und hinten, die mit anderen Zähnen der germanischen Trias nicht verwechselt werden können.«

Weiter führt er aus: »Die oberen Bögen der mitgefundenen Rückenwirbel sind niedrig, besitzen aber hohe Dornfortsätze. Auch die Schwanzwirbel besaßen hohe Dornfortsätze, vermutlich war die Rumpf- und Rückenmuskulatur ungewöhnlich kräftig entwickelt.«

3 Quellen zu den Tabellen der Plateosauriergrabungen in Trossingen und Halberstadt:
BÖHME (1989), FRAAS (1913), HOLZ (1991), HUENE (1928, 1929), JAEKEL (1913), SANDER (Manuskript, 1991), SEEMANN (1932, 1933), WEISHAMPEL (1984), WEISHAMPEL/WESTPHAL (1986), WILD (1987; mündl. Mittlg.), ZIEGLER (1986).

4 Viele Namen für einen einzigen Dinosaurier: Zwischen 1837 und 1970 wurden vollständigen Skeletten, Skeletteilen und Einzelknochen von *Plateosaurus* von den Wissenschaftlern die unterschiedlichsten Namen verliehen (von denen eine Auswahl in dieser Liste wiedergegeben ist), weil sie glaubten, es mit unterschiedlichen Gattungen oder Arten zu tun zu haben.
Heute gehen die Paläontologen nach neuen Untersuchungen davon aus, daß nur **ein** Name für alle Funde Gültigkeit hat, und das ist nach wissenschaftlichen Regeln der erste und älteste Name: *Plateosaurus engelhardti* v. MEYER 1837.

Plateosaurus engelhardti	MEYER	1837
Zanclodon plieningeri	FRAAS	1896
Pachysaurus magnus	HUENE	1905
Plateosaurus erlenbergiensis	HUENE	1905
Plateosaurus quenstedti	HUENE	1905
Gresslyosaurus plieningeri	HUENE	1905
Plateosaurus reinigeri	HUENE	1905
Gresslyosaurus robustus	HUENE	1907/08
Pachysaurus ajax	HUENE	1907/08
Gresslyosaurus torgeri	JAEKEL	1911
Plateosaurus longiceps	JAEKEL	1913
Plateosaurus trossingensis	FRAAS	1913
Plateosaurus robustus	HUENE	1932
Plateosaurus fraasianus	HUENE	1932
Pachysauriscus ajax	KUHN	1959
Pachysauriscus giganteus	KUHN	1959
Pachysauriscus wetzelianus	KUHN	1959
Gresslyosaurus ajax	STEEL	1970
Gresslyosaurus magnus	STEEL	1970
Gresslyosaurus wetzelianus	STEEL	1970
Gresslyosaurus giganteus	STEEL	1970

5 Nach freundlicher Mitteilung von Dipl.-Ing. Frank-Otto Haderer, Aich-wald-Aichelberg, sind in der letzten Zeit einige neue, wichtige Fährten in Württemberg zum Vorschein gekommen, die derzeit bzw. in den nächsten Jahren wissenschaftlich bearbeitet werden.

Im Frühjahr 1989 wurde von Dr. Max Urlichs (Staatliches Museum für Naturkunde in Stuttgart) im Krummbachtal bei Leonberg eine Fährtenplatte entdeckt, die aus dem Grenzbereich Unterer zu Mittlerem Stubensandstein stammt. Auf ihr finden sich mehrere beinahe 20 Zentimeter lange Trittsiegel, die damit zu den größten zählen, die je in Württemberg gefunden wurden. Sie stehen der Fährtengattung *Apatichnus* nahe, und als nächstliegender Erzeuger dieser Fährten kommt nach Meinung von Frank-Otto Haderer der Ceratosaurier *Liliensternus* in Frage.

Ein weiteres, auf der Platte zu sehendes Trittsiegel ist im Gegensatz zu den vorher erwähnten eindeutig vierzehig und gleicht in seinen prinzipiellen Umrissen einer Fährte, die Friedrich von Huene als *Rigalites* beschrieben hat. Sie wurde bereits mit Prosauropoden, Ornithopoden und nicht-dinosaurier-artigen Reptilien wie den Poposauriden (Rauisuchia) in Verbindung gebracht, ist also nur schwer zuzuordnen.

Im Mai 1991 wurde im Stromberg ein weiteres einzelnes Trittsiegel gefunden, das im Prinzip demjenigen vom Rühlenbachtal gleicht, also einem kleinen Raubdinosaurier vom *Syntarsus*-Typ angehören könnte.

6 Ein weiterer Nachweis, daß in der frühen Kreide Nordwestdeutschlands größere Theropoden lebten, blieb lange Zeit unbeachtet.

Schon 1883 beschrieb Ernst Koken in der *Zeitschrift der deutschen geologi-schen Gesellschaft* aus den Elligserbrink-Schichten von Delligsen im Hils – einem Gebirgszug südlich von Hannover, der durch seine Fossilien der marinen Kreide-Fauna bekannt ist – das körperferne Ende eines Mittelhand-knochens. Dieser sollte vom Flugfinger eines Flugsauries stammen, den er *Ornithocheirus hilsensis* (»Vogelhand vom Hils«) nannte. 1884 schrieb jedoch Hermann von Meyer in der gleichen Zeitschrift, daß sich Koken geirrt haben müsse und es sich um den Knochen eines großen Raubdinosauries, eines Theropoden, handelt, worauf 1885 Koken in einer Erwiderung antwortete. Der Disput über den angeblichen Flugsaurier aus dem Hils ruhte seitdem beinahe 100 Jahre lang, vor allem auch, weil der umstrittene Knochen in den letzten Jahren als verschollen galt. Vor kurzem jedoch gelang es Dr. Rupert Wild im Museum der Berliner Humboldt-Universität dieses Stück wieder ausfindig zu machen. Durch eine Nachpräparation, bei der die Enden des Knochens freigelegt wurden, konnte Rupert Wild nach eingehenden Verglei-chen mit nordamerikanischen Theropoden wie *Allosaurus* bestätigen, daß »*Ornithocheirus hilsensis*« tatsächlich der Rest eines Theropoden ist.

Neben zusätzlichen Theropodenknochen werden jetzt vermehrt isolierte Zähne aus Privatsammlungen entdeckt oder in den Magazinen von Museen

»wiederentdeckt«: Neben kleineren Zähnen sind dies – nach freundlicher Mitteilung von Dr. Westermann im »Römer-Pelizaeus-Museum«, Hildesheim bei Hannover – zwei größere Zähne, die aus Duingen und von Wendhausen (nahe Hildesheim) stammen. Interessanterweise kommen diese Zähne aus einer Zeit, aus der man bisher in Norddeutschland noch keine Fleischfresserzähne kannte, nämlich aus dem Oberen Jura, genauer dem Kimmeridge.

7 James O. Farlow, Jeffrey G. Pittmann und J. Michael Hawthorne schrieben zu seiner Problematik in ihrer gemeinsamen Arbeit »*Brontopodus birdi,* Lower Cretaceous Sauropod Footprints from the U. S. Gulf Costal Plain« (veröffentlicht in: *Dinosaur Tracks and Traces,* herausgegeben von David D. Gilette und Martin G. Lockley, 1989), auf Seite 389: »… Der Fährtenerzeuger [*Rotundichnus muenchehagensis*] hinterließ Fußabdrücke, die in der Größe ziemlich gut mit [*Brontopodus birdi*] vergleichbar sind. Wie die Fährtenfolge aus Texas und Arkansas, ist die Fährte von *Rotundichnus* weitspurig, d. h. die Abdrücke der Vorder- und Hinterfüße verlaufen in einigem Abstand von der gedachten Mittellinie der Fährtenfolge. Wie bei der amerikanischen Fährte sind auch die Fußabdrücke der Fährte aus Deutschland auf ihren Innenseiten am tiefsten, aber, anders als die Fährtenfolgen aus Texas und Arkansas, in der Fersenregion sehr flach. Die Position von Hand- und Fußabdrücken zur gedachten Mittellinie der Fährtenfolge scheint der [amerikanischen] Sauropodenfährte ähnlich zu sein. Wir könnten ohne weiteres den Namen *Rotundichnus* für die Brontosaurierabdrücke von der amerikanischen Golfküste übernehmen, wenn den deutschen Fährten nicht jegliche Anzeichen von Zehenabdrücken an Vorder- und Hinterfüßen fehlen würden …«

8 Im Jahr 1879 wurde von der vor der südenglischen Küste gelegenen Isle of Wight ein kleiner Vogelfußdinosaurier namens *Vectisaurus valdensis* beschrieben, an dessen Zuordnung bis 1986 trotz mancher Zweifel nicht zu rütteln war.
Erst durch die Neufunde der Knochen von *Iguanodon*-Jungtieren im westfälischen Nehden konnte bewiesen werden, daß *Vectisaurus* in Wirklichkeit ein Jungtier von *Iguanodon atherfieldensis* war.
David B. Norman, der dieses Ergebnis 1990 publizierte, erwähnte auch, daß 1982 von dem Marburger Paläontologen Reinhold Huckriede in einem ersten Bericht über die Wirbeltierfunde aus Nehden Knochen jugendlicher Iguanodonten noch als *Vectisaurus* beschrieben worden waren. Auch diese Zuordnung mußte durch die neuen Erkenntnisse revidiert werden.

Literaturverzeichnis

Allgemeine Literatur

CHARIG, Alan (1982): *Dinosaurier. Rätselhafte Riesen der Urzeit.* Übersetzt von Rupert Wild, Hoffmann und Campe, Hamburg.

HAUBOLD, Hartmut (1971): »Ichnia Amphibiorum et Reptilium fossilium.« In: KUHN, Oskar (Hg.): *Handbuch der Paläoherpetologie,* Teil 18, G. Fischer, Stuttgart.

HAUBOLD, Hartmut (1984): *Saurierfährten,* A. Ziemsen, Wittenberg.

HAUBOLD, Hartmut (1989): *Die Dinosaurier,* A. Ziemsen, Wittenberg.

JÄGER, Manfred (1986): *Die Dinosaurier der Schweiz und der Bundesrepublik Deutschland,* Seekreis Verlag, Konstanz.

KUHN, Oskar (1968): *Die deutschen Saurier,* Verlag Oeben, Krailling.

KUHN, Oskar (1971 a): *Die Saurier der deutschen Trias,* Geiselberger, Altötting.

KUHN, Oskar (1971 b): *Die Saurier des deutschen Jura,* Geiselberger, Altötting.

KUHN, Oskar (1972): »Die Reptilien der deutschen Kreide.« In: *Berichte der Naturforschenden Gesellschaft Bamberg, 46,* S. 1–4.

KUHN, Oskar (1974 a): *Die deutschen Saurier. Nachtrag I,* Geiselberger, Altötting.

KUHN, Oskar (1974 b): *Die Tierwelt des Solnhofener Schiefer,* A. Ziemsen, Wittenberg.

PROBST, Ernst (1986): *Deutschland in der Urzeit,* C. Bertelsmann, München.

SCHMIDT, Max (1928): *Die Lebewelt unserer Trias,* Rau, Öhringen.

SCHMIDT, Max (1939): *Die Lebewelt unserer Trias. Nachtrag I,* Rau, Öhringen.

STEEL, Rodney (1969): »Ornithischia.« In: KUHN, Oskar (Hg.): *Handbuch der Paläoherpetologie,* Teil 15, G. Fischer, Stuttgart.

STEEL, Rodney (1970): »Saurischia.« In: KUHN, Oskar (Hg.): *Handbuch der Paläoherpetologie,* Teil 14, G. Fischer, Stuttgart.

STEINER, Walter (1986): *Die große Zeit der Saurier,* Urania Verlag, Leipzig-Jena-Berlin.

WINDOLF, Raymund (1989): *Dinosaurier-Lexikon,* Goldschneck Verlag, Korb.

Literatur zu: Fährtenfunde aus Thüringen und Franken

BEURLEN, Karl (1950): »Neue Fährtenfunde aus der Fränkischen Trias.« In: *Neues Jahrbuch Geologie, Paläontologie,* Monatshefte, S. 308–320.

DEMATHIEU, G. und LEITZ, F. (1982): »Wirbeltierfährten aus dem Röt von Kronach (Trias, NO-Bayern).« In: *Mitt. Bayer. Staats. Pal. Geol.,* 22, S. 63–89.

HAUBOLD, Hartmut (1966): »Eine Pseudosuchier-Fährtenfauna aus dem Buntsandstein Südthüringens.« In: *Hallesches Jahrbuch für mitteldeutsche Erd-geschichte,* 8, S. 12–48.

HELLER, Florian (1952): »Reptilienfährten-Funde aus dem Ansbacher Sandstein des Mittleren Keupers von Franken.« In: *Geologische Blätter für Nordost-bayern,* 2, S. 129–141.

KUHN, Oskar (1938): »Lebensbild des Wirbeltiervorkommens im Keuper von Ebrach.« In: *Paläonotologische Zeitschrift,* 19, S. 315–321.

KUHN, Oskar (1958): »Zwei neue Arten von *Coelurosaurichnus* aus dem Keuper Frankens.« In: *Neues Jahrbuch für Geologie und Paläontologie,* Monatshef-te, S. 437–440.

OLSEN, Peter E. und BAIRD, Donald (1986): »The ichnogenus *Atreipus* and its significance for Triassic biostratigraphy.« In: PADIAN, Kevin (Hg.): *The Beginning of the Age of Dinosaurs,* Cambridge University Press, S. 61–87.

REHNELT, Kurt (1950): »Ein Beitrag über Fährtenspuren im Unteren Gipskeu-per von Bayreuth.« In: *Berichte der Naturforschenden Gesellschaft Bay-reuth,* 6, S. 27–36.

REHNELT, Kurt (1952): »Ein weiterer dinosauroider Fährtenrest aus dem Bunt-sandstein von Bayreuth.« In: *Geologische Blätter für Nordostbayern,* 2, S. 39–40.

REHNELT, Kurt (1959): »Neue Reptilfährten-Funde aus der germanischen Tri-as.« In: *Jahrbuch des Staatlichen Museums für Mineralogie und Geologie zu Dresden,* S. 97–103.

REHNELT, Kurt (1982): »Berichtigung einer Reptil-Fährtenspur aus dem Ben-kersandstein (Keuper/Trias) Frankens. – *Coelurosaurichnus arntzeniusi* n. sp.« In: *Löbbecke Museum + Aquarium Düsseldorf,* Jahresbericht 82, S. 47–51.

WEISS, Willi (1934): »Eine Fährtenschicht im mittelfränkischen Blasensand-stein.« In: *Mitteilungen des Oberrheinischen Geologischen Vereins,* Jahrbuch 23, S. 5–11.

WEISS, Willi (1976): »Ein Reptilfährten-Typ aus dem Benker Sandstein und untersten Blasensandstein des Keupers um Bayreuth.« In: *Geologische Blät-ter für Nordostbayern,* 26, S. 1–7.

WEISS, Willi (1981): »Saurierfährten im Benker Sandstein.« In: *Geologische Blätter für Nordostbayern,* 31, S. 440–447.

WINDOLF, Raymund (1993): »Kurt Rehnelt (1923–1990) und die nordbayeri-schen Saurierfährten.« In: *Dinosaurier-Magazin,* N. F., Heft 1, S. 5–8.

Literatur zu: *Teratosaurus:* Das langsame Sterben eines falschen Dinosauriers/Urdinosaurier in Württemberg?

BENTON, Michael J. (1986): »The late Triassic Reptile *Teratosaurus* – a Rauisu-chian, not a dinosaur.« In: *Paleontology ,*(29) 2, S. 293–301.

GALTON, Peter M. (1985): »The poposaurid thecodontian *Teratosaurus suevicus*

v. MEYER, plus referred specimens mostly based on prosauropod dinosaurs, from the Middle Stubensandstein (Upper Triassic of Nordwürttemberg).« In: *Stuttgarter Beiträge zur Naturkunde,* Serie B, Nr. 116, S. 1–29.

Literatur zu: Aufstieg aus der Morgenröte

BENTON, Michael J. (1984): »Fossil reptiles of the German Late Triassic and the origin of the dinosaurs.« In: REIF, Wolf-Ernst und WESTPHAL, Frank (Hg.): *Third Symposium on Mesozoic Terrestrial Ecosystems,* Short Papers, Attempto, Tübingen, S. 13–18.

BENTON, Michael J. (1986): »The late Triassic tetrapod extinction events.« In: PADIAN, Kevin (Hg.): *The Beginning of the Age of Dinosaurs,* Cambridge University Press, S. 303–320.

Literatur zu: *Sellosaurus*

GALTON, Peter M. (1973): »On the anatomy and relationship of *Efraasia diagnostica* (v. HUENE), n. gen., a prosauropod dinosaur (Reptilia: Saurischia) from the Upper Triassic of Germany.« In: *Paläontologische Zeitschrift,* 47, 3/4, S. 229–255.

GALTON, Peter M. (1984): »An early prosauropod from the Upper Triassic of Nordwürttemberg, West Germany.« In: *Stuttgarter Beiträge zur Naturkunde,* Serie B, Nr. 106, S. 1–25.

GALTON, Peter M. (1985 a): »Cranial anatomy of the prosauropod dinosaur *Sellosaurus gracilis* from the Middle Stubensandstein (Upper Triassic) of Nordwürttemberg, West Germany.« In: *Stuttgarter Beiträge zur Naturkunde,* Serie B, Nr. 118, S. 1–39.

GALTON, Peter M. (1985 b): »The poposaurid thecodontian *Teratosaurus suevicus* v. MEYER, plus referred specimens mostly based on prosauropod dinosaurs, from the Middle Stubensandstein (Upper Triassic) of Nordwürttemberg.« In: *Stuttgarter Beiträge zur Naturkunde,* Serie B, Nr. 116, S. 1–29.

GALTON, Peter M. (1990): »Basal Sauropodomorpha – Prosauropoda.« In: WEISHAMPEL, David B., DODSON, Peter und OSMOLSKA, Halszka (Hg.): *The Dinosauria,* University of California Press, S. 320–344.

GALTON, Peter M. und BAKKER, Robert T. (1985): »Cranial anatomy of the prosauropod dinosaur ›*Efraasia diagnostica*‹, a juvenile individual of *Sellosaurus gracilis* from the Upper Triassic of Nordwürttemberg, West Germany.« In: *Stuttgarter Beiträge zur Naturkunde,* Serie B, Nr. 117, S. 1–15.

HUENE, Friedrich von (1908): »Die Dinosaurier der europäischen Triasformation mit Berücksichtigung der außereuropäischen Vorkommnisse.« In: *Geologisch-paläontologische Abhandlungen,* Supplement-Band 1, VII, Jena.

HUENE, Friedrich von (1915): »Beiträge zur Kenntnis einiger Saurischier der schwäbischen Trias.« In: *Neues Jahrbuch für Mineralogie, Geologie, Paläontologie*, S. 1–27.

WILD, Rupert (1991): »Entdeckung und Erforschung der Saurier der schwäbischen Trias.« In: *Aus der Geschichte des Stuttgarter Naturkundemuseums. Stuttgarter Beiträge zur Naturkunde*, Serie C, Nr. 30, S. 61 (S. 56–64).

Literatur zu: *Plateosaurus*

BÖHME, Gottfried (1989): »Otto Jaekel und das Museum für Naturkunde der Berliner Universität.« In: *Wissenschaftliche Zeitschrift der Ernst-Moritz-Arndt-Universität Greifswald,* Mathematisch-naturwissenschaftliche Reihe, 38, S. 18–21.

BRANCA, Wilhelm von (1914): »Die Aufstellung der Halberstadter Saurier im Berliner Museum für Naturkunde.« In: *Paläontologische Zeitschrift,* 1, S. 404–407.

FRAAS, Eberhard (1913): »Die neuesten Dinosaurierfunde in der schwäbischen Trias.« In: *Die Naturwissenschaften,* 1, S. 1097–1100.

GALTON, Peter M. (1984): »Cranial anatomy of the prosauropod dinosaur, *Plateosaurus* from the Knollenmergel (Middle Keuper, Upper Triassic) of Germany. I: Two complete skulles from Trossingen/Württemberg with comments on the diet.« In: *Geologica et Palaeontologica,* 18, S. 139–171.

GALTON, Peter M. (1985): »Cranial anatomy of the prosauropod dinosaur, *Plateosaurus* from the Knollenmergel (Middle Keuper, Upper Triassic) of Germany. II: All the cranial material and details of soft anatomy.« In: *Geologica et Palaeontologica,* 19, S. 119–147.

GALTON, Peter M. (1990): »Basal Sauropodomorpha – Prosauropoda.« In: WEISHAMPEL, David B., DODSON, Peter und OSMOLSKA, Halszka (Hg.): *The Dinosauria,* University of California Press, S. 320–344.

HENNIG, Edwin (1923): »Diskussion über die Saurischier von Trossingen.« In: *Paläontologische Zeitschrift,* 5, S. 374–375.

HOLZ, Rüdiger (1991): *Halberstädter Saurier,* Museum Heineanum Halberstadt.

HUENE, Friedrich von (1907/08): »Die Dinosaurier der europäischen Triasformation mit Berücksichtigung der außereuropäischen Vorkommnisse.« In: *Geologisch-paläontologische Abhandlungen,* Supplement-Band 1, S. 1–419.

HUENE, Friedrich von (1923): »Exkursion nach Trossingen.« In: *Paläontologische Zeitschrift,* 5, S. 374–375.

HUENE, Friedrich von (1926): »Vollständige Osteologie eines Plateosauriden aus dem schwäbischen Keuper.« In: *Geologisch-paläontologische Abhandlungen,* Neue Folge, 15, S. 139–179.

HUENE, Friedrich von (1928): »Lebensbild des Saurischier-Vorkommens im obersten Keuper von Trossingen.« In: *Palaeobiologica*, 1, S. 103–116.

HUENE, Friedrich von (1929): Die Plateosaurier von Trossingen.« In: *Die Umschau*, 4, S. 880–882.

JAEKEL, Otto (1914 a): »Über die Wirbeltierfunde in der Oberen Trias von Halberstadt.« In: *Paläontologische Zeitschrift*, 1, S. 155–215.

JAEKEL, Otto (1914 b): »Die Aufstellung der Halberstädter Saurier im Berliner Museum für Naturkunde.« In: *Paläontologische Zeitschrift*, 1, S. 407.

MEYER, Hermann von (1837): »Mitteilung an Prof. BRONN: *Plateosaurus engelhardti*.« In: *Neues Jahrbuch Mineralogie, Geologie, Paläontologie*, S. 316.

NESTLER, Helmut (1989): »Die Entwicklung der Paläontologie unter Otto JAEKEL in Greifswald.« In: *Wissenschaftliche Zeitschrift der Ernst-Moritz-Arndt-Universität Greifswald*, Mathematisch-Naturwissenschaftliche Reihe, 38, S. 2–7.

NOPSCA, Franz Baron von (1923): »Diskussion über die Saurischier von Trossingen.« In: *Paläontologische Zeitschrift*, 5, S. 376.

REIF, Wolf-Ernst (1984): »Paleoecology and evolution in the work of Friedrich von HUENE.« In: REIF, Wolf-Ernst und WESTPHAL, Frank (Hg.): *Drittes Symposium über mesozoische terrestrische Ökosysteme*, Kurzbeiträge, Attempto, Tübingen, S. 193–197.

RÜHLE VON LILIENSTERN, Hugo (1952): *Die Saurier Thüringens*, G. Fischer, Jena.

SANDER, Martin P. (im Druck): »The Norian *Plateosaurus* bonebeds of central Europe and their taphonomy.« In: *Palaeogeography, Palaeoclimatology, Palaeoecolgy*.

SEEMANN, Reinhold (1932): »Verlauf und Ergebnisse der neuen Saurierausgrabungen in Trossingen.« In: *Jahreshefte des Vereins für vaterländische Naturkunde in Württemberg*, 88, S. LII–LIV.

SEEMANN, Reinhold (1941): »Merkwürdige Lebensspuren in den Trossinger Keupermergeln und ihre Bedeutung für die Erklärung der Saurischierlager.« In: *Jahresbericht Mitteilungen des oberrheinisch geologischen Vereines*, Neue Folge, 30, S. 42–47.

WEISHAMPEL, David B. (1984): »Trossingen, E. FRAAS, F. von HUENE, R. SEEMANN and the ›Schwäbische Lindwurm‹ *Plateosaurus*.« In: REIF, Wolf-Ernst und WESTPHAL, Frank (Hg.): *Drittes Symposium über mesozoische terrestrische Ökosysteme*, Kurzbeiträge, Attempto, Tübingen, S. 249–253.

WEISHAMPEL, David B. und WESTPHAL, Frank (1986): *Die Plateosaurier von Trossingen im Geologischen Institut der Eberhard-Karls-Universität Tübingen*, Ausstellungskataloge der Universität Tübingen, Nr. 19, Attempto, Tübingen.

WEISHAMPEL, David B. und CHAPMAN, Ralph E. (1990): »Morphometric study of *Plateosaurus* from Trossingen (Baden-Württemberg, Federal Republic of Germany).« In: CARPENTER, Kenneth und CURRIE, Philip J. (Hg.): *Dino-*

saur Systematics. Approaches and perspectives, Cambridge University Press, S. 43–51.

WILD, Rupert (1987): »Die Trossinger Dinosaurier-Grabungen.« In: *Schönes Schwaben,* Heft 1, S. 66–68.

WIMANN, Carl (1923): »Diskussion über die Saurischier von Trossingen.« In: *Paläontologische Zeitschrift,* 5, S. 377.

WINDOLF, Raymund (1993): »Die letzten Plateosaurier-Grabungen in Halberstadt.« In: *Dinosaurier-Magazin,* N. F., Heft 2, S. 4–7.

ZIEGLER, Bernhard (1986): *Der schwäbische Lindwurm,* Theiss, Stuttgart, S. 139–143.

Literatur zu: Fränkische Plateosaurier

BLANCKENHORN, Max: (1897): »Saurierfunde im Fränkischen Keuper.« In: *Sitzungs-Berichte der physikalisch-medizinischen Sozietät,* Erlangen, S. 67–91.

DEHM, Richard (1935): »Beobachtungen im Oberen Bunten Keuper Mittelfrankens.« In: *Zentralblatt für Mineralogie, Geologie und Paläontologie,* Abteilung B, S. 97–109.

URLICHS, Max (1966): »Zur Fossilführung und Genese des Feuerlettens, der Rät-Lias-Grenzschichten und des Unteren Lias bei Nürnberg.« In: *Erlanger Geologische Abhandlungen,* 64, S. 1–42.

Literatur zu: Plateosaurier aus dem Nordosten

HUENE, Friedrich von (1907/08): »Die Dinosaurier der europäischen Triasformation mit Berücksichtigung der außereuropäischen Vorkommnisse.« In: *Geologisch-paläontologische Abhandlungen,* Supplement-Band 1, S. 100, 101.

RÜHLE VON LILIENSTERN, Hugo, LANG, Minna und HUENE, Friedrich von (1952): *Die Saurier Thüringens,* G. Fischer, Jena.

Literatur zu: *Liliensternus* und *Halticosaurus*

COLBERT, Edwin H. (1989): »The triassic dinosaur Coelophysis.« In: *Museum of Northern Arizona Bulletin,* XV.

HUENE, Friedrich von (1908): »Die Dinosaurier der europäischen Triasformation mit Berücksichtigung der außereuropäischen Vorkommnisse.« In: *Geologisch-paläontologische Abhandlungen,* Supplement-Band 1, Lieferung 2–6, S. 65–419.

290

HUENE, Friedrich von (1921): »Coelurosaurier-Reste aus dem obersten Keuper von Halberstadt.« In: *Centralblatt für Mineralogie, Geologie und Paläontologie,* 10, S. 315–320.

HUENE, Friedrich von (1932): »Die fossile Reptil-Ordnung Saurischia, ihre Entwicklung und Geschichte.« In: *Monographien der Geologie und Paläontologie,* 1–2.

HUENE, Friedrich von (1934): »Ein neuer Coelurosaurier in der thüringischen Trias.« In: *Paläontologische Zeitschrift,* 16, S. 145–170.

PARRISH, Michael J. und CARPENTER, Kenneth (1986): »A new vertebrate fauna from the Dockum Formation (Late Triassic) of eastern New Mexico.« In: PADIAN, Kevin (Hg.): *The Beginning of the Age of Dinosaurs,* Cambridge University Press, S. 151–169, speziell S. 154–157.

PAUL, Gregory (1988): *Predatory dinosaurs of the world,* Simon und Schuster, New York, S. 258–270, speziell S. 267, 268.

WELLES, Samuel P. (1984): »Dilophosaurus wetherili (Dinosauria, Theropoda). Osteology and Comparisons.« In: *Palaeontographica,* Abteilung A, Lieferung 4–6, speziell S. 161, 165–171.

Literatur zu: *Procompsognathus*

BERCKHEMER, Fritz (1938): »Wirbeltierfunde aus dem Stubensandstein des Strombergs.« In: *Naturwissenschaftliche Monatsschrift,* 51, 7/8, S. 188–198.

FRAAS, Eberhard (1913): »Die neuesten Dinosaurierfunde in der schwäbischen Trias.« In: *Naturwissenschaften,* 1, S. 1097–1100.

HADERER, Frank-Otto (1988): »Ein dinosauroider Fährtenrest aus dem Unteren Stubensandstein (Obere Trias, km 4) des Strombergs (Württemberg).« In: *Stuttgarter Beiträge zur Naturkunde,* Serie B, Nr. 138, S. 1–12.

HUENE, Friedrich von (1932): »Die fossile Reptil-Ordnung Saurischia, ihre Entwicklung und Geschichte.« In: *Monographien der Geologie und Paläontologie,* 1, 1–2.

OSTROM, John H. (1981): »*Procompsognathus* – Theropod or Thecodont?« In: *Palaeontographica,* Abteilung A, Lieferung 4–6, S. 179–195.

PADIAN, Kevin (1986): »On the type material of Coelophysis COPE (Saurischia: Theropoda) and a new specimen from the Petrified Forest of Arizona (Late Triassic: Chinle Formation).« In: PADIAN, Kevin (Hg.): *The Beginning of the Age of Dinosaurs,* Cambridge University Press, S. 56–58.

PAUL, Gregory (1988): *Predatory dinosaurs of the world,* Simon und Schuster, New York, S. 255, 256.

SERENO, Paul C. und WILD, Rupert (1992): »*Procompsognathus:* Theropod, Thecodont or both?« In: *Journal of Vertebrate Paleontolgy,* (12) 4, S. 435–458.

Literatur zu: Fährten aus dem Keuper Südwestdeutschlands

OBERMEYER, Wilhelm (1912): »Neue Funde von Tierfährten im Mittleren Keuper bei Stuttgart.« In: *Aus der Heimat*, (25) 5, S. 129–137.

HADERER, Frank-Otto (1990): »Ein tridactyles Trittsiegel aus dem Unteren Stubensandstein (Obere Trias, Nor) des Rühlenbachtals (Württemberg).« In: *Stuttgarter Beiträge zur Naturkunde*, Serie B, Nr. 160, S. 1–14.

HADERER, Frank-Otto (1992): »Ein weiterer grallatorider Fährtenrest aus dem Stubensandstein des Stromberges (Nordwürttemberg).« In: *Jahresheft der Gesellschaft für Naturkunde in Württemberg*, 147. Jahrgang, S. 5–10.

Literatur zu: Dinosaurier der Jurazeit

COLBERT, Edwin H. (1981): »A primitive ornithischian dinosaur from the Kayenta Formation of Arizona.« In: *Museum of Northern Arizona Bulletin*, 53, S. 1–61.

COOMBS, Walter P. jr., WEISHAMPEL, David B. und WITMER, Lawrence M. (1990): »Basal Thyreophora.« In: WEISHAMPEL, David B., DODSON, Peter und OSMOLSKA, Halszka (Hg.): *The Dinosauria*, University of California Press, Berkeley, S. 426–434.

HAUBOLD, Hartmut (1990): »Ein neuer Dinosaurier (Ornithischia, Thyreophora) aus dem Unteren Jura des nördlichen Mitteleuropa.« In: *Revue de Paléobiologie*, (9) 1, S. 149–177.

HUENE, Friedrich von (1966): »Ein Megalosauriden-Wirbel des Lias aus norddeutschem Geschiebe.« In: *Neues Jahrbuch für Geologie und Paläontologie*, Monatshefte, 5, S. 318–319.

McINTOSH, John S. (1990): »Sauropoda.« In: WEISHAMPEL, David B., DODSON, Peter und OSMOLSKA, Halszka (Hg.): *The Dinosauria*, University of California Press, Berkeley, S. 345–401.

PADIAN, Kevin (1989): »Presence of the dinosaur Scelidosaurus indicate Jurassic age for the Kayenta Formation (Glen Canyon Group, northern Arizona).« In: *Geology*, 17, 5, S. 438–441.

WILD, Rupert (1978): »Ein Sauropoden-Rest (Reptilia, Saurischia) aus dem Posidonienschiefer (Lias, Toarcium) von Holzmaden.« In: *Stuttgarter Beiträge zur Naturkunde*, Serie B, Nr. 41, S. 1–15.

Literatur zu: Der Stegosaurier aus dem Wiehengebirge

ANONYMUS (1984): »Aufregung am Sonntag abend: Saurier gefunden. Jugendgruppe berichtete bei der Jahrestagung über die Bergungsaktion.« In: *Westfalen-Blatt*, 28. 2. 1984.

METZDORF, Ralf (1989): Leserbrief »betr. Stegosaurus-Geschichte zum Anfassen.« In: *ILEX, Zeitschrift des Naturwissenschaftlichen Vereins für Bielefeld und Umgebung,* Nr. 2, S. 25.

GALTON, Peter M. (1990 a): »A partial skeleton of the stegosaurian dinosaur Lexovisaurus from the uppermost Lower Callovian (Middle Jurassic) of Normandy, France.« In: *Geologica et Palaeontologica,* 24, S. 185–199.

GALTON, Peter M. (1990 b): »Stegosauria.« In: WEISHAMPEL, David B., DODSON, Peter und OSMOLSKA, Halszka (Hg.): *The Dinosauria,* University of California Press, Berkeley, S. 435–455.

Literatur zu: Ein neuer Sauropode aus dem Malm Nordbayerns

WILD, Rupert (in Vorbereitung): »Dinosaurierreste aus dem Weißen Jura von Nordbayern« (vorl. Titel). In: *Geologische Blätter für Nordost-Bayern.*

Literatur zu: Barkhausen

ANONYMUS (1921): »Spuren aus vorsintflutlicher Zeit am Wiehengebirge.« In: *Unter der Dorflinde. Wochenbeilage zum Wittlager Kreisblatt,* 2. Jahrgang, Nr. 13, 1. April, Bad Essen, S. 1.

BALLERSTEDT, Max (1922): »Über Schreckensaurier und ihre Fußspuren.« In: *Kosmos,* 19, S. 77–80.

FOLKERTS, Albert (1991): »Op dinosaurusjacht in het Wiehengebirge.« In: *Grondboor en Hamer,* März, S. 35, 36.

FRIESE, Heinrich (1972): »Die Dinosaurierfährten von Barkhausen im Wiehengebirge.« In: *Wittlager Heimathefte,* Bad Essen.

FRIESE, Heinrich und KLASSEN, Horst (1979): »Die Dinosaurierfährten von Barkhausen im Wiehengebirge.« In: *Veröffentlichungen des Landkreises Osnabrück.*

HENDRICKS, Alfred (1982): »Fährten von Sauriern in Nordwest-Deutschland.« In: *Natur- und Landschaftskunde,* 18, S. 45–48.

KAEVER, Martin und LAPPARENT, Albert F. de (1974): »Les traces de Dinosaures du Jurassique de Barkhausen (Basse Saxe, Allemagne).« In: *Bulletin de la Société Géologique de France,* 7, S. 516–525.

MALZ, Heinz (1971): »Ein fossiler ›Wildwechsel‹ im Wiehengebirge.« In: *Natur und Museum,* 101, S. 431–436.

SCHMIDT, Hermann (1959): »Die Cornberger Fährten im Rahmen der Vierfüßler-Entwicklung.« In: *Abhandlungen des Hessischen Landesamtes für Bodenforschung,* 28.

Literatur zu: *Compsognathus*

BIDAR, Alain, DEMAY, Louis und THOMEL, Gérard (1972): »*Compsognathus corallestris,* nouvelle espèce de dinosaurien théropode du Portlandien de Canjuers.« In: *Annales du musée d'Histoire Naturelle Nice,* I (1), S. 3–24.

CALLISON, George und QUIMBY, Helen M. (1983): »Tiny dinosaurs: Are they fully grown?« In: *Journal of Vertebrate Paleontology,* 3, Nr. 4, S. 238–247.

CALLISON, George (1986): »Small problems: Biological implications of tiny dinosaurs.« In: CZERKAS, Sylvia (Hg.): *Dinosaurs, past and present,* 1, S. 70–79.

CASTER, Kenneth E. (1940): »Die sogenannten ›Wirbeltierspuren‹ und die Limulus-Fährten der Solnhofener Plattenkalke.« In: *Paläontologische Zeitschrift,* 22, S. 12–29.

COPE, Edward Drinker (1867): »Account of extinct reptiles which approach birds.« In: *Proceedings of the Academy of Natural Sciences,* Philadelphia, S. 234–235.

HEILMANN, Gerhard (1926): *The Origin of Birds,* London.

HUENE, Friedrich von (1901): »Der vermeintliche Hautpanzer des *Compsognathus.*« In: *Neues Jahrbuch für Mineralogie, Geologie und Paläontologie,* S. 157–160.

HUENE, Friedrich von (1925): »Eine neue Rekonstruktion von *Compsognathus.*« In: *Centralblatt für Mineralogie, Geologie und Paläontologie,* Abteilung B (5), S. 157–160.

HUXLEY, Thomas H. (1868): »On the animals which are most nearly intermediate between birds and reptiles.« In: *Geological Magazine,* 5, S. 357–365.

HUXLEY, Thomas H. (1870): »On the classification of the dinosaurs, with observations on the dinosaurs of the Trias.« In: *Quarterley Journal of the Geological Society,* 26, S. 32–51.

MÄUSER, Matthias (1983): »Neue Gedanken über *Compsognathus longipes* WAGNER und dessen Fundort.« In: *Weltenburger Akademie,* Erwin-Rutte-Festschrift, S. 157–162.

NOPSCA, Franz Baron von (1903): »Neues über *Compsognathus.*« In: *Neues Jahrbuch für Mineralogie, Geologie und Paläontologie,* S. 467–497.

OSTROM, John H. (1978 a): »A surprise from Solnhofen in the Peabody Museum collections.« In: *Discovery* (13) 1, S. 31–37.

OSTROM, John H. (1978 b): »The osteology of *Compsognathus longipes* WAGNER.« In: *Zitteliana,* 4, S. 73–118.

STROMER, Ernst von Reichenbach (1934): »Die Zähne des *Comsognathus* und Bemerkungen über das Gebiß der Theropoda.« In: *Centralblatt für Mineralogie, Geologie und Paläontologie,* Abteilung B, Nr. 2, S. 74–85.

WAGNER, Andreas (1859): »Neue Beiträge zur Kenntnis der urweltlichen Fauna des lithographischen Schiefers. II: Schildkröten und Saurier. V. *Comp-*

sognathus longipes Wagn.« In: *Abhandlungen der Bayerischen Akademie der Wissenschaften*, 9, S. 30–38.

WELLNHOFER, Peter (1989): »Archaeopteryx.« In: *Spektrum der Wissenschaft*, 9, S. 78–92.

WILFARTH, Martin (1937): »Deutungsversuch der Fährte *Kouphichnium*.« In: *Centralblatt für Mineralogie, Geologie und Paläontologie*, Abteilung B, S. 329–333.

Literatur zu: Fährten in den Bückebergen und den Rehburger Bergen

BALLERSTEDT, Max (1905): »Über Saurierfährten der Wealden-Formation Bückeburgs.« In: *Naturwissenschaftliche Wochenschrift*, 20, S. 481–485.

BALLERSTEDT, Max (1914): »Bemerkungen zu den älteren Berichten über Saurierfährten im Wealdensandstein und Behandlung einer neuen, aus 5 Fußabdrücken bestehenden Spur.« In: *Centralblatt für Mineralogie, Geologie und Paläontologie*, S. 48–64.

BALLERSTEDT, Max (1922): »Zwei große, zweizehige Fährten hochbeiniger Bipeden aus dem Wealdensandstein bei Bückeburg.« In: *Zeitschrift der deutschen Geologischen Gesellschaft*, 73, S. 76–91.

DIETRICH, Wilhelm Otto (1927): »Über Fährten ornithopodider Saurier im Obernkirchner Sandstein.« In: *Zeitschrift der deutschen Geologischen Gesellschaft*, Abhandlungen, 78, S. 614–621.

GRABBE, Heinrich (1881): »Neue Funde von Saurier-Fährten im Wealdensandstein des Bückeberges.« In: *Verhandlungen des Naturwissenschaftlichen Vereins der preussischen Rheinlande und Westfalens. Correspondenzblatt*, 38, S. 161–164.

LEHMANN, Ulrich (1978): »Eine Platte mit Fährten von *Iguanodon* aus dem Obernkirchner Sandstein (Wealden).« In: *Mitteilungen aus dem Geologisch-Paläontologischen Institut der Universität Hamburg*, 48, S. 101–114.

STECHOW, Ernst (1909): »Neue Funde von *Iguanodon*-Fährten.« In: *Centralblatt für Mineralogie, Geologie und Paläontologie*, S. 700–705.

STRUCKMANN, Carl (1880): »Vorläufige Nachricht über das Vorkommen vogelähnlicher Thierfährten (Ornithoidichnites) im Hastingssandsteine von Bad Rehburg bei Hannover.« In: *Neues Jahrbuch für Mineralogie, Geologie und Paläontologie*, S. 125–128.

WINDOLF, Raymund (1993): »Max Ballerstedt: Dinosaurier-Fährten-Forschung in Bückeburg.« In: *Dinosaurier-Magazin*, N. F., Heft 1, S. 1–4.

Literatur zu: *Stenopelix*

DODSON, Peter (1990): »Marginocephalia.« In: WEISHAMPEL, David B., DODSON, Peter und OSMOLSKA, Halszka (Hg.): *The Dinosauria,* University of California Press, Berkeley, S. 562–563.

KLEPSCH, Peter (1988): »Dinosaurier-Familien: *Stenopelix* und die Folgen.« In: *Fossilien,* Heft 1, Jan./Feb., S. 44, 45.

KOKEN, Ernst (1887): »Die Dinosaurier, Crocodiliden und Sauropterygier des norddeutschen Wealden.« In: *Geologisch-Paläontologische Abhandlungen,* 3,5, S. 318–327.

MEYER, Hermann von (1857): »Beiträge zur näheren Kenntnis fossiler Reptilien.« In: *Neues Jahrbuch für Mineralogie, Geologie und Paläontologie,* S. 532–543.

MEYER, Hermann von (1859): »*Stenopelix valdensis,* ein Reptil aus der Wealden-Formation Deutschlands.« In: *Palaeontographica,* 7, S. 25–34.

SCHMIDT, Hermann (1969): »*Stenopelix valdensis* H. v. MEYER, der kleine Dinosaurier des norddeutschen Wealden.« In: *Paläontologische Zeitschrift,* 43, S. 194–198.

SUES, Hans-Dieter und GALTON, Peter M. (1982): »The systematic position of *Stenopelix valdensis* (Reptilie: Ornithischia) from the Wealden of North-Western Germany.« In: *Palaeontographica,* Abteilung A (178), 4–6, S. 183–190.

Literatur zu: Gewaltige Raubdinosaurier aus dem Wealden/ *Iguanodon*-Knochen und -Fährten aus dem norddeutschen Wealden

ABEL, Othenio (1935): *Vorzeitliche Lebensspuren,* Jena.

DAMES, Wilhelm (1884): »*Megalosaurus dunkeri.*« In: S*itzungsbericht der Gesellschaft Naturforschender Freunde,* Berlin, S. 186–188.

DUNKER, Wilhelm (1843/44): *Programm der höheren Gewerbeschule in Cassel,* S. 45.

HUENE, Friedrich von (1923): »Carnivorous Saurischia in Europe since the Triassic.« In: *Bulletin of the Geological Society of America,* 34, S. 449–458.

KOKEN, Ernst (1887): »Die Dinosaurier, Crocodiliden und Sauropterygier des norddeutschen Wealden.« In: *Geologisch-Paläontologische Abhandlungen,* 3, 5, S. 311–419.

KUHN, Oskar (1958): *Die Fährten der vorzeitlichen Amphibien und Reptilien,* Bamberg.

Literatur zu: Münchehagen

FISCHER, Rudolf, KULLE-BATTERMANN, Silvia und TÖNEBÖHN, Reinhard (1988): »Das Naturdenkmal Saurierfährten Münchehagen.« In: *Natur und Museum*, 118 (1), S. 385–392.

FISCHER, Rudolf und THIES D. (1993): *Das Dinosaurier-Freilichtmuseum Münchehagen und das Naturdenkmal ›Saurierfährten Münchehagen‹*, Dinosaurierpark Münchehagen GmbH & Co.

HENDRICKS, Alfred (1981): »Die Saurierfährte von Münchehagen bei Rehburg-Loccum (Nordwest-Deutschland).« In: *Abhandlungen des Landesmuseums für Naturkunde, Münster*, 43 (2), S. 1–22.

HENDRICKS, Alfred (1982): »Fährten von Sauriern in Nordwest-Deutschland.« In: *Natur- und Landschaftskunde*, 18, S. 45–48.

LOOK, E.-R., KULLE-BATTERMANN, Silvia und TÖNEBÖHN, Reinhard (1988): *Die Dinosaurierfährten von Münchehagen im Landkreis Nienburg,* Naturhistorische Gesellschaft Hannover.

MEYER, Dirk (1987): »Naturdenkmal Saurierfährten von Münchehagen.« In: *Fossilien*, 3, S. 142–143.

TÖNEBÖHN, Reinhard und KULLE-BATTERMANN, Silvia (1988 a): *Maßnahmen zum Erhalt des Naturdenkmals ›Saurierfährten Münchehagen‹*, Arbeitsbericht Teil B, Landkreis Nienburg/W. (Amt für Regionalplanung), Nienburg/Weser.

TÖNEBÖHN, Reinhard und KULLE-BATTERMANN, Silvia (1988 b): *Vorschläge zur weiteren musealen Gestaltung des Naturdenkmals ›Saurierfährten Münchehagen‹*, Arbeitsbericht Teil C, Landkreis Nienburg/W. (Amt für Regionalplanung), Nienburg/Hannover.

TÖNEBÖHN, Reinhard und KULLE-BATTERMANN, Silvia (1989): *Die Dinosaurierfährten von Münchehagen*, Arbeitsbericht Teil A, *Zur Paläontologie der Saurierfährten von Münchehagen*, Landkreis Nienburg/W. (Amt für Regionalplanung), Nienburg/Hannover.

Literatur zu: Nehden

HAINISCH, Jutta (1990): *Die Saurier von Brilon-Nehden im Sauerland,* Landschaftsverband Westfalen-Lippe, Landesbildstelle Westfalen, Münster.

HÖLDER, Helmut und NORMAN, David B. (1986): »Kreide-Dinosaurier im Sauerland.« In: *Naturwissenschaften,* 73, S. 109–116.

HUCKRIEDE, Reinhold (1982): »Die unterkretazische Karsthöhlenfüllung von Nehden im Sauerland. 1. Geologische, paläozoologische und paläobotanische Befunde und Datierung.« In: *Geologica et Palaeontologica*, 16, S. 183–242.

NORMAN, David B. (1987): »A mass accumulation of vertebrates from the Lower

Cretaceous of Nehden (Sauerland), West Germany.« In: *Proceedings of the Royal Society of London,* B 230, S. 215–255.

NORMAN, David B., HILPERT, Karl-Heinz und HÖLDER, Helmut (1987): »Die Wirbeltierfauna von Nehden (Sauerland), Westdeutschland.« In: *Geologie und Paläontologie in Westfalen,* S. 1–77.

HÖLDER, Helmut (1981): »Die Sauriergrabung von Nehden.« In: *Jahrbuch der Gesellschaft zur Förderung der Westfälischen Wilhelms-Universität Münster,* 1980/81, Münster, S. 37–41.

KAMPMANN, Hans (1983): »Mikrofossilien, Hölzer, Zapfen und Pflanzenreste aus der unterkretazischen Sauriergrube bei Brilon-Nehden. Beitrag zur Deutung des Vegetationsbildes zur Zeit der Kreidesaurier in Westfalen.« In: *Geologie und Paläontologie in Westfalen,* 1, Münster, S. 1–146.

OEKENTORP, Klemens (1984): »Die Saurierfundstelle Brilon-Nehden (Rheinisches Schiefergebirge) und das Alter der Verkarstung.« In: *Kölner Geographische Arbeiten,* 45, S. 293–315.

298

Bildquellenverzeichnis

Fotos

S. 14: Staatliches Museum für Naturkunde, Stuttgart.
S. 23: Staatliches Museum für Naturkunde, Stuttgart, Foto-Studio Jörg, Trossingen.
S. 28: Staatliches Museum für Naturkunde, Stuttgart.
S. 31: Staatliches Museum für Naturkunde, Stuttgart.
S. 33: Staatliches Museum für Naturkunde, Stuttgart.
S. 34: Staatliches Museum für Naturkunde, Stuttgart.
S. 38: Institut für Stadtgeschichte, Frankfurt/Main.
S. 39: Regina Cossmann, Visselhövede.
S. 46: Regina Cossmann, Visselhövede.
S. 49: Löbbecke-Museum im Aquazoo, Düsseldorf, Archiv.
S. 52: Sieglinde Rehnelt, Düsseldorf.
S. 61: Staatliches Museum für Naturkunde, Stuttgart, Foto: Lumpe.
S. 66: Staatliches Museum für Naturkunde, Stuttgart, Rotraud Harling.
S. 67: Staatliches Museum für Naturkunde, Stuttgart.
S. 68: Staatliches Museum für Naturkunde, Stuttgart.
S. 70: Staatliches Museum für Naturkunde, Stuttgart.
S. 71: Institut für Geologie und Paläontologie der Universität Tübingen.
S. 72: Institut für Geologie und Paläontologie der Universität Tübingen.
S. 73: Staatliches Museum für Naturkunde, Stuttgart.
S. 74: Staatliches Museum für Naturkunde, Stuttgart.
S. 77 (oben und unten): Staatliches Museum für Naturkunde, Stuttgart.
S. 78: Staatliches Museum für Naturkunde, Stuttgart.
S. 82: Archiv der FR Geowissenschaften der Universität Greifswald.
S. 83: Archiv Museum Heineanum Halberstadt.
S. 89: Archiv Museum Heineanum Halberstadt.
S. 96: Staatliches Museum für Naturkunde, Stuttgart.
S. 99: Museum Heineanum Halberstadt, W. Mahlke.
S. 102: Staatliches Museum für Naturkunde, Stuttgart.
S. 113: Staatliches Museum für Naturkunde, Stuttgart.
S. 114: Museum für Naturkunde der Humboldt-Universität zu Berlin, Geologisch-Paläontologisches Institut.
S. 115: Staatliches Museum für Naturkunde, Stuttgart.
S. 123 (oben): Staatliches Museum für Naturkunde, Stuttgart.
S. 123 (unten): Naturhistorisches Museum Heilbronn, Otto Linck.
S. 125: Staatliches Museum für Naturkunde, Stuttgart.
S. 146: Staatliches Museum für Naturkunde, Stuttgart, Foto: Lumpe.
S. 152: Institut für Geologie und Paläontologie der Universität Hamburg, Hans-Jürgen Lierl.

S. 153: Ralf Metzdorf, Bielefeld.
S. 168: Regina Cossmann, Visselhövede.
S. 169: Regina Cossmann, Visselhövede.
S. 179: John H. Ostrom, Yale University, Peabody Museum, New Haven, USA.
S. 198: Regina Cossmann, Visselhövede.
S. 199: Institut für Geologie und Paläontologie der Universität Hamburg.
S. 201: Hildegard John, Göttingen.
S. 224:Institut für Geologie und Paläontologie der Universität Hannover.
S. 230: Institut für Geologie und Paläontologie der Universität Hannover.
S. 235: Institut für Geologie und Paläontologie der Universität Hannover.
S. 238: Institut für Geologie und Paläontologie der Universität Hannover.
S. 239: Institut für Geologie und Paläontologie der Universität Hannover.
S. 242: Institut für Geologie und Paläontologie der Universität Hannover.
S. 243: Landesbildstelle Westfalen, Münster.
S. 246: Landesbildstelle Westfalen, Münster.
S. 251: Landesbildstelle Westfalen, Münster.
S. 259: Regina Cossmann, Visselhövede.
S. 267: Regina Cossmann, Visselhövede.

Zeichnungen

S. 19: Dinosaurs and their living relatives, 1979, S. 36, 37; Trustees of the British Museum (Natural History).
S. 30: Friedrich von Huene, 1907/08, S. 289.
S. 42: Hartmund Haubold, 1984, S. 132.
S. 44: Oskar Kuhn, 1958a, S. 438, 439; Oskar Kuhn 1959b, S. 42; Kurt Rehnelt, 1951, S. 40; Kurt Rehnelt, 1982, S. 48 (umgezeichnet nach Foto von Abb. S. 19); Willi Weiß, 1976, S. 1; Willi Weiß, 1981, S. 446; Hartmut Haubold, 1984, S. 146.
S. 50: Nach Olsen und Baird, 1982, S. 69, 79.
S. 53: Michael J. Benton, 1986, S. 294.
S. 55: *Zanclodon* nach M. Schmidt, 1928, S. 433; Femur nach Foto Taf. 4, Figur 8, in Peter M. Galton, 1985; Lebensbild umgezeichnet nach Weishampel, Dodson und Osmolska, 1990, S. 143.
S. 63: Peter M. Galton, 1985, S. 7.
S. 75 (oben): Archiv Staatliches Museum für Naturkunde, Stuttgart.
S. 75 (unten): Archiv Staatliches Museum für Naturkunde, Stuttgart.
S. 91: Schädel nach Peter M. Galton, 1985, S. 138; Endocranium-Ausguß nach Galton, 1985, S. 133, ebenso Innenohr-Ausguß; Zahn nach Otto Jaekel, 1914, S. 175; Hinterfuß nach Friedrich von Huene, 1907/08, S. 66; Hand nach Friedrich von Huene, 1932, Taf. 11.
S. 112: Friedrich von Huene, 1934, Taf. 13.

S. 129: Frank-Otto Haderer, 1988, S. 7.

S. 130: Wilhelm Obermeyer, 1912, S. 136.

S. 132: Frank-Otto Haderer, 1990, S. 7.

S. 136: Hartmut Haubold, 1990, S. 154.

S. 137: Raymund Windolf, umgezeichnet und verändert nach Cornelia Haubold, 1990, S. 172.

S. 140: Lebensbild Original Windolf in Anlehnung an *Scelidosaurus,* verändert und kombiniert nach verschiedenen Autoren; Osteoderme *Scelidosaurus* nach Kevin Padian, 1989; *Emausurus* nach Haubold, 1990, S. 162, und *Scutellosaurus* nach Edwin Colbert, 1981, S. 40/41.

S. 151: Umgezeichnet nach *Gasosaurus* von John Sibbick, 1991, S. 6.

S. 156: Raymund Windolf.

S. 159: Ralf Metzdorf, Bielefeld 1983/91.

S. 171: Martin Kaever und Albert F. de Lapparent, 1974, S. 521, umgezeichnet und verändert.

S. 176, 177: Walter Windolf nach Othniel C. Marh, 1899, S. 23; Gerhard Heilmann, 1925, S. 48; Othenis Abel, 1911, S. 104; John H. Ostrom, 1978, S. 105/106.

S. 181: Rekonstruktion Kopf durch Windolf nach Schädelrekonstruktion Ostrom, 1978, S. 109; Hand nach Ostrom, 1978, S. 92; Fuß ebda., S. 96.

S. 183: John H. Ostrom, 1978, S. 105, 106.

S. 186: Martin Wilfarth, 1937, S. 329.

S. 187: Martin Wilfarth, 1937, S. 331.

S. 203 (oben): Max Ballerstedt, 1927, S. 79, 83.

S. 203 (unten): Tony Thulborn, 1990, S. 22.

S. 207: Oskar Kuhn, 1958, S. 52.

S. 210: Fährte nach Max Ballerstedt, 1921, S. 85; Nodosaurier nach Rekonstruktion *Sauropelta*, Kenneth Carpenter, 1984, S. 1493.

S. 212: Hans-Dieter Sues und Peter M. Galton, 1982, S. 185, 186.

S. 217: Jens Lehmann, 1978, S. 103.

S. 221: Wilhelm Otto Dietrich, 1927, S. 615.

S. 225: Reinhardt Töneböhn und Silvia Kulle-Battermann, 1989, S. 14 (oben) und S. 92 (unten).

S. 227: Landkreis Nienburg.

S. 233: Umgezeichnet nach Reinhard Töneböhn und Silvia Kulle-Battermann, 1989. S. 45.

S. 249: Umgezeichnet nach David B. Norman und Karl-Heinz Hilpert, 1987, S. 36.

Farbige Tafeln

S. 65; 92/93; 117; 149; 161; 164; 188/189; 219; 254/255: Mario Kessler

Dank

Für die Überlassung von Fotografien, Zeichnungen, Literatur und anderen Hinweisen und Informationen bedanken wir uns bei folgenden Damen und Herren:

Dr. Michael BENTON, Department of Geology, University of Bristol, Bristol, England

Dr. Gottfried BÖHME, Museum für Naturkunde der Humboldt-Universität zu Berlin

Dr. Martin BÜCHNER, Naturkundemuseum der Stadt Bielefeld

Prof. Dr. Rudolf FISCHER, Institut für Geologie und Paläontologie der Universität Hannover

Prof. Dr. Hartmut HAUBOLD, Geiseltalmuseum, Halle an der Saale

Dr. Alfred HENDRICKS, Westfälisches Museum für Naturkunde, Münster

Dr. Rolf HERRMANN, Naturhistorisches Museum, Heilbronn

Dipl.-Biol. Rüdiger HOLZ, Museum Heineanum Halberstadt

INSTITUT FÜR STADTGESCHICHTE, Frankfurt a. M.

Dr. Hans JAHNKE, Geologisch-Paläontologisches Institut der Universität Göttingen

Dr. Manfred JÄGER, Museum der Portland-Zementwerke Rohrbach, Dotternhausen

Dr. Donat KAMPHAUSEN, Fränkische-Schweiz-Museum, Tüchersfeld-Pottenstein

Josef KLEM, Landesbildstelle Westfalen

LANDKREIS NIENBURG/WESER

Prof. Dr. Ulrich LEHMANN, Hamburg

Eva LOBSTÄDT, Museum der Stadt Brilon

Dr. Thomas MARTENS, Naturkundemuseum Gotha, Hagen HOPF, Wandersleben

Dr. Friedrich MARTIN und Hans MARTIN, Kronach

NATURHISTORISCHE GESELLSCHAFT NÜRNBERG

Prof. Dr. Helmut NESTLER, Sektion Geologische Wissenschaften der Ernst-Moritz-Arndt-Universität, Greifswald

Dr. David B. NORMAN, Nature Conservancy Council, Paleontology Section, Peterborough, England

Prof. Dr. Klemens OEKENTORP, Geologisch-Paläontologisches Museum, Westfälische Wilhelms-Universität, Münster

Prof. Dr. John H. OSTROM, Yale University, Peabody Museum of Natural History, New Haven, USA

Sieglinde REHNELT und Gunther REHNELT, Düsseldorf

Dr. Martin P. SANDER, Institut für Paläontologie, Universität Bonn

Dr. Siegbert SCHÜFFLER, Geologisch-Paläontologisches Institut der Universität Erlangen

Dr. Paul C. SERENO, University of Chicago, Chicago, USA

Christine SPIEKER, Barkhausen-Bad Essen

Dr. Walter STEINER, Stadtmuseum Weimar

Dr. Reinhard TÖNEBÖHN, Hannover, und Dipl.-Geol. Silvia KULLE-BATTER-MANN, Hannover

Dr. David B. WEISHAMPEL, John Hopkins University, Baltimore, USA

Dr. Peter WELLNHOFER, Bayerische Staatssammlung für Paläontologie und historische Geologie, München

Dr. Frank WESTPHAL, Institut und Museum für Geologie und Paläontologie der Universität Tübingen

Dr. Manfred ZAHN, Löbbecke-Museum + Aquazoo, Düsseldorf

Besonderen Dank möchten wir vor allem Ralf METZDORF, Bielefeld/Münster, für seine Informationen zum Stegosaurierfund aus dem Wiehengebirge ausspre-chen, die Dr. Wolfgang RIEGRAF, Münster, ergänzt hat.

Besonderen Dank auch an Hildegard JOHN, Göttingen, für ihre Hinweise zu Max Ballerstedt und für die Überlassung von Familienfotos aus ihrem Besitz.

Meinem Vater, Walter WINDOLF, München, danke ich für seine bewährten Zeichenbeiträge.

Ein herzliches Dankeschön auch an Dr. Rupert WILD, Stuttgart, der nicht nur geduldig Fotos und Informationen aus seinem Archiv herausgesucht und das Manuskript kritisch geprüft hat, sondern auch sein umfangreiches Wissen, das weit über »Schwäbische Dinosaurier« hinausreicht, mit uns geteilt hat!

Dank auch an Sven SACHS, Düsseldorf, Peter KLEPSCH, Spalt, Dipl.-Geologe Reinhardt BERTLEIN, Neufahrn b. Freising, und Anna-Maria HAIDER, Velden/Vils.

Personenregister

Orts- und Sachregister

F

G